함께 돌보는 사회는 어떻게 가능한가

| 장수정 저 |

학지사

 **머리말**

돌봄사회는 어떻게 가능한가? 일 중심 사회에 대한 대전환이 필요하다. 자본주의 질서가 재생산, 돌봄, 생태적 삶을 간과한 것에 대한 주목이 필요한 시점이다. 프레이저(Fraser, 2023)는 "재생산 영역에 대한 착취와 수탈을 하지 않는 대안적·제도적 질서가 필요하다"라고 주장하였다. 그러한 제도적 질서는 기존 자본주의 사회제도의 전반적인 변화와 그런 변화를 위해 실천하는 개인의 노력이 동시에 필요하다.

돌봄은 관계적이고, 누구나 돌봄을 받기도 하고 주기도 한다. 이 책은 함께 돌보며 살아가는 사례를 보여 주고, 그러한 것을 가능하게 하는 조건은 무엇인지 제시한다. 일상의 변화를 통해 삶을 재구성하고자 경험을 드러내고 필요한 변화가 무엇인지 주목한다.

많은 사람은 자본주의 제도 안에서 임금노동자로 살아간다. 임금노동자로서 주어진 노동시장 질서 안에서 생존하기 위해 자신의 재생산을 위한 통제력을 상실하는 경우가 많다. 생산을 위해 재생산의 영역이 필수조건임에도 불구하고 재생산을 위한 비용은 온전히 개인의 몫이다.

현대사회 노동시장에서 노동자로 일을 하면서 돌봄을 즐겁게 하기란 쉽지 않다. 더욱이 모두가 함께 돌보는 여유를 갖기란 더더욱 어렵다. 함께 돌보는 실천은 삶을 성찰하고, 서로 돌보는 사회를 위해 적극적인 변화를 시도하는 노력을 수반한다. 자신과 타인, 지역사회를 돌보는 사회, 함께 돌보는 협동조합이 가능한 사회, 그런 협동조합을 지원하는 사회, 그런 실천을 가능하게 하는 노동시장의 조건이 갖추어져야 함께 돌보는 사회로 한 발자국 나아갈 수 있다.

우리의 삶을 각자가 원하는 방식으로 기획할 수 있는 실험과 도전은 지속되어야 하고, 그런 과정에서 전환적 삶이 가능하다. 고르츠(Gorz, 2015)가 말한 것처럼 "타율적 노동으로부터 해방되어야 더 많은 자율적 노동과 자활적 노동으로의 이행이 가능하다"는 것이다. 이러한 삶의 전환은 개인을 노동자로, 돌봄자로, 시민으로 살아가게 할 수 있다. 그 결과, 돌봄을 둘러싼 성별화, 계층화, 인종화로 인한 양극화를 넘어 모두가 함께 돌보는 사회로 이동할 수 있다.

이 책은 저자가 연구하고 발표한 논문들을 토대로 집필하였다. 독자들을 위해 원문의 문장을 바꾸기도 하고, 사례 연구의 경우에는 원문의 상당 부분을 그대로 반영하였다. 가독성을 높이기 위해 전문적인 표현이나 각주는 가능한 한 본문 내용으로 바꾸었다. 오래된 자료나 통계는 최근 자료로 업데이트하였다.

논문 집필 당시 인터뷰에 응해 주신 모든 분께 감사하는 인사를 전하고 싶다. 연구 윤리로 인해 익명으로 소개되었지만, 한 분 한 분과의 소중한 이야기는 나의 연구 여정에 늘 함께하고 있다는 점을 말하

고 싶다. 논문 집필에 공저로 참여하고 공부 모임을 통해 돌봄에 관한 사유를 확장하는 데 함께해 온 송다영, 백경흔 선생님을 비롯하여 논문에 공저로 참여하신 김은정, 류선정, 황경란 선생님께도 감사드린다. 이 책이 출판될 수 있도록 도와주신 학지사 김진환 대표님, 성스러움 과장님, 꼼꼼하게 원고를 다듬어 주신 편집부 박현우 선생님께도 깊이 감사드린다. 표지에 사용된 그림은 저자의 2024년 유화 작품으로, 그림 작업을 이어 갈 수 있도록 늘 함께해 주신 최원정 선생님께도 고마운 마음을 전한다. 함께 돌봄을 곁에서 몸소 실천하고 학문적 동료로서 늘 지지해 주는 남편과 나에게 또 다른 삶의 자극과 도전을 주는 나의 딸 그리고 늘 곁에서 지지해 주신 어머니와 가족, 벗들에게 고마운 마음을 전한다. 끝으로, 우리 역사에서 또 한 번의 민주주의 위기를 지나가는 시점에서 민주적 삶을 실천하고자 하는 모든 독자에게 이 책을 드리고자 한다.

2025년 4월

장수정

각 장의 참고문헌

제1장: 장수정(2021). 한부모 정책 패러다임 전환에 대한 연구. 한국여성학, 37(2), 1-34.

제2장: 장수정, 송다영, 백경흔(2023). 돌봄주류화를 위한 돌봄거버넌스 구성에 관한 연구. 한국여성학, 39(2), 1-30.

제3장 & 제4장: 장수정, 류선정(2018). 공동육아사회적협동조합에 대한 연구: 공동육아 어린이집의 전환사례를 중심으로. 비판사회정책 제60호, 37(2), 301-341.

제5장: 장수정(2012). 과천지역 공동체에 관한 연구: 돌봄공동체 가능성과 여성주의적 함의를 중심으로. 한국여성학, 12(2), 31-68.

제6장: 장수정, 황경란(2018). 협동조합 조직과 보육: 공동육아사회적협동조합, 협동조합에 위탁한 어린이집, 국공립사회적협동조합의 비교를 중심으로, 비판사회정책 제61권, 253-303.

제7장: 장수정(2020). 초등돌봄서비스에 대한 분석-돌봄민주주의 관점을 중심으로-. 한국가족복지학, 67(1), 125-152.

제8장: 장수정, 송다영, 백경흔(2019). 초등돌봄정책에 대한 비판적 분석: 공동육아 방과후 참여자들의 경험을 중심으로. 비판사회정책 제62호, 251-287.

제9장: 김은정, 장수정(2020). 초등 대상의 공적 돌봄서비스 이용 분석-보편적 서비스 관점에서-. 한국가족복지학, 67(2), 31-59.

장수정, 송다영, 백경흔(2024). 돌봄주류화를 위한 돌봄거버넌스 구성에 관한 연구. 한국여성학, 39(2), 1-30.

 차례

머리말 _ 3

제1부
돌봄사회로의 전환

 제1장 ··· 자본주의와 돌봄 • 13

      1. 자본주의, 돌봄 그리고 복지 _ 13
      2. 자본주의, 복지 그리고 아동돌봄 _ 20

 제2장 ··· 돌봄민주주의와 돌봄거버넌스 • 23

      1. 돌봄민주주의 _ 23
      2. 돌봄민주주의와 돌봄정책 _ 27
      3. 돌봄민주주의와 돌봄거버넌스 _ 30
      4. 돌봄거버넌스와 대안 _ 33

제3장 ⋯ 대안으로서의 협동조합: 아동돌봄 • 35

1. 공동육아협동조합 _ 35
2. 유럽과 한국의 보육 사회적협동조합 _ 38
3. 공동육아사회적협동조합과 공공성 _ 41

제4장 ⋯ 공동육아사회적협동조합과 과제 • 45

1. 공동육아사회적협동조합 _ 45
2. 공동육아사회적협동조합의 과제 _ 48
3. 공동육아사회적협동조합에 대한 제도적 지원 _ 52
4. 지속 가능한 발전을 위한 논의 _ 57

제2부
1퍼센트의 공동육아협동조합

제5장 ⋯ 협동하고 연대하기 • 63

1. 들어가며 _ 63
2. 이론적 논의 _ 65
3. 과천 사례의 배경 _ 68
4. 공동육아를 통한 돌봄 _ 70
5. 소통과 관계를 통한 공동체성 확대 _ 75
6. 시민 주도의 돌봄 _ 81
7. 논의 _ 83

제6장 ··· 공동육아협동조합 생태계 확장 • 85

1. 들어가며 _ 85
2. 국내외 보육협동조합의 배경과 역사 _ 87
3. 협동조합에 기반을 둔 어린이집 _ 90
4. 사례 배경 _ 95
5. 조직 구성 _ 100
6. 공동육아의 가치 _ 120
7. 논의 _ 135

제3부
초등돌봄, 함께 돌보기

 제7장 ··· 초등돌봄 • 143

1. 들어가며 _ 143
2. 돌봄과 돌봄윤리 _ 145
3. 돌봄국가와 돌봄민주주의 _ 148
4. 돌봄권과 아동권 _ 149
5. 돌봄민주주의와 초등돌봄정책 _ 152
6. 사례 배경 _ 156
7. 돌봄민주주의 관점에서 분석한 초등돌봄 _ 158
8. 논의 _ 171

제8장 ⋯ 초등 공동육아방과후협동조합 • 177

    1. 들어가며 _ 177

    2. 초등돌봄과 아동권 _ 180

    3. 초등돌봄과 법적·제도적 장치의 문제점 _ 181

    4. 공동육아 방과후 _ 184

    5. 사례 배경 _ 185

    6. 학교 밖 공동육아 방과후를 선택한 이유 _ 187

    7. 초등돌봄교실의 정체성 _ 190

    8. 아동권과 돌봄 _ 195

    9. 초등돌봄에 대한 법적 근거와 책임 부재 _ 199

    10. 논의 _ 205

제4부
돌봄사회, 지속 가능한 미래

 제9장 ⋯ 돌봄생태계 확장과 협동조합 • 211

    1. 돌봄윤리와 보편적 돌봄 _ 211

    2. 돌봄주류화 _ 213

    3. 돌봄정의와 돌봄거버넌스 _ 225

    4. 협동조합하며 사는 것이 가능한 사회를 위하여 _ 230

참고문헌 _ 235

찾아보기 _ 251

제1부

돌봄사회로의 전환

- 제1장 자본주의와 돌봄
- 제2장 돌봄민주주의와 돌봄거버넌스
- 제3장 대안으로서의 협동조합: 아동돌봄
- 제4장 공동육아사회적협동조합과 과제

제1장
자본주의와 돌봄

 1. 자본주의, 돌봄 그리고 복지

    사람은 일생 동안 살면서 누군가를 돌보기도 하고 돌봄을 받는다. 그러나 인간 생존에 필수적인 돌봄은 평가 절하되어 왔다. 자본주의 제도가 유지되도록 해 왔던 돌봄을 포함한 재생산 영역은 가족의 영역으로 경계 지어졌고, 여성들의 역할과 미덕으로 간주되었다. 자본주의에서 발생하는 사회 위험에 대처하는 사회보장 정책은 남성 임금노동자 중심의 실업, 질병, 노쇠, 재해 등만 포함되었다. 돌봄을 주로 책임져 온 여성들의 입장에서 볼 때 돌봄책임은 자신의 노동을 지속하기 어려운 사회적 위험 요소임에도 불구하고, 돌봄으로 인해 발생한 고용 유지의 불안과 위험에 대한 사회보장제도는 오랫동안 부재하였다.

    국가들의 복지 정책을 보면 모든 인간의 생존에 필수적인 보편적인 것으로서의 돌봄 실체를 간과하고, '의존자'에 대한 돌봄, 예컨대 장애나 만성적인 질환자 등과 같은 특정 돌봄 대상자만을 중심으로 돌봄정책을 발달시켜 왔다. 물론, 그런 경우에조차 돌봄을 개인의 '불운'이나 '결함'의 문제로 바라보거나 비장애인이나 비질병자와 같은 다수의 관점에서 소수의 보호 및 돌봄의 필요로 간주하였다. 그런 관점에서 여러 기준과 등급을 통해 대상자를 선발하고, 최소한의 지원을 하는 방식으로 이루어져 왔다. 돌봄에 대한 제도적 지원 서비스와 정책이 모든 사람에게 그들의 능력을 최고로 발휘할 수 있도록 하는 차원으로 이루어지기보다는 국가가 일정 기간만 개입해서 기본적 삶을 유지하도록 지원하는 최소한의 보충적 접근으로 이루어졌다. 복지국가에서도 돌봄정책이 돌봄에 대한 보편적인 패러다임에 기초하기보다는 근로유인을 위한 차원에서 이루어져 왔다. 한국 돌봄정책도 조건에 부합한 특정 대상에게만 지원하는 방식으로 발전해 왔다.

페미니스트 정치철학자 프레이저(Fraser, 2016)에 따르면, 사회적 재생산은 아이, 노인, 이웃, 커뮤니티를 포함한 돌봄과 사회적 책무 등을 포함한다. 사회적 재생산은 자본주의가 발달하는 동안에 자본주의를 떠받치는 역할을 해 왔다. 자본주의가 발달하고 변형되는 과정에서 돌봄은 가치 절하되었으며 비가시화, 사적화, 사소화, 젠더화되어 왔다. 자본주의의 모순을 해결하기 위해 국가 중심의 복지가 대두되고, 최근 금융자본 시대의 경우에는 시장을 통한 상품화가 가속화되어 왔다. 19세기 자유주의, 20세기 중반 국가관리에 의한 사회민주주의, 신자유주의에 기초한 금융자본주의 모두 생산과

재생산을 따로 분리하여 관계가 없는 것처럼 여겨 왔다. 자유주의는 사회적 재생산을 개인적인 것으로 사적화하였고, 국가관리 자본주의에서는 재생산을 부분적으로 사회화하였으며, 금융자본주의에서는 상품화로 확대되고 있다. 그 과정에서 돌봄은 개인이나 가족, 특히 여성의 책임이었다가, 국가에 의해 부분적으로 사회화되었다가, 이제는 상품화되는 방식으로 변형되어 왔다. 요컨대, 자유시장경제를 선호하는 나라는 복지의 영역을 시장에 맡기거나 개인이 해결하도록 하고, 북유럽 중심의 사민주의 나라들은 국가 개입에 의한 복지정책을 발달시켜 왔다. 따라서 프레이저(Fraser, 2016, 2023)는 돌봄위기가 자본주의 모순에 대한 총체적인 질문과 함께 논의될 필요가 있다고 주장하였다.

자본주의가 발달하는 과정에서 복지 정책의 가족모델 역시 변화해 왔다. 물론, 각 나라들의 정책 방향에 따라 차이가 있지만 1인 생계부양자모델에서 돌봄은 가족이라는 사적 영역의 문제로 간주되거나 국가나 기업을 통한 복지의 영역이었다. 2인 생계부양자모델로 바뀌면서 돌봄은 시장화의 영역으로 밀려났다. 1인 생계부양자모델에서 생계부양자의 소득을 보장하는 정책이 가족 정책의 주축이었다면, 2인 생계부양자모델에서는 보육정책이 복지정책의 중심이다(강지원, 2009). 모두가 노동시장에서 일하는 방향으로 바뀌어 왔으나 돌봄에 대한 패러다임은 크게 바뀌지 않았다. 그 결과, 돌봄을 담당해 왔던 개인들, 특히 여성들은 늘 시간 빈곤에 허덕이고, 노동시장과 가정에서 장시간에 걸쳐 이중 노동을 한다. 경제적으로 여유가 있는 개인들은 자신의 돌봄을 외주화하고, 가족 자원이 있는 개인들은 가족 내 비공식 자원(예컨대, 조부모 특히 조모)에 의지하며 일과 돌봄책임을 병행한다. 일부 개인들은 결혼을 미루고, 출산 계획을 하지 않는 개인화를 전략적인 생애 경로로 선택하기도 한다(홍찬숙, 2016).

개인들은 시장이나 비공식 자원 등을 활용하여 돌봄 문제를 해결하고, 자본주의는 돌봄에 대한 개인들의 이런 전략에 기대며 유지된다. 자본주의는 임금노동자로서의 지위를 유지하는 데 필요한 재생산 노동에 대한 시간과 비용을 노동자에게 공정하고 충분하게 제공하고 있지 않다. 자본주의는 돌봄책임에 지속적으로 눈 감으며 개인과 가족의 돌봄책임에 기생하며 성장한다. 반면에 개개인들은 점점 직접적인 돌봄을 하기 어렵다. 이런 문제를 해결하기 위해 돌봄에 대한 국가 정책이 확대되었고, 일부 안정적인 고용 조건에 있는 노동자의 경우에는 임신, 출산 및 휴직 제도 등을 이용할 수 있다. 그러나 이런 제도를 활용할 수 있는 대상은 지극히 한정되어 있고, 돌봄 관련 휴직을 사용할 수 있는 기간도 충분하지 않고 소득 보존도 제한적이다. 그나마 상대적으로 안정적인 고용 조건에서 일하기 위해서 개인들은 경쟁적으로 노동시장에 진입해야 한다.

돌봄 문제를 근본적으로 해소하기 위해 프레이저(Fraser, 2016)는 모두가 돌봄을 책임지고 있다고 전제하는 보편적 돌봄자모델을 제시하였다. 보편적 돌봄자모델은 돌봄으로 인한 불평등을 없애고, 돌봄책임을 모두가 할 수 있도록 재조직화하기 위한 근거가 된다. 현재 돌봄정책은 이성애 규범에 기초한 2인 생계부양자 가족 중심모델을 지향한다(Fraser, 2016). 한국은 실제 1인 생계부양자 또는 1.5인

생계부양자만이 일과 돌봄이 가능한 불완전한 구조이다(강지원, 2009; 이혜정, 송다영, 2019). 한국은 맞벌이를 지향하지만 한 명은 시간제나 파트 타임으로 일을 해야 유지될 수 있는 구조다(강지원, 2009). 맞벌이의 경우에는 돌봄을 시장에 의존하거나 사적 돌봄 자원을 동원해야 가능하다. 따라서 소득대체자나 돌봄대체자가 없는 한부모는 일과 돌봄을 병행하기 더욱 힘들다. 한부모를 위한 소득 보장, 일·가족 양립, 보육서비스 정책이 제도적으로 확보되어야 하는 이유기도 하다(강지원, 2009).

2인 가족을 전제한 정책 구조에서 한부모는 제도적으로 불평등한 돌봄책임 상태에 놓여 있음에도 우리나라 출산 및 휴가 정책에서 돌봄대체자가 없는 한부모를 고려한 지원은 부족하다. 반면에 노르웨이에는 한부모가 양부모 대비 2배의 자녀돌봄휴가제도가 있고, 스웨덴에는 양부모에게 제공되는 육아휴직을 한부모에게 모두 제공하고 있다. 핀란드에서는 한부모가족의 자녀가 아플 경우에 일시적 양육휴가를 신청하면 통상의 급여를 제공한다(김영정, 김성희, 2017; 양수진 외, 2019). 복지국가들의 제도들은 보편적 돌봄자모델에 기초한 것은 아니지만 개인주의 모델과 보편적 시민권모델에 기초하여 돌봄대체자와 소득대체자가 없는 한부모 가구가 열악해질 수 있는 상황을 보완하기 위한 장치를 가지고 있다. 트론토(Tronto, 2014)의 돌봄민주주의 관점에서 볼 때 불평등한 돌봄책임은 기회에서의 불평등을 경험할 가능성이 크다. 따라서 가족 내에 돌보는 사람이 있다고 전제하는 1인 생계부양자모델이나 돌봄을 협력할 수 있는 파트너가 있다고 전제하는 2인 생계부양자모델에 기초한 복지제도하에서 한부모는 불공정한 제도적 지원을 받을 수밖에 없으며, 그로 인한 불공정한 돌봄책임의 악순환을 경험할 수밖에 없다.

한부모는 돌봄책임으로 인해 일할 수 있는 시간도 제한적이고, 자녀 돌봄책임으로 시간 압박과 시간 빈곤에 처해 있다(김영정, 김성희, 2017; 김은지 외, 2018; 양수진 외, 2019; 장수정 외, 2021). 여성가족부의 2018년 한부모실태조사에 따르면, 응답자의 40%가 시간을 내지 못해 병원을 못 갔다고 하였다(김은지 외, 2018). 2019년 인천시 한부모 조사에서는 응답자의 약 36%가 시간이 없어서 직업훈련을 받을 수 없다고 말했다(양수진 외, 2019). 아이에 대한 돌봄뿐만 아니라 자기돌봄, 일자리 훈련 참여 기회를 받을 시간조차 없다는 것을 알 수 있다. 한부모 여성은 시간적인 제약 때문에 자신과 자신의 가족을 돌보지 못하면서 노동시장에서는 저임금으로 돌봄노동과 같은 서비스 분야에서 일하는 경우가 많다. 2018년 한부모실태조사에서 한부모 중 약 32%가 서비스직에 종사하는 것으로 나타났다(김은지 외, 2018).

키테이(Kittay, 2016)는 돌봄은 인간에게 필수적이라고 주장하며, 권리로서 보편적인 돌봄지원의 필요성을 주장하였다. 키테이(Kittay, 2016)는 미국의 한부모를 위한 부양아동가족지원정책(Aid to Families with Dependent Children: AFDC)이 1996년에 빈곤가정일시부조제도(Temporary Assistance of Needy Family: TANF)로 바뀌면서 아동을 부양하는 가족 지원이 한시적인 지원과 근로 연계 복지 형태로 바뀐 점을 비판한 바 있다. 키테이(Kittay, 2016)는 둘리아(doulia)[1])라는 개념을 통해 '돌봄자를 돌보는 정책'의 필요성을 제기하였다.

둘리아 원칙에 기초하면 한부모는 세금이 쓰이는 대상이 아니라 당연히 지원을 받아야 하는 권리자라는 것이다. 예컨대, 돌봄으로 인하여 일을 하지 못할 때 사회보험을 통해 그 부모의 소득을 보장할 수 있어야 한다는 것이다(Kittay, 2016). 소득 보장의 의미는 한부모의 돌봄권을 보장하는 것이고, 이런 보장은 고용이 유지되도록 하는 장치와 병행되어야 한다. 돌봄자를 돌보는 정책이란 돌봄수행 시 소득보장뿐만 아니라, 충분한 사회적 돌봄과 유연근무제 등을 통해 필요시 고용 유지와 돌봄이 가능할 수 있도록 해야 한다.

자본주의 발전 과정에서 발생한 문제를 해결하기 위한 복지정책 패러다임은 정도의 차이는 있지만 대체로 가난한 사람에게 잔여적인 형태로 복지 비용을 지출하는 방식이었다. 따라서 복지수급권자는 복지 예산에 의존하는 존재로 인식되었으며, 의존에 대한 낙인이 있다. 이러한 복지정책 패러다임은 돌봄지원정책에서도 유사하게 이루어져 왔다.

돌봄에 대한 패러다임 전환이 필요하다. 인간은 서로 의존 관계에 있으며, 누구나 돌봄을 받고 돌봄을 수행한다는 점에서 돌봄은 보편적이다. 돌봄을 수행할 때는 돌보는 사람의 경제활동의 불안정화와 자기 돌봄의 빈곤화가 나타나고, 돌봄수행에 따른 비용이 증가한다. 따라서 돌봄에 대한 정책적 논의는 돌봄의 보편성을 인정하는 것에서 출발할 필요가 있으며, 돌봄이 필요한 사람뿐만 아니라 돌보는

---

1) '둘라(doula)'는 그리스 시대의 산모, 즉 돌보는 사람을 뜻하는 것으로, 아이를 돌보는 산모에 대한 돌봄을 말한다. 키테이는 둘리아 개념을 통해 돌봄자를 돌보는 정책의 필요성을 수장했다.

사람에 대한 지원이 포함되어야 한다.

2. 자본주의, 복지 그리고 아동돌봄

프레이저(Fraser, 2000)는 돌봄에 대한 책임이 없는 생계부양자를 전제하는, 즉 남성을 표준으로 하는 방식이 아니라 여성의 생활양식으로 간주하였던 돌봄이 중심인 보편적 양육자모델을 통해 새로운 질서를 만들어 가야 한다고 주장하였다. 이런 관점으로 볼 때 소득대체자나 돌봄대체자가 없는 한부모는 보편적 양육자모델의 바로미터가 된다. 모두가 1인 생계부양자이면서 1인 돌봄책임자로 노동권과 돌봄권이 보장되는 복지 정책 설계가 필요하다. 즉, 결혼 여부, 자녀 여부, 나이 등과 상관없이 모든 개인이 소득활동을 하면서 돌봄책임을 수행할 수 있도록 할 필요가 있다.

한국의 경우에는 2012년에 무상보육정책으로 보육의 경우에 상당 부분 보편적인 지원과 인프라가 확대되어 왔다. 반면에 초등돌봄의 경우에는 학교 돌봄교실(맞벌이와 저소득 우선), 지역아동센터(저소득 우선), 드림스타트, 청소년 방과후 같은 돌봄 자원을 활용할 수 있는 인프라는 있지만, 돌봄제도 이용이 보편적으로 구축되어 있지 않다. 2024년 1학년을 시작으로 보편적인 초등돌봄을 위한 늘봄학교 정책이 시행되기 시작했지만, 보편적인 학교 내 돌봄정책으로 자리 잡게 될지는 더 두고 봐야 할 것이다. 지역아동센터를 포함한 초등돌봄 인프라 역시 수요에 맞게 공급되고 있지 않아서 이용하고 싶어도

이용하지 못하고, 지역에 따라 지역아동센터 시설과 질의 편차가 크다. 지역아동센터 이용 조건 중의 하나로 소득 기준이 있어서 이용하고 싶어도 낙인감 때문에 이용하지 않는 경우도 있다(김은정, 장수정, 2020; 장수정, 2020). 또한 초등학교 고학년의 경우 돌봄수요는 있으나 지역아동센터 외 실질적인 돌봄 인프라가 거의 부재하다(김은정, 장수정, 2020; 장수정, 2020).

2023년을 기준으로 초등돌봄공백의 대안으로 많이 활용하고 있는 초등돌봄의 경우에 추첨을 통해 초등학교 1~2학년은 5시 정도까지만 돌봄을 이용할 수 있다. 지역에 따른 편차는 있지만, 초등 자녀를 둔 맞벌이, 한부모 등 자녀의 돌봄공백이 클 수밖에 없다. 특히 한부모가족의 미취학 자녀 중 12%, 초등 자녀 중 45%가 평일 일과 후 돌봐 줄 어른이 없다(김은지 외, 2018). 4시간 이상, 혼자 있는 시간이 많은 아동은 한부모 자녀로 나타났다(김은지 외, 2018). 이러한 상황에도 수요가 많은 초등돌봄교실의 경우에는 추첨을 하고, 한부모가족증명서가 없으면 1순위로 인정되지 않는다. 이런 경우에 이혼한 남편의 재직 서류를 내어 3순위 맞벌이로 등록하기도 한다(베이비뉴스, 2020. 4. 3.). 소득 격차뿐만 아니라 돌봄 격차가 발생하고 다시 돌봄 격차는 다음 세대의 소득 격차로 악순환이 이루어진다(장수정 외, 2020). 더욱이 한국 사회는 사교육이 활성화되어 있고 사교육은 고비용이기 때문에 학년이 올라갈수록 교육 격차는 벌어질 수밖에 없다. 결국 돌봄 빈곤, 경제적 빈곤, 교육 빈곤의 격차와 대물림이 맞물려 있다.

돌봄 윤리와 돌봄민주주의 관점에 기초하여 트론토(Tronto, 2014)

가 언급한 것처럼 "그 누구도 돌봄으로부터 면책되지 않는 '함께 돌봄'이 필요한 사회"다. 특히 리스터(Lister, 2010)가 지적한 것처럼 "유급 노동 중심의 사회적 시민권에서 벗어나 돌봄윤리에 기초하여 돌봄노동이 사회적 재생산을 위한 활동이라는 측면에서 사고할 필요"가 있다. 그러나 안타깝게도 현실에서 돌봄정책은 모두를 위해 설계되어 있지 않다. 돌봄에 대한 패러다임의 전환이 필요한 시점이다.

제2장
돌봄민주주의와 돌봄거버넌스

 1. 돌봄민주주의

트론토(Tronto, 2014)는 1990년도에 피셔(Fisher)와 『함께 돌봄에 관한 여성주의 이론(Toward a Feminist Theory of Caring)』에서, 첫 번째 단계인 돌봄필요 인정(caring about), 두 번째 단계인 책임을 맡기로 결정(caring for), 세 번째 단계인 실질적인 돌봄제공 수행(caring-giving), 네 번째 단계인 돌봄수혜(care-receiving)의 총 돌봄 4단계를 제시하였다. 이후 트론토(Tronto, 2014)는 '함께 돌봄(caring with)' 단계를 5단계로 추가하며 '돌봄민주주의(caring democracy)' 논의를 제시하였다. 함께 돌봄은 돌봄의 마지막 단계로, 돌봄 필요와 제공 및 수혜 방식이 모든 사람을 위한 정의와 평등 그리고 자유에 대한 민주적 기여와 일치해야 한다고 주장하였다.

트론토(Tronto, 2014)는 '함께 돌봄'이라는 개념을 통해 누가 돌봄을 책임지고 있고, 누가 돌봄으로 면책되어 있는가를 질문하며 현재 돌봄이 어떻게 이루어지고 있는지 분석하였다. 트론토(Tronto, 2014)에 따르면, "돌봄책임이 성, 계급, 인종, 경제적 여건 등에 의한 가정에 의존하고 있고, 그 가정에서 일부 사람들이 돌봄으로부터 면책되어 있음에도 불구하고 왜 그 가정들에 의존하고 있는지 주목한다. 또한 돌봄은 인간의 생애주기 전 과정에서 중요하고, 필수적인 요소라고 간주하였다. 자유, 평등, 정의라는 민주주의 실천을 위해서는 돌봄책임으로 인해 기회에서 배제되지 않도록 하는 것이 중요하다고 지적하며, 돌봄책임의 조건을 동등하게 해야 한다고 주장하였다.

트론토(Tronto, 2014)의 돌봄민주주의에 따르면, 돌봄책임이 더 많이 있는 경우에는 기회에서의 불평등을 경험하고, 돌봄책임의 불균형으로 부정의가 고착화된다. 또한 시장에서 이루어지는 돌봄노동의 경우에는 돌봄을 주로 담당하면서 주변화된 사람들이 저임금을 받으면서 유입될 수밖에 없고, 저임금으로 유지되는 시장에서의 돌봄의 질은 떨어질 수밖에 없다고 본다. 그로 인해 돌봄의 악순환이 지속된다고 지적하였다. 트론토(Tronto, 2014)는 돌봄책임은 성별, 계층, 인종별로 위계화되어 있기 때문에 돌봄의 악순환은 돌봄수혜와 돌봄제공 모두에서 나타난다고 보았다. 따라서 돌봄 조건을 평등하게 하는 것이 중요하다고 지적하고, 돌봄민주주의를 실현하기 위해서는 제도적인 차원의 함께 돌봄이 이루어져야 한다고 주장하였다(Tronto, 2014). 트론토는 돌봄민주주의 없이 진정한 의미의 민주주의는 실현될 수 없다고 말하며, 돌봄을 중심에 놓고 민주주의를 재구성해 갈 필요가 있다고 주장하였다.

트론토(Tronto, 2014)는 민주주의 재구성을 위해 돌봄책임에서 면책되어 특권을 누려 왔던 사람을 포함하여 사회 구성원 모두가 돌봄을 함께해야 한다고 주장하였다. 트론토의 돌봄민주주의 개념을 자유민주주의 및 사회민주주의와 비교하며 비판적으로 분석한 김희강(2020)은 더 민주적인 사회가 되기 위해서는 자유민주주의와 사회민주주의에서 사소하게 다루는 돌봄의 가치를 중심으로 사회경제가 재편되어야 한다고 주장하였다. 돌봄을 중심으로 한 사회경제적 재편의 필요성을 제기한 돌봄 연구자들은 코로나19 이후 한국 사회에서 진행되는 '뉴딜정책'에서도 돌봄에 대한 중요성이 간과되었다고 지적하였다(김은희, 2021; 마경희, 2021; 배진경, 2020; 채효정, 2021). 보육, 초등, 한부모가족 등 다양한 정책 영역에서 돌봄의 전제는 여전히 성, 계층 등에 의한 가정에 의존하고 있어 누군가는 돌봄이 과중하고, 누군가는 돌봄에서 면책되어 있다(백경흔 외, 2017; 송다영 외, 2017; 장수정, 2020; 장수정 외, 2021; 장수정, 2021).

국내에서도 돌봄민주주의 관점에 기초하여 보육과 돌봄정책을 분석한 연구들이 있다. 돌봄민주주의에 기초하여 분석한 일련의 연구들은 구체적으로 누가 돌보고 있는지, 돌봄정책을 통해 돌봄책임의 전제와 가정이 어떻게 이루어지고 있는지, 민주적으로 돌봄이 이루어지고 있는지에 초점을 두었다(백경흔 외, 2017; 송다영 외, 2017; 장수정, 2020). 즉, 부모 중 누가 주로 돌보고 있는지, 돌봄책임으로 인한 불평등은 없는지, 그로 인한 부정의가 이루어지고 있지는 않은지에 주목하였다. 연구 결과, 돌봄의 성별화로 인한 돌봄책임의 불균형과 돌봄노동의 가치 절하로 인해 돌봄부정의의 악순환이 이루어지고 있다(백경흔 외, 2017; 송다영 외, 2017). 장수정(2020)의 연구는 앞에서 언급한 것 외에 신뢰할 수 있는 돌봄 인프라를 이용할 수 있는 권리까지를 포함하여 돌봄권이 충분히 확보되어 있는지에 주목하였다. 돌봄제도가 부재하거나 충분하지 않아 직접 돌볼 수 없을 때 돌봄책임자의 노동권이 침해된다. 고용 기회가 제한되거나 진입 자체가 어렵기도 하고, 고용 안에 있더라도 경력 유지가 어렵다.

그렇다면 돌봄의 부정의, 책임의 불균형을 어떻게 개선할 수 있을까? 트론토(Tronto, 2014)는 돌봄을 공평하게 분배하고, 평등하게 책임지고, 돌봄과 관련된 당사자들이 의제 발굴과 결정에 참여할 때 돌봄정의가 이루어지고, 더 나은 민주주의로 나아갈 수 있다고 주장하였다. 돌봄에 관한 의사결정에 돌봄당사자들의 목소리가 반영될 수 있는 제도적 장치가 필요하다는 것이다. 그러나 나라마다 상황과 조건이 다르기 때문에 돌봄민주주의 개념이 각기 다른 국가와 제도적 틀 안에서 적용될 때는 다각적인 사유가 필요하다(Tronto, 2021).

돌봄정책과 제도의 구체적인 서비스 영역을 살펴보면 돌봄은 다양한 이해관계자가 있다. 따라서 돌봄민주주의를 실현하기 위해서는 돌봄을 책임지고 있는 사람의 권리(예컨대, 부모, 돌봄노동자)와 돌봄을 받는 사람의 권리가 포괄되어야 한다. 돌봄이해관계자들의 성별, 계층, 경제적 여건 등 주어진 조건과 특권적 지위로 인한 권력관계가 어떻게 형성되어 있는지 살펴볼 필요가 있다.

요컨대, 트론토(Tronto, 2014)는 돌봄은 정책적이고 정치적인 의제라고 지적하였다. 누가 돌봄을 책임지는지, 누가 돌봄을 제공하고 있는지, 돌봄이해당사자들을 누가 어떻게 지원할 것인지의 문제

는 돌봄을 통해 민주주의를 실현해 가는 과정이라고 보았다. 따라서 돌봄책임의 분배나 돌봄에 대한 의사결정은 곧 정치적 과정이다. 돌봄민주주의의 실현을 위해서는 돌봄정책에서 의사결정에 누가 참여하고 배제되는지, 누가 돌봄책임에 특권적 지위를 가지며 면책되는지를 살펴볼 필요가 있다(김은정, 장수정, 2020; 백경흔 외, 2017; 장수정 외, 2023).

2. 돌봄민주주의와 돌봄정책

　돌봄민주주의에 기초한 국내 연구를 보면 정책에 대한 분석으로 서울시 가족정책에 대한 분석(송다영, 백경흔, 장수정, 2017), 보육정책에 대한 분석(백경흔, 송다영, 장수정, 2017)이 있다. 돌봄 대상에 따른 분석으로는 중장년층의 이중 돌봄에 대한 분석(백경흔, 송다영, 장수정, 2017), 초등돌봄에 대한 분석(장수정, 2020), 비혼 딸의 돌봄 경험(석재은, 2020)이 있다. 주제에 대한 분석으로는 소득과 시간 빈곤에 대한 분석(신영민, 김희강, 2019)이 있다.

　보육정책을 분석한 연구에 따르면 성별에 따라 돌봄 사용 시간 차이가 여전히 뚜렷하고, 가구별·계층별·연령별 시간 불균형이 크다(백경흔 외, 2017). 한국 사회의 보육정책은 돌봄에 대한 부정의에 대한 성찰 없이 이루어져서 돌봄에 대한 가치도 크게 향상되지 못했다. 보육정책의 한계로 한국 사회는 돌봄으로 인한 부정의가 재생산되어 왔다. 또한 여성들이 '독박육아'의 어려움을 호소하고, 조모로 돌봄이 이전된다. 돌봄책임이 세대 이전을 통해 사적화되고 성별화되는 현상이 나타난다. 따라서 돌봄책임이 공적으로 더 이전되어 공적 책임의 확대를 통한 사적 돌봄책임의 재분배가 필요하다. 돌봄에 대한 국가 역할이 더 이루어지기 위해서는 공적 서비스의 체계적이고 질적인 확대가 중요하다.

보육정책 연구와 달리 초등돌봄에 대한 연구는 상당히 미비하다. 트론토(Tronto, 2014)의 돌봄민주주의에 기초한 연구에 따르면, 아동 및 가족의 상황에 따라 돌봄수요는 차이가 있겠지만 초등 시기는 교육과 돌봄이 필요한 시기이다(장수정, 2020). 그러나 초등돌봄서비스가 충분하게 제공되지 않아 부모와 아동의 입장에서 각각 돌봄권(신뢰할 만한 공적 초등돌봄서비스를 이용할 권리)과 돌봄받을 기회가 제한되고 있다. 공적 초등돌봄서비스의 공백은 성별에 따른 부모의 불평등한 돌봄책임으로 이어진다. 그것을 잘 보여 주는 지표가 초등 아이를 둔 여성의 경력 단절 증가이다. 2017년 경력단절실태조사에 따르면, 초등학교 저학년 자녀를 둔 직장인 여성 15,841명이 신학기에 퇴사하였다(중앙일보, 2017. 12. 11.). 그리고 초등 자녀를 둔 여성들이 상당수 휴직을 한다(김영란 외, 2018). 이런 통계를 볼 때 초등돌봄정책은 사적으로 누군가가(주로 여성) 돌봄을 책임진다는 가정을 전제하고 있다. 돌봄의 사적 비중이 높을 때 돌봄의 성별화가 고착화되고 돌봄의 부정의가 재생산된다. 현재 초등돌봄공백에 대해 최소한의 공적 개입만 이루어지고 있다. 그로 인해 돌봄책임의 불균형으로 부정의한 돌봄의 악순환이 발생한다. 따라서 이런 돌봄의 악순환을 막기 위해서는 초등돌봄을 이용하고자 할 때 누구나 이용할 수 있는

공적 돌봄 구축이 중요하다.

돌봄민주주의 관점과 아동권에 기초한 초등돌봄 연구들에 따르면, 현 초등돌봄서비스의 경우에는 사회적인 함께 돌봄이 제도적으로 갖추어지지 않았다(장수정 외, 2019; 장수정, 2020). 초등돌봄에서 돌봄민주주의가 실현되기 위해서는 초등 자녀가 있는 부모들의 성별·계층 등의 상황, 그에 따른 돌봄책임 불균형에 대한 성찰적 분석과 함께 정책적 대안을 도출할 필요가 있다(장수정, 2020). 중앙정부의 초등돌봄정책이 보편적인 패러다임에 기초하지 않은 것이 한계이다. 서비스가 조건에 따라 제한적일 뿐만 아니라 부처별로 분절적이다. 여러 부처에서 초등돌봄서비스를 계속 확대하는데도 초등돌봄공백과 공백으로 인해 파생되는 문제는 좀처럼 해결되지 않고 있다(장수정, 2020). 누구나 접근할 수 있도록 하는 보편적인 초등돌봄서비스가 필요하다(김은정, 장수정, 2020). 이런 점이 반영되어 2024년에는 모든 초등 아동이 이용할 수 있는 늘봄교실이 초등학교 1학년을 대상으로 시범적으로 실시되었다.

초등돌봄의 공적 책임 강화는 트론토가 언급한 '함께 돌봄'의 방향으로 국가가 돌봄을 제도적으로 책임지고 함께하는 것이라고 할 수 있다. 아동의 돌봄받을 권리 보장이라는 점에서도 의미가 있다(장수정, 2020; 김은정, 장수정, 2020). 그러나 초등돌봄을 둘러싼 다양한 이해관계자(돌봄전담사 등 포함)에 대한 연구는 여전히 부족하다. 돌봄노동자들과 함께 어떻게 공통 의제를 발굴하고, 의사결정 과정에 함께하면서 어떻게 돌봄의 민주화를 확장할 것인지에 대한 연구는 거의 없다. 2020년에 서울시가 초등돌봄과 관련하여 잇따른 포럼을 개최하여 초등돌봄 담론을 제기했지만, 지자체별로 초등돌봄정책을 깊이 있게 살펴본 연구는 없다. 돌봄민주주의 관점에서 서울시 아동돌봄거버넌스 연구(김송이 외, 2021)와 돌봄민주주의 관점에서 분석한 인천시 보육 연구(이예진 외, 2022) 정도가 있다.

3. 돌봄민주주의와 돌봄거버넌스

트론토(Tronto, 2014)는 돌봄에 대한 무임승차와 특권을 비판하며 '함께 돌봄'을 통한 돌봄의 민주화가 필요하다고 지적하였다. 또한 돌봄정의를 통한 진정한 의미의 자유, 평등, 정의의 민주주의 실현이 필요하다고 주장하였다. 돌봄민주주의를 실현하기 위해서는 모든 시민이 돌봄을 책임지고, 돌봄당사자들이 자신의 목소리를 드러낼 수 있어야 한다(백경흔 외, 2017; 송다영 외, 2017). 돌봄이해관계자들을 중심으로 돌봄의제에 참여할 수 있어야 하고, 돌봄제도화와 자율적 시민 활동으로 모두가 함께 돌봄에 참여해야 한다고 주장하였다. 그러나 자율적 시민 활동을 통해 모두가 돌봄에 함께 참여하기 위해서는 돌봄서비스의 제도화뿐만 아니라 돌봄을 할 수 있는 시간과 공간, 돌봄에 대한 시민들의 인식 변화가 필요하다. 따라서 돌봄당사자들이 돌봄에 관한 주요 의사결정에 참여하도록 하는 돌봄거버넌스 구성이 필요하고, 돌봄거버넌스는 돌봄민주주의 실천의 주요한 장치가 될 수 있다(장수정 외, 2023). 돌봄거버넌스는 돌봄의제를 중심으로 정부, 시민, 돌봄당사자들이 돌봄의제 발굴과 의사결정

과정에 참여하고 협력하도록 하는 것이다(장수정 외, 2023). 특히 돌봄거버넌스를 통해 돌봄당사자들의 경험과 관점을 돌봄정책에 반영하고, 돌봄을 둘러싼 불평등의 문제를 드러내고, 돌봄정의 방향의 정책을 통해 민주적 돌봄을 실현하는 것이다.

돌봄분배와 의사결정에 참여하는 사람을 어떻게 구성하느냐는 중요하다. 돌봄의제 발굴과 의사결정에 참여하는 사람은 돌봄관계에 있는 실질적인 사람이어야 하고, 사회 구성원 모두에게 돌봄책임이 공유될 수 있는 민주적 조건과 절차가 제도화되어야 한다(Tronto, 2014). 그러나 기존 조건과 절차에는 이미 기득권을 중심으로 한 권력관계가 작동하고 있기 때문에 돌봄이해관계자들을 중심으로 재구성하는 것은 쉽지 않다. 이런 점에서 돌봄민주주의 관점에 기초한 '돌봄거버넌스' 구성은 돌봄을 둘러싼 기존의 권력관계에 의한 불평등을 해체하는 과정이기도 하다. 돌봄거버넌스는 돌봄이 성별화되어 온 돌봄부정의를 직시하는 젠더 관점을 기초로 하여 돌봄을 주류화하고 중심화하기 위한 틀이라고 할 수 있다(장수정 외, 2023).

돌봄거버넌스를 통해 돌봄을 주요 의제 테이블에 올리고, 다양한 주체가 참여하여 돌봄에 관한 주요 의사결정을 하며 함께 돌봄을 실천 및 확장할 수 있다. 따라서 돌봄거버넌스 구성은 돌봄정의를 구현하기 위한 과정이고, 돌봄거버넌스 실천이 돌봄민주주의 과정이라고 할 수 있다. 돌봄거버넌스는 다음과 같은 실천을 포함한다. 다양한 돌봄 주체의 참여와 목소리가 반영될 수 있도록 하고, 돌봄을 가치화하는 방향으로 정책을 설계하고, 돌봄의제를 모두의 이슈로 담론화하고, 함께 돌봄을 할 수 있도록 하고, 돌봄정책을 주류화하는 것이다. 돌봄거버넌스를 통해 돌봄이해관계자들이 권리자로서 돌봄 욕구를 드러내고, 상호 소통 및 조정하고, 돌봄책임과 분배가 이루어지고, 돌봄노동을 가치화하는 폭넓은 실천이 이루어질 수 있다.

돌봄정책을 재설계하는 방향의 하나로서 돌봄당사자들의 참여는 중요하다. 마경희(2021)는 ILO에서 제시한 좋은 돌봄을 위한 정책 제안을 토대로 당사자들의 참여가 무엇보다 중요하다고 지적하였다. 즉, 돌봄이해관계자들의 참여와 대화, 돌봄정책 결정 과정에서 타자화되고 배제되었던 주체들의 호명을 통한 참여가 중요하다고 지적하였다. 여기서 타자화된 주체의 대표적인 당사자는 돌봄노동자라고 언급하였다. 타자화된 주체에는 돌봄을 받는 아동도 포함될 수 있다.

키테이(Kittay, 2016)는 산모를 돌보는 사람, 즉 '둘리아'라는 개념을 통해 누군가를 돌봄으로서 파생되는 돌봄자의 돌봄의존을 돌보는 정책(돌보는 사람을 돌보는 제도)의 중요성을 강조하였다. '좋은 돌봄'을 위해서는 '의존노동자'를 돌보는 정책이 중요하다는 것이다. 예컨대, 초등돌봄과 관련해서는 초등돌봄전담사, 지역 내 돌봄 관련 종사자 등이 있다. 그들에게는 직업으로서 다른 아이들을 돌보기 위해 자신의 아이가 돌봄이 필요할 때 쉬어야 하거나, 그로 인해 소득 상실이 되거나, 누군가에게 돌봄을 부탁해야 하는 일이 발생하는데, 그런 상황을 뒷받침해 주는 제도까지 돌봄정책이 포괄해야 한다는 것이다. 그렇게 되어야 돌봄으로 인한 불이익을 없애고 돌봄정의를 이룰 수 있다.

프레이저(Fraser, 2011)는 분배와 인정의 정의와 함께 공동체 일원으로서 의사결정에 동등하게 참여하는 대표 정의의 중요성을 주장하였다. 프레이저의 개념에 기초하여 노인돌봄 연구에서 대표 정의를 위해 돌봄정치거버넌스의 필요성을 제기하며 돌봄당사자들의 참여가 중요하다고 지적한 연구가 있다. 예컨대, 요양보호사 등 노인돌봄종사자들의 참여가 중요하다(석재은, 2018). 그동안 돌봄 연구에서 공통적으로 지적한 것은 돌봄을 수행하는 당사자들이 돌봄과 관련한 목소리를 드러내지 못하고, 중요한 의사결정에서 배제되어 왔다는 것이다. 돌봄정의와 돌봄의 민주화를 위해서는 돌봄을 담당하고 있는 당사자들이 의제를 제기하고, 주요 의사결정에 참여하는 것이 중요하다.

4. 돌봄거버넌스와 대안

우리나라의 돌봄서비스는 대체로 탑-다운(top-down) 방식의 수직적 서비스가 대부분이어서 운영 또한 관료적인 형태를 많이 띠고 있다. 대안적인 거버넌스가 어떻게 가능하고, 수평적인 거버넌스는 어떻게 가능할까? 개혁적인 거버넌스 구성이 민주적인 것처럼 보일 수 있지만 거버넌스 기능이 정부 주도의 거버넌스 형태로 통제, 관리, 편입될 수 있는 위험도 있다(정인경, 2013). 따라서 돌봄의 민주화를 실천하는 대안적인 거버넌스가 관료 중심으로 구성되고, 관리되는 형태로 이탈하지 않도록 하는 장치가 필요하다.

돌봄민주주의에 기초한 거버넌스에서 중요한 것은 돌봄거버넌스를 통해 돌봄의 민주화가 제도적으로 작동하도록 하는 것이다. 돌봄거버넌스 구성과 운영 과정에서 젠더화된 돌봄을 벗어나 돌봄정의를 구현해 갈 수 있도록 지속적인 성찰이 필요하다. 다양한 돌봄 주요 관계자가 의제 발굴과 의사결정에 참여하도록 하는 것이 무엇보다 중요하다. 그 안에서 돌봄의 가치와 인정, 책임과 분배, 함께 돌봄과 제도화 등의 의제가 주요하게 다루어지고, 그 결과 돌봄의 선순환이 이루어지도록 해야 할 것이다.

이 책에서 소개되는 협동조합 돌봄 사례는 다중 이해관계자로 구성된 공동체 운영 방식을 잘 보여 준다(장수정 외, 2019). 부모 중심의 자발적인 형태로서 돌봄이해관계자 참여 수준이 높은 사례로 자율적 형태의 협동조합이지만 돌봄거버넌스 구성에 대한 함의를 제공한다. 이는 다음 장에서 소개하도록 하겠다.

제3장

대안으로서의 협동조합: 아동돌봄

 1. 공동육아협동조합

　우리나라의 국공립 어린이집은 2020년 기준 약 14%이고, 협동 어린이집은 0.4%였다(남승연, 강신혜, 2022). 공동육아 어린이집은 부모들이 설립하여 운영하는 어린이집이다. 공동육아 가치에 기초하여 함께 돌보는 가치를 지향해서 지역사회 내 돌봄생태계에 기여했다는 평가를 받는다(위성남, 2013; 장수정, 2012). "공동육아는 '너와 내가 어울려 함께 세상을 살아가기'이고, 공동육아는 실제적, 정서적, 사회적으로 돌봄을 공유하는 공동체를 지향하고, 아이들을 스스로 자신 안에 있는 무한한 가능성을 찾고자 하는 욕구를 가진 존재"로 바라본다(공동육아와 공동체교육 홈페이지).

　공동육아 어린이집이 우리나라에 처음 설립된 것은 1990년대이다. 「영유아보육법」이 1991년에 제정되면서 민간 보육시설이 확대되었다. 공동육아 어린이집은 열악한 민간 보육시설의 대안으로 1990년대 중반에 부모들이 자발적으로 설립하였는데, 그것이 공동육아 어린이집의 시작이었다(이경란, 2015). 공동육아 어린이집은 빈민 탁아 운동에서 비롯되어 영리와 관료 중심의 보육정책을 비판하며 시작되었다는 것이 일반적인 견해이다(류경희, 2004; 이송지, 2013; 정성훈, 2014).

보건복지부 산하에 다양한 유형의 어린이집이 있는데, 공동육아협동조합은 2005년부터 부모협동 어린이집으로 분류되어 다른 어린이집처럼 정부로부터 보육료 지원을 받고 있다. 부모협동 어린이집이란 부모가 협동하여 참여하는 어린이집으로, 보호자 15인 이상이 조합을 결성하여 설치 및 운영하는 시설을 말한다. 부모협동 어린이집은 공동육아 철학과 교육내용을 따르는 공동육아협동조합 어린이집이 있고, 협동조합형의 설립 형태만을 취하는 어린이집을 포함한다. 2016년에 사회적협동조합으로 전환 시 제도상 부모 외에 교사도 포함하여 부모를 삭제하고 협동 어린이집으로 명칭이 변경되었다. 2005년 42개소에서 2023년 기준 124개소로 확대되었다(보건복지부, 2023). 공동육아 확산에 주요 역할을 했던 '공동육아연구회'는 1994년 신촌에 첫 공동육아 어린이집을 만들었다. '공동육아연구회'는 1995년 '공동육아연구원', 2001년에는 '공동육아와 공동체교육'으로 명칭을 변경하고 조직을 개편하였다.

공동육아 어린이집은 초창기부터 협동조합으로 운영되었지만, 「협동조합 기본법」이 생기기 전에는 개인 대표자 명의의 임의단체로 존재했다. 2012년에 「협동조합 기본법」 제정되고 공동육아 어린

이집은 2015년 이후에 상당한 기관이 공동육아사회적협동조합 어린이집으로 전환하였다. 사단법인 공동육아와 공동체교육(이하 공공교) 소속은 2015년 기준 74개소였다. 2017년 10월 40개소 협동조합 법인 중 34개 기관이 전환기관이고, 6개 기관이 신규 설립 기관이었다. 그중 38개 기관이 사회적협동조합이었다. 2015년 사회적협동조합으로 전환한 기관들의 경우에는 교사가 조합원으로 참여하는 것이 법적으로 제한되어 부모 조합원만으로 구성하여 전환하였다. 그러나 2016년 2월 교사도 조합원으로 참여할 수 있도록 법 개정이 이루어지고, 사회적협동조합 전환 마감도 2016년 11월로 연장되어 2016년에 전환한 기관들은 교사도 조합원으로 포함하여 전환이 이루어졌다. 2022년 경기도 사회적 경제 아동돌봄 기관은 182개소로 많이 증가하였다(남승연, 강신혜, 2022).

2015년 이후 공동육아 어린이집이 공동육아사회적협동조합 어린이집으로의 전환이 늘었는데, 사회적협동조합이라는 법인화를 통해 지역사회 돌봄생태계를 확장할 수 있는 조직으로 변화했다는 점에서 주목할 만한 변화이다. 공동육아 어린이집은 전체 어린이집의 0.1% 정도로 적지만, 부모와 교사의 만족도는 다른 유형의 어린이집보다 높다(김미정, 한서연, 2013; 유해미, 김문정, 2013). 그러나 공동육아에 대한 만족도와 공동육아의 긴 역사에 비하면 공동육아 어린이집의 확대는 느린 편이다. 그 이유로는 새로운 조합을 만드는 데 긴 시간이 소요되고 협동조합 운영과 참여에서 오는 많은 책임감과 높은 출자금 때문이라고 할 수 있다(김미정, 2013; 유해미, 김문정, 2013).

2. 유럽과 한국의 보육 사회적협동조합

유럽에서는 국가가 책임지지 못하는 공공복지를 오래전부터 사회적협동조합이 담당해 왔다. 이탈리아 보육 사회적협동조합은 민간과 공공 기관이 컨소시엄을 통해 교사에게는 안정적인 일자리를, 부모에게는 질 좋은 보육서비스를, 어린이에게는 친환경 어린이집과 안전한 급식을 제공하는 등 좋은 보육 환경을 제공하고 있다(김학중, 2014; 이상봉, 2016). 프랑스에서도 2002년에 '공익협동조합(SCIC)'으로 불리는 사회적협동조합을 설립하여 운영하고 있다. 공적 자금이 감소되고 사회적 연대경제에 대한 관심이 높아지면서 보육서비스에도 사회적협동조합이 활발히 이루어지고 있다. 프랑스는 정부가 보육의 70%를 책임지고, 30%를 시민교육에 관심 있는 비영리단체인 부모협동조합 또는 지방자치단체(이하 '지자체')의 지원으로 사회적 연대경제를 지향하는 사회적협동조합이 담당한다. 2001년 「공익협동조합법」에 의해서 영유아원(Creche)이나 시간제 어린이집(Halte Garderie, 6세 미만으로 연령 제한이 없음) 사회적협동조합은 1인 이상의 직원, 1인 이상의 이용자, 1인 이상의 지자체나 기업 또는 지지자만으로 구성될 수 있다. 사회적협동조합에 대한 국가의 지원 금액과 시스템은 다양하다. 사회적협동조합이 구성되면 3~5년까지는 약 180,000유로를 지원받을 수 있으나, 이후에는 자금 지원이 없다. 지원금은 상근직원의 월급으로 사용될 수 있고, 운영에 필요한 비용은 조합에서 충당해야 한다. 보통 전체 수입의 3분의 2는 운영비로 지

출된다. 다만 직원들의 사회보장비를 개인 급여에서 25%, 기업에서 50% 지출하는데, 협동조합은 사회보장 비용을 감면받거나 면제받을 수 있다. 그리고 매년 배분이 불가능한 잉여 자금의 15%는 내부 보조금으로 사용되고, 20%는 적립되었다가 해산 시 지자체에 귀속된다. 이는 부채 비율을 줄이는 제도적 장치가 되고, 여러 사람의 노동을 통해 형성된 자본을 공동의 사회적 자본으로 생각하는 프랑스적 사고와 상통한다(SCIC 홈페이지 참조).

우리나라의 사회적협동조합의 역사는 유럽에 비해 늦었지만 2000년 이후 공동육아 어린이집에 대한 연구는 여러 학문 분야에서 진행되어왔다. 공동육아에 대한 연구들을 보면 협동조합 운영 원리보다는 공동육아 가치에 주목한 연구들이 많다. 공동육아협동조합을 통해 육아에 아버지들의 참여가 증대하고, 내 아이의 돌봄에서 그치는 것이 아니라 이웃 아이에 대한 상호 보살핌으로 자연스럽게 확장된다(류경희, 2004; 장수정, 2012; 조윤경, 2011). 공동육아 어린이집은 여러 부모가 함께 운영하기 때문에 부모 모두가 참여할 수밖에 없다. 조합원 참여를 의무화하는 조합원 교육과 총회가 있으며, 한 달에 한 번씩 교사와 부모들이 함께하는 방모임이 있고, 교사 휴가 시 하루 동안 교사 역할을 하는 아마(아빠와 엄마의 줄임말) 활동, 부모가 직접 등·하원을 시켜야 하는 일 등이 많다. 다른 집에 놀러 가는 마실 문화를 통해 가족 간 관계 맺기가 자연스럽게 이루어지고, 내 아이뿐만 아니라 다른 집 아이에 대한 관심으로 확장된다(류경희, 2004). 부모가 다 함께 돌보고 가족 간 상호 돌봄문화로 인해 공동육아기 돌봄의 성별화와 개별 가족의 경계를 뛰어넘는 대안 보육으로 평가되기도 한다(정성훈, 2014). 또한 매일 교사가 수첩에 아이의 일상을 적어 부모에게 보내면 부모가 수첩에 아이에 대한 일상을 적어 다시 교사에게 보내는 '날적이'를 통해 부모와 교사의 의사소통이 이루어짐으로써 투명하고 개방적이라는 평가를 받는다(유해미, 김문정, 2013).

한편, 매일 산(자연)으로 나가는 '나들이'와 친환경 유기농 먹거리 제공은 사람들에게 공동육아 어린이집이 자연 친화적이고 신뢰할 만한 보육기관으로 인식하게 한다. 경기도에서 실시한 연구에 따르면, 부모들이 부모협동 어린이집을 보내는 가장 큰 이유는 보육프로그램 때문으로 나타났다.

그러나 공동육아 참여자를 대상으로 조사한 결과, 급·간식과 보육프로그램에 대한 만족은 높았으나, 부모 참여, 타 부모와의 소통, 비용에 대한 만족은 낮은 것으로 나타났다(유해미, 김문정, 2013). 부모 참여가 긍정적이다는 연구도 있지만 참여와 관계 맺기에서 오는 갈등도 있다는 점을 알 수 있다. 공동육아 참여자들의 지향성이 모두 같지 않기 때문에 차이로 인한 갈등은 자연스럽다.

공동육아협동조합 어린이집 안에서 공통된 가치를 공유하고 실천하면서 부모의 공동 돌봄, 공동체의식의 성장, 함께 돌보는 문화의 확산, 신뢰에 기초한 교사-부모 관계가 형성된다. 반면에 다양한 가족이 공동육아협동조합을 함께 운영하면서 의사소통의 불협화음이 빈번히 발생하는데, 그럴 경우에는 갈등을 해결해 가는 것이 지속적인 과제이다(류경희, 김순옥, 2001). 2013년 육아정책연구소에서 실시한 연구에서도 유사한 연구 결과가 나타났다. 공동육아는 맞벌

이 가구에 대한 일·가족 양립 지원 효과가 크고, 돌봄 확대를 통한 공동체 만들기의 가능성이 크다(유해미, 김문정, 2013). 공동육아협동조합 어린이집에 맞벌이 가구의 진입이 어렵지만 일단 진입한 경우에는 함께 돌보는 문화나 모든 아이가 다 같이 종일 머무는 환경이 긍정적이다고 보고되었다. 요컨대, 일련의 연구를 볼 때 공동육아 어린이집은 상호 돌봄의 확장성을 내포하고 있다. 그러나 어린이집에 대한 진입과 접근성의 어려움, 협동조합을 운영하는 구성원들의 주기적인 변동으로 인해 발생할 수밖에 없는 불안전성, 다양한 이해관계자가 운영하면서 발생하는 갈등 등의 어려움이 있다(유해미, 김문정, 2013). 진입 장벽을 낮추고 장애 요소를 극복해 나가는 것이 과제다. 보육의 공공성이라는 측면에서 공동육아사회적협동조합의 사회적 의미를 탐색할 수 있는 연구가 지속되어야 한다.

3. 공동육아사회적협동조합과 공공성

핵가족화와 맞벌이가 증가함에 따라 돌봄의 사회화가 확장되었고, 상당 부분 돌봄의 시장화로 이어졌다(송다영, 2014). 민간 어린이집이 대부분을 차지했던 보육 환경에서 보육의 공공성 확대를 위해 국공립 어린이집의 확충을 해 왔지만 여전히 그 비중이 적다. 2023년 기준 국공립 어린이집은 21.4%였다(보건복지부, 2023). 단, 서울시의 경우에는 국공립 어린이집을 정책적으로 확대하면서 국공립 어린이집이 50%를 넘었다(보건복지부, 2023). 국공립 어린이집의 확충 외에 보육의 공공성을 높이기 위해 지자체들은 제3의 공공형 어린이집, 예컨대 서울형 어린이집, 성남형 어린이집 등을 도입하였다. 보건복지부는 2015년에 열린 어린이집 가이드라인을 만들어 부모 참여를 통한 개방성과 투명성을 높여 나가기 위한 평가 인증제 시행으로 보육의 질 제고를 위해 노력해 왔다.

그동안은 보육의 설립 주체를 국공립과 민간의 두 가지 유형으로 이분화하여 보육의 공공성 담론이 이루어졌다(김희연, 2013). 보육의 공공성 확장을 위해 제3기관인 사회적협동조합 어린이집에 주목할 필요가 있다. 협동조합 어린이집은 지역사회 안에서 공공성을 띤 대안적인 보육 모델로서 지역사회의 질 좋은 보육 생태계에 기여하고, 공공성이 담보된 것으로 평가되기 때문이다(장수정, 2018).

공공성을 논의할 때는 설립 주체가 공공이냐 민간이냐 하는 형식만 중요한 것이 아니라 공공성의 내용, 즉 보살핌과 신뢰 관계를 중심으로 이루어지는 보육의 내용이 어떠한지도 중요하다(김희연, 2013). 공공성을 광범위하게 보면, 첫째, 국가와 관련한 공적인 것, 둘째, 모든 사람과 관계된 공통적인 것, 셋째, 누구에게나 열려 있는 것이다(Saito, 2009). 보육의 공공성은 국가가 설립하거나 국가가 예산을 지원하는 것에만 한정되는 것이 아니라 돌보는 사람과 돌봄을 받는 사람 간의 민주적 관계나 인권 등의 내용을 포함한다(남찬섭, 2012). 공공성의 규범적 가치로는 책임성과 민주적 통제, 연대와 정의, 공동체의식과 참여, 개방과 공개성, 세대 간 연대와 책임이 있다(신진욱, 2007).

협동조합은 자발성, 민주적 운영, 참여, 협동, 지역사회에 대한 기

여 등 공공성의 가치를 지향한다(장수정, 2019). 이런 점에서 협동조합은 보육의 공공성을 실천할 수 있는 운영 원리를 가지고 있다. 공동육아협동조합 어린이집은 사회적 육아에 기여해 왔다(이송지, 2013; 정성훈, 2014; 황윤옥, 2008). 따라서 영리를 추구하지 않고 사회적 목적을 지향하는 공동육아사회적협동조합 어린이집은 공공성이 강하다. 이처럼 협동조합 또는 사회적협동조합의 공공적 특징으로 인해 서울시는 한살림생활협동조합과 같은 사회경제 조직에 국공립 어린이집을 위탁하고, 성남시는 2016년부터 2022년 기준 16개의 사회적협동조합국공립 어린이집을 설립하여 운영하고 있다(장수정, 황경란, 2019; 성남시, 2024).

보육은 부모, 교사, 아이 간의 신뢰에 기반한 상호 호혜적 관계가 중요하다. 민주적 운영 원리에 기초한 협동조합형 어린이집은 평등한 관계를 통해 의사소통이 이루어질 수 있는 기반을 지니고 있다. 특히 투명하고 열린 보육을 지향하는 공동육아의 가치가 협동조합 운영 원리와 함께 긍정적인 시너지 효과를 만들어 낼 수 있다. 또한 사회적 목적에 우선으로 하는 사회적협동조합의 가치와 내 아이를 넘어 이웃의 아이를 함께 돌본다는 공동육아 가치는 공동육아사회적협동조합이라는 형식을 통해 지역사회 안에서 보육 생태계를 긍정적으로 확장해 나갈 가능성이 있다. 실제 공동육아 어린이집은 마을공동체나 지역사회 공동체를 형성하는 씨앗 역할과 보육의 대안적인 모델링 역할을 하고 있다(위성남, 2013; 장수정, 2012).

제4장
공동육아사회적협동조합과 과제

 1. 공동육아사회적협동조합

공동육아 어린이집은 「협동조합 기본법」 제정 이전부터 협동조합 방식으로 운영되었다. 2012년에 「협동조합 기본법」이 제정되었기 때문에 법이 제정되기 이전에 존재한 공동육아 어린이집은 임의단체였다. 2015년에 공동육아협동조합이 공동육아사회적협동조합으로 전환이 가능하면서 일부 공동육아협동조합 어린이집이 공동육아사회적협동조합으로 전환하기 시작하였다. 각 어린이집 현장에서부터 논의가 시작되었다기보다는 사단법인 공동육아와 공동체교육에서 전환의 필요성을 제안하여 추진되었다. 각 공동육아협동조합 어린이집에서 법인화를 추진한 이유는 조금씩 달랐다. 이 장에서 협동조합 어린이집 4곳(A, B, C, D)의 인터뷰 사례는 장수정(2018)의 연구에 기초한 것이다.

첫째, 사회적협동조합으로의 전환은 형식적인 법인화로 인한 안정성 측면에서 이루어졌다. 법인화가 이루어지면 자산과 조직의 안정성, 협동조합의 정체성 확립, 조직의 지속 가능성을 확보할 수 있다고 보았다. 법인화는 돌봄의 공공성을 외형적으로 확보하고, 사회적 육아의 제도화를 다질 수 있다(이송지, 2013).

그러나 공동육아 어린이집에서 사회적협동조합으로 법인화한 주요 이유는 조금씩 달랐다. 협동조합 어린이집 4곳(A, B, C, D) 모두가 법인화함으로써 개인 대표자 명의의 임의단체에서 벗어나 안정적인 기관으로 되는 것에 의미 부여를 하였다. 공통점 외에 기관마다 약간 차이가 있는데, A, B 기관은 영구 터전이 있어서 나중에 신규 법인 형태로 절차를 밟게 되면 상속세와 양도세 같은 세금이 크기 때문에 전환을 하였다. 기관 C는 회계 등 부가적 행정 절차가 간소화될 것이라는 기대로 법인화하였다. 기관 D는 공동육아 방과후 기관으로 주무 행정기관의 부재에서 오는 불안정성 때문에 전환하였다.

둘째, 공동육아협동조합 어린이집이 공공적인 성격이 강하는 점에서 정체성에 맞는 형식을 갖춘 것이다. 사회적협동조합은 "협동조합 중 지역 주민들의 권익 복리 증진과 관련된 사업을 수행하거나 취약계층에게 사회서비스 또는 일자리를 제공하는 등 영리를 목적으로 하지 않는 협동조합"이라고 명시되어 있다. 이런 정의를 볼 때 사회적·공공적 성격을 가지고 있다. 동시에 공동육아사회적협동조합은 부모가 자신의 아이를 어린이집에 보내기 위해 조합원으로 가입하여 직접 어린이집 운영에 참여한다는 측면에서 지역사회 기여가 주목적이라기보다는 소비자조합의 성격을 가지고 있기도 하다.

사회적협동조합이라는 이름에 부담을 느끼는 조합원들에게 공공교 활동가는 "보육이라는 사업 자체가 사회적 공공성을 가진 사업이라고 생각하기 때문에 이 어린이집 운영을 훌륭하게 하는 것만으로도 충분하게 공공성을 실현하고 있다"라고 설명하였다. 공공교에서는 국가가 못하는 공공성을 담보한 어린이집을 부모들이 하고 있는 것 자체가 '사회적'인 활동이라고 하였다. 조합원들은 '사회적'이라는 의미를 '사회적 기여' '약자에 대한 헌신과 봉사' '지역사회에 공헌' 등으로 간주하기도 하고, '사회적' 의미가 더 거창한 것을 의미하는데 현재 자신이 몸 담고 있는 조합은 그에 걸맞지 않다고 평가하기도 하였다. '사회적'이라는 의미 자체를 부담스러워한 조합원들도 있었다. 사회적협동조합으로 변경하는 데 합의는 했지만 '사회적'이라는 의미에 합의했다고 보기는 어렵다고 설명했다. 이처럼 사회적협동조합 변경에서 조합원들의 전제와 기대는 다양한 스펙트럼이 있었다.

셋째, 공동육아협동조합의 구성원을 넘어 외연을 확장하기 위한 것이다. 다중 이해관계자로 구성되는 공동육아사회적협동조합은 「협동조합 기본법」상 누구나 참여가 가능하다. 사회적협동조합 법인이 방과후협동조합이나 또 다른 공동육아 어린이집을 운영할 수도 있다. 다른 유관 협동조합 기관과 연계도 할 수 있다. 사회적 목적을 위해 조합원들이 구현하고자 하는 것을 조합원들과 확장해 갈 수 있다. 실제로, 기관 A의 운영이사는 어린이집 외연 확장성에 대한 기대가 사회적협동조합 법인으로 전환한 이유 중 하나였다고 설명하였다.

저희가 처음 추진했을 때 뭐 조합 발표 자료를 만들었을 때 세 단어로 압축을 했던 게 영속성, 안정성, 확장성이었거든요. 우리가 법인 전환을 하면 이 세 가지를 얻을 수 있다. ……(중략)…… 우리가 법인만 된다고 해서는 실익이 생길 게 없을 것 같았고, 이걸 바탕으로 이제 우리가 어떻게 보면 사단법인, 재단법인처럼 그래도 확장을 해 나가야 되는 이제 그런 발판이 필요하다는 걸 생각을 했었거든요. ……(중략)…… 더해서 지역 연대를 좀 할 수 있는 토대를 만들 수 있겠구나 라는 생각을 했었죠. 그 당시에.

ㅡ기관 A의 운영이사

2. 공동육아사회적협동조합의 과제

1) 다중 이해관계자의 인정

「영유아보육법」의 규정에 따르면, 협동 어린이집 조합원의 자격은 부모와 교사로 되어 있다. 2015년 사회적협동조합으로 전환 시 보건복지부는 교사조합원과 졸업조합원을 조합원으로 인정하지 않았다. 이후 2016년에 교사를 조합원으로 인정하였다. 법적으로 공동육아 어린이집의 졸업조합원 등 지역사회 내의 잠재적 구성원에게는 참여가 제한되었다. 사회적협동조합 전환 이전에는 공동육아 어린이집의 졸업조합원이 각 어린이집 기관의 명예조합원 또는 후원조합원으로 참여하는 사례들이 있었다.

사회적협동조합으로 법인화하면서 졸업조합원은 조합원이 될 수 없다는 규정에 따라 기관 A와 B는 공동육아 어린이집에 참여해 왔던 졸업조합원들을 대상으로 탈퇴에 대한 동의 절차를 거쳤다. 기관 C는 신생 조합으로서 사회적협동조합 전환 시 졸업조합원이 없었고, 기관 D는 졸업조합원의 탈퇴 동의 절차 없이 졸업조합원을 제외하고 사회적협동조합 전환 절차를 밟았다. 사회적협동조합으로서 외연을 확대하기 위해서는 공동육아 경험을 통해 성장해 오고, 잠재적 지역 자원이기도 한 졸업조합원도 조합원으로 함께할 수 있는 제도적 장치가 필요하다. 공동육아사회적협동조합이 다중 이해관계자로 구성된 조합인 만큼 교사의 경우에는 직원 조합원으로서의 정체성을 명확히 할 필요가 있다. 지역의 폭넓은 구성원들이 조합원으로 참여할 수 있는 제도적 지원 장치가 필요하다.

2) 조합의 안정성과 연대를 위한 중간 지원 조직의 역할

공동육아사회적협동조합으로 전환 시 공동육아협동조합 어린이집은 사회적경제지원센터와 공공교에서 지원을 받았다. 사회적경제지원센터에서는 행정 처리에 관한 조언과 법규에 관한 해석 등의 도움만 받을 수 있었다. 따라서 기관 C의 전 이사장에 따르면, "단위 터전들은 당장 다친 문제를 해결하느라고 중장기적인 무언가를 바라보는 것이 사실은 특별한 지도자가 있지 않은 이상 힘든 일일 수밖에 없어요"라고 하며 전문적인 지원 조직이 필요하다고 설명했다.

공동육아는 부모 참여 및 출자금으로 인한 진입장벽, 조합원들이 운영하면서 겪는 갈등, 부모들의 기대의 차이 등 풀어 나가야 하는 일상적인 과제들이 있다(류경희, 2004; 유해미, 김문정, 2013).

첫째, 공동육아는 부모 참여가 많아 맞벌이의 경우에 출퇴근 시간이 유연하지 않으면 참여가 쉽지 않다. 경기도 부모협동 어린이집에 참여한 부모들을 대상으로 한 연구에 따르면, 가장 어려웠던 점으로 맞벌이의 39%, 비맞벌이의 31%가 부모 참여라고 응답했다(김미정, 한서연, 2013).

둘째, 공동육아는 출자금뿐만 아니라 매달 내는 보육료가 일반 어린이집에 비해 2배 정도 높다.

셋째, 부모들은 공동육아 어린이집 안에서 여러 가지 갈등을 경험한다. 공동육아에 대한 이해가 다르고, 공동체에 대한 전제와 기대도 다른데, 20가구에서 30가구가 함께 운영을 한다. 공동육아를 선택한 이유, 공동육아와 협동조합에 대한 경험과 인식, 기대 수준이 달라 교사 간, 교사-조합원 간, 조합원 간, 조합원-이사진 간, 교사-이사진 간에 의사소통 문제가 빈번하게 발생하고 때로는 공동체가 흔들리는 위기에 놓이기도 한다(류경희, 2004).

공동육아는 신입조합원이 매년 들어오고 이사진이 1년마다 바뀌는 구조여서 구성원들의 변화에 따라 어린이집의 분위기가 바뀌기도 한다. 그 안에서 비슷한 갈등이 반복되어 나타나기도 한다. 따라서 공동육아협동조합 어린이집이 안정적으로 확장되기 위해서는 각 개별 터전의 문제를 지원하고 공통의 문제를 공동으로 대처할 수 있어야 한다. 일상적인 어려움을 해결하면서 공동육아협동조합 어린이집을 확장하기 위해서는 연대가 필요하다.

인터뷰 당시 기관 C의 전 이사장은 "저는 중간 다리 역할이 없기 때문에 정체성의 위기가 올 것이라고 개인적으로 생각을 하거든요" 라고 말하며, 중간 단위의 연합체는 공동육아 가치를 재생산하고 정체성 위기를 일상에서 극복하기 위해 필요하다고 지적하였다. 공공교 소속의 활동가도 "2018년에 지역연합회를 발족할 계획"이라고 설명했고, 실제 2019년부터 공동육아사회적협동조합 연합회가 창립하여 활동하고 있다.

3) 행정과 비용 부담의 완화

조합원들은 전환 이후의 변화로 행정, 정보 공시, 비용에 대한 부담을 꼽았다. 각 기관의 응답자들에 따르면, 2년 동안 큰 변화는 없었지만 전환 후에 "행정 일(회계, 공증, 공시 등)의 증가와 비용 증가"가 발생하였다고 응답했다. 공동육아사회적협동조합 운영진은 매년 바뀌는데, 바뀔 때마다 정관을 바꾸어야 해서 공증 비용이 발생한다. 또한 조합원이 어린이집을 졸업하거나 탈퇴할 경우에도 조합원 구성원이 달라지기 때문에 등기를 다시 해야 한다. 이익을 목적으로 하지 않아 수익이 발생하지 않는 구조임에도 불구하고 사회적협동조합 전환으로 인한 비용은 전적으로 부모 조합원들이 부담해야 한다.

3. 공동육아사회적협동조합에 대한 제도적 지원

공동육아사회적협동조합의 경우에는 파산 시 국고 귀속과 같은 조항이 있고 사회적 목적 성격이 분명한데, 그에 따른 세금 감면과 같은 지원이나 공익 기관에 준하는 정책적 지원 논의가 미흡하다.

> 사회적협동조합이 교육법인, 공익법인인데, 공익법인이면 사실 이게 세금이 하나도 문제가 안 돼요. 그리고 이 정관에서 이 터전은 결국 국가로 귀속되어 있는 건데. 그리고 사회적협동조합이란 협동조합이라는 거 자체가 그런 공익 단체 이념들과 설립 이념들과 다르지 않은데 이걸 이렇게 분리해 놓는 것은 맞지 않다는 의견들이 많아서…….
>
> ―기관 B의 운영이사

공동육아 어린이집의 사회적협동조합으로의 전환은 「협동조합기본법」이 제정되기 이전부터 협동조합 방식으로 운영해 온 공동육아 어린이집을 협동조합으로 제도화하고, 임의단체에서 법인화하는 과정이었다. 그러나 공동육아사회적협동조합의 안정성, 정체성, 확장성을 제한하는 요소들이 상당 부분 존재하여 제도적인 개선이 필요하였다.

첫째, 협동조합의 원칙 중 하나는 가입과 탈퇴가 자유롭다는 것이다. 그러나 협동 어린이집은 보건복지부 산하 어린이집 유형의 하나로 분류되고, 「영유아보육법」에 따른 협동조합 어린이집의 규정은

협동조합에 입각한 법 해석과 배치되는 요소가 있다. 사회적협동조합 전환 이전의 어린이집 조합원에는 부모, 교사, 졸업조합원이 포함되어 있었다. 2015년 보건복지부는 '부모협동 어린이집'이라는 명칭에 의해 부모만 조합원으로 참여할 수 있다고 규정하였다. 하지만 2016년에는 공동육아 어린이집 관계자들의 제안을 받아들여 '협동 어린이집'으로 명칭을 바꾸면서 교사조합원을 인정하였다. 전환 이전의 조합원에 포함되어 있던 졸업조합원은 조합원으로 인정하지 않았다.

졸업조합원은 몇 년간 조합원 활동을 하면서 협동조합의 원리를 체득하여 지역사회의 후원자 역할을 할 수 있고, 사회적협동조합의 외연을 확장하는 데 기여할 수 있는 잠재적 자원이다. 공동육아 어린이집의 확장 가능성과 시민 자원을 오히려 제도가 제약하는 예라고 볼 수 있다. 기관 B의 졸업조합원에 따르면, 공동육아 부모조합원들은 조합의 현안을 처리하느라 바빠 오히려 졸업조합원이 어린이집의 확장성에 중요한 역할을 할 수 있다.

> 애를 좀 더 키우고 나서 활동에 여유가 있으신 분들이 뭔가 이러한 일들을 벌이셔야지. 아이참, 지금 애를 키우느라 바쁜데, 뭐 어떻게 그런 거에 신경을 써. 그러니까 어린이집 운영은 그분들한테 맡겨야 되는 거고, 그 이외에 어린이집 운영이 아닌 뭔가 좀 사회적인 활동, 지역적인 협동조합 본연의 어떤 활동들은 사실은 졸업조합원이 주축이 되어서 해야 되는 게 맞을 것 같아요
> —기관 R의 졸업조합원

조합 구성원이 빠르게 바뀌는 공동육아 어린이집의 특성상 조합의 안정성을 위해 졸업조합원들이 신입조합원들의 멘토 역할을 해 줄 수도 있다. 다중 이해관계자로 구성된 사회적협동조합은 다양한 구성원의 참여가 특징인데, 졸업조합원이 조합원으로 참여하지 못하는 제도적 제한은 모순적이다.

둘째, 협동조합은 정보공시나 투명한 회계를 위해 처리해야 하는 행정일이 많다. 이사나 조합원의 출자금 등이 변경될 때 공증을 받아 공시해야 한다. 2012년에 제정된 「협동조합 기본법」에는 법인으로서 갖는 재정적 손실, 손해에 대한 형사적 책임을 묻는 법적 규제가 포함되어 있다. 공동육아사회적협동조합은 부모들이 운영을 하는 구조라서 역할 분담을 위해 매년 이사장과 이사들이 바뀐다. 공동육아 어린이집의 경우에는 보통 4세부터 7세의 아이가 다니므로 조합원이 자주 바뀌는데, 조합원이 바뀔 때마다 절차가 복잡하고 비용이 든다. 신입조합원이 늘어날 경우에는 출자금이 증액되는데, 수익 구조가 발생하지 않더라도 출자금 증액 시 세금을 내야 한다. 다음의 기관 A의 운영이사에 따르면, 서울시의 경우에는 과세하지 않으나 과천을 포함한 경기도 지역은 과세를 한다. 공동육아사회적협동조합 어린이집은 이익을 목적으로 하지 않는 보육서비스를 공급하지만 사회적협동조합에 대한 세제 혜택이나 지원은 없고 추가적인 비용은 계속 발생하는 현실이다. 최근 2024년 12월 26일 협동조합 고유사업에 필요한 자산 취득 시 취득세와 재산세 면제, 조직 변경 시 취득세와 등록면허세 면제 등을 담은 「지방세특례제한법」 개정안이 기본소득당 용혜인 의원에 의해 발의되었다(기본소득당, 2024).

출자금이 증액되면 3배 과세가 있더라고요, 수도권은. 서울은 그게 없어졌는데, 아직 경기도만 남아 있거든요. 그게 3년 동안은 신설로 적용된다고 하더라고요. 저희가 영리 목적도 아니고 그 조합원을 늘리지 말라는 이야기밖에 안 되는 건데, 그러한 것들을 유연하게 좀 바꿔 나가야 될 것 같은데. 협동조합 하기 너무 힘든…….

-기관 A의 운영이사

셋째, 협동조합은 기획재정부, 어린이집은 보건복지부, 방과후는 교육부 소관이다. 다음 인터뷰에서 볼 수 있듯이 부처 간 협동조합에 대한 이해가 다르고 소통이 원활하지 않아서 협동조합을 하고 있는 기관 당사자들이 어려움을 토로한다. 또한 출자금 증가에 따른 과세 부여처럼 지자체마다 규정이 달라서 어디서 협동조합을 하느냐에 따라 사회적협동조합을 하는 어린이집의 여건도 달라지므로 이에 대한 개선이 필요하다.

협동조합이기는 한데, 각 부서마다 나눠져 있다 보니까 뭐 하나 질의를 하면 뺑뺑 돌거든요. 그러니까 예를 들어서 작년, 올해 이제 처음으로 경영 공시를 했는데, 저희 이름이 잘못 등록이 되어 있더라고요. 그래서 진흥원에 전화를 해 봤더니 여기서는 뺑뺑 돌다가 결국은 보건복지부에 전화를 했고, 보건복지부에서도 또 내용을 모르고, 보건복지부에 딱 협동조합이라고 하면 몰라요. 그 담당자만 알아요. 기재부(기획재정부)에 하면 어차피 관할 부서가 보건복지부이기 때문에 보건복지부에 전화를 하라고 그러거든요. 담당자는 또 그때 휴가 중이었고, 그래서 이름을 바꾸는데, 이름 하나 바꾸는 데에도 그 쪽에서 이름을 잘못 입력한 건데도 불구하고 그걸 바꾸는 데에도 며칠이 걸렸거든요. 이런 식으로 뭐 하나 질의하거나 뭐 답변을 구할 때 너무 힘들다는 게, 이게 아직 단일화가 안 되어 있어서…….

-기관 A의 운영이사

셋째, 공동육아사회적협동조합 어린이집은 정관에 파산 시 국고에 귀속하거나 유사한 사회적협동조합에 귀속한다고 기재되어 있다. 따라서 공동육아사회적협동조합 어린이집은 지역의 자산이고, 공공보육을 책임지는 국가의 자산이기도 하다. 따라서 '유휴 공간 활용'과 '교사 인건비'와 같은 지원이 필요하다는 것이 4개 기관의 조합원들의 공통적인 의견이다. 이에 대해 기관 C의 졸업조합원은 "협동조합을 원하면 모두가 할 수 있도록 홍보하고 여건을 마련해 주면 좋겠다"고 말했다.

일단은 교사는 국가에서 좀 책임져 줬으면 좋겠어요. 교사의 질이라든지 뭐 인건비라든지. 이랬으면 좋겠고. 또 사회적협동조합에 특히 정부가 지원해 주길 바라는 것은 일단은 협동조합이니까. 협동조합 설립을 조금 더 많이 잘할 수 있게 홍보나 아니면 문턱을 좀 낮춰 주면. 문턱을 낮춰 준다는 게 여러 가지 뭐 재정적인 것도 있겠지만 절차 같은 것도 복잡하지 않게. 그리고 교사도. 이런 개념을 갖춘. 그러니까 교육이 된 협동조합에 대한 인식이 너무 없잖아요. 어쨌든 교사이든 부모이든 그러니까 그 인식 자체를 그냥 좀 많이 대중화해야

된다는 것도 있는 거죠. 홍보라고 해야 되나. 하여튼 이 가치를 좀 높이, 좀 많이 퍼트려 줬으면 좋겠어요

-기관 C의 졸업조합원

4. 지속 가능한 발전을 위한 논의

　부모들이 자발적으로 만든 공동육아 어린이집은 2004년 부모협동 어린이집 유형으로 제도화되며 발전해 오다가 2012년의 「협동조합 기본법」 제정을 계기로 공동육아협동조합 어린이집의 상당수가 2015년 이후에 공동육아사회적협동조합으로 전환했다. 임의단체로 존재했던 공동육아 어린이집이 법인화되는 과정이었다.

　사회적협동조합으로의 전환은 공동육아협동조합의 정체성, 안정성, 지속 가능성을 위해 공공교의 제안으로 시작되었다. 장수정(2018)의 연구를 보면, 연구 참여 대상 기관들이 공통적으로 임의단체로서의 불안정성을 극복하기 위해 전환을 결정하게 되었음을 알 수 있다. 물론, 기관의 여건에 따라 전환하게 된 주요한 계기에는 차이가 있다. 영구 터전이 있는 기관 A와 B는 세금 문제가 전환하는 데 영향을 끼쳤다. 기관 C의 경우에는 신생 조합의 특성상 회계 및 행정 부담이 크지 않아 조합원들 사이에서 전환이 비교적 수용적이었으며, 운영진에 대한 신뢰가 있었다. 기관 D는 어느 행정기관에도 소속되지 못한 불안정성 해소가 전환 계기가 되었다.

　사회적협동조합 전환이 아래로부터 활발한 담론과 치열한 논의

를 거쳐 이루어진 것이 아니었기 때문에 사회적협동조합에서 '사회적'이라는 의미를 둘러싸고 조합원들 사이에 차이가 존재하였다. 그런 차이에도 불구하고 제도화로 인해 '함께 돌보자'는 공동육아의 가치를 확대할 수 있는 가능성이 높아졌다. 그러나 전환 과정에서 사회적협동조합에서의 교사의 역할과 권한에 대한 논의가 부족했으며, 졸업조합원은 법규상 참여가 제한되었다. 전환 과정에서 조합원 간의 전환 이유에 대한 견해의 차이와 교사와의 논의가 충분하지는 않았지만, 사회적협동조합으로의 전환을 제도화하면서 공동육아의 가치와 외형을 일치시켰다는 점에서 의미가 있다.

  사회적협동조합으로의 전환 이후의 가장 큰 변화로는 조합원에게 행정적인 일의 부담이 증가한 것이다. 반면에 협동조합 운영 원리에 보다 충실하여 정보와 재정 공시로 많은 사람에게 상세한 정보를 제공한다. 또 다른 변화로는 공익법인으로서의 정체성 확립과 그에 따른 확장가능성이다. 사회적협동조합으로의 전환이 그동안 공동육아 어린이집 내용에 맞는 형식을 갖추는 것이기도 하고, 제도화된 형식으로 인해 공동육아 어린이집의 정체성이 확고해지는 과정이기도 하다. 사회적협동조합 어린이집이라는 명칭을 사용하다 보니 신입조합원의 교육에서 협동의 가치, 민주적 참여의 원리, 공동육아의 가치를 전면에 걸고 할 수 있다는 점에서 공동육아 가치에 대한 이야기를 하기가 편해졌다는 기관 C 전 이사장의 언급을 보았을 때 사회적협동조합이라는 제도화가 기관의 정체성을 구성원들에게 더 피력할 수 있는 것으로 보인다. 공공교 소속의 활동가에 따르면, 사회적협동조합으로 전환한 기관을 중심으로 마을에 대한 관심,

지역사회에 대한 관심이 구체적인 활동으로 나타났다. 공동육아협동조합이 마을공동체의 씨앗을 형성하는 기반이 되어 왔다는 기존 연구를 볼 때(장수정, 2012) 사회적협동조합 어린이집이 마을공동체를 활성화할 수 있는 가능성이 있다. 마을공동체를 촉진하기 위해서는 다양한 주체가 참여할 수 있도록 하는 제도적 개선이 필요하다. 「협동조합 기본법」은 특별법이기 때문에 이 법을 우선으로 다른 법들을 맞춰야 된다는 조항이 있다. 따라서 「영유아보육법」도 「협동조합 기본법」에 의해 변경이 필요한 부분은 변경할 필요가 있다.

　사회적협동조합 어린이집은 협동조합의 원리에 의해 운영되기 때문에 민주적 돌봄을 지역사회 안에서 실천하고, 구성원들이 민주적 돌봄을 시도하고, 경험하고, 훈련하고, 도전하는 장이다. 따라서 이런 사회적협동조합 어린이집이 많으면 많을수록 지역사회 내의 돌봄생태계에 변화를 줄 수 있다. 이러한 사회적협동조합 어린이집을 활성화하기 위해서는 프랑스처럼 초창기 국가지원금의 단계적 지원, 세금 감면이나 면제, 잉여 자금의 일부를 내부 보조금으로 사용하게 하는 방안 등의 지원이 필요하다. 또한 사회적협동조합 어린이집에 대한 공간 및 교사 인건비 지원을 통해 부모들의 출자금을 낮추어 문턱을 낮추는 방안도 있다. 누구나 원하면 공동육아협동조합에 참여할 수 있도록 하고, 협동조합하며 아이를 키우는 것이 가능하도록 해야 할 것이다(김은남, 2014). 부처 간, 중앙정부-지자체 공무원 간에 사회적협동조합에 대한 동일한 이해와 적용이 필요하고, 협동조합 기관과 원활한 의사소통을 위해 담당 관련자들에 대한 교육도 필요하다. 사회적협동조합 어린이집을 지원할 수 있는 사회경제 중간 지원 조직의 전문 인력도 필요하다. 이런 지원이 뒷받침되어야 공동육아에 대한 접근이 용이하고, 함께 돌보는 돌봄생태계가 확대될 것이다. 이를 위해 공동육아사회적협동조합 어린이집 내부의 활발한 논의는 물론이고, 연합체를 통해 공통의 문제에 대응하며 장기적인 비전을 만들어 가야 할 것이다.

미래 사회는 가족이 더욱 느슨해질 것이라고 전망한다(장혜경 외, 2014). 가족의 형태가 느슨해질수록 돌봄공백은 더 중요한 화두가 될 것이다. 그런 사회에서 공동육아는 함께 돌봄을 활성화시키고 마을공동체를 확장하는 기반이 될 것이다(위성남, 2013). 따라서 공동육아협동조합 어린이집과 같은 사회경제 방식의 돌봄제공이 확대될 필요가 있고, 사회경제 조직에 대해 정부는 다양한 형태로 지원할 필요가 있다. 보육의 공공성이 돌보는 사람과 돌봄을 받는 사람의 민주적 관계, 공동체의식과 참여, 개방성, 연대와 책임(남찬섭, 2012; 신진욱, 2007)을 포함한다는 점을 고려할 때 공동육아사회적협동조합은 공공성을 갖추고 있고, 따라서 정부의 지원 요건은 충분하다. 특히 국공립 어린이집이 여전히 미흡한 상황에서 공동육아사회적협동조합은 부모들이 개인의 이익을 목적으로 하지 않고, 지역사회에서 공공 보육을 직접 실천하고 확장해 가고 있다는 점에서 제도적인 지원이 필요하다. 지역사회 내의 공공성을 띤 보육 생태계의 또 다른 주체로서 지역사회 내의 돌봄공동체를 형성하기 위한 자원으로 사회적협동조합 어린이집을 주목할 필요가 있다. 아동뿐만 아니라 노인, 장애인 등 돌봄이 필요한 다양한 대상을 위한 사회적협동조합의 확대를 위한 지원이 필요하다.

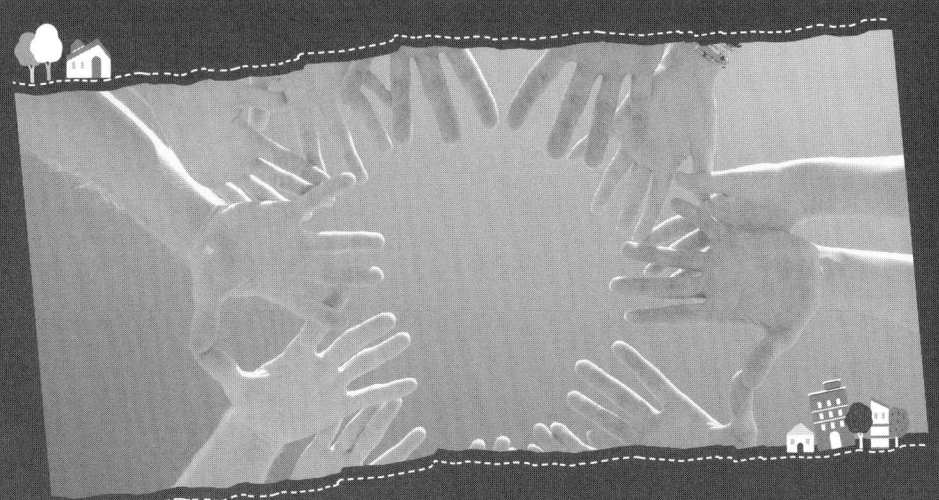

제2부

1퍼센트의 공동육아협동조합

- 제5장 협동하고 연대하기
- 제6장 공동육아협동조합 생태계 확장

제5장
협동하고 연대하기

 1. 들어가며

 '가족 친화 마을 만들기 모델 개발을 위한 연구' 보고서에 따르면, 가족 친화 마을이란 "아이들을 마음 놓고 키울 수 있고 어른들이 오래 살고 싶은 마을"이다(이송지, 김혜장, 이경란, 곽영선, 정영화, 2009). 이런 마을의 사례로 서울시 마포구 성미산 마을공동체가 선정되었다. 또 다른 보고서인 '가족친화적 사회 환경 구축 방안 연구'에서 가족친화적 환경은 "일과 가족의 양립을 지원하는 사회 환경이며, 구체적으로 돌봄의 사회적 분담과 지원 체계가 구축되는 사회 환경"이라고 기술되어 있다(홍승아, 김혜영, 류연규, 2007).
 공동육아를 통한 지역사회 공동체 및 돌봄공동체에 대한 사례로 서울시 마포구 '성미산 마을'이 많이 회자된다. 성미산 마을은 1990년 내 초에 공동육아로 아이를 기우고자 하는 부모들이 하나둘 씩 모여 아이들을 공동육아협동조합 안에서 키우면서 지역의 다양한 이슈를 통해 마을의 네트워크를 확장해 왔다. 그 결과, 성미산 마을이라는 호명과 함께 대표적인 공동체 사례로 평가를 받고 있다. 이후에 설립된 성미산 학교는 성미산 마을의 역사와 삶의 양식을 공유하며 마을 학교의 형태를 갖추고 있다(주창복, 2005).

느슨한 의미의 돌봄공동체를 형성해 온 또 다른 사례가 있다. 공동체 형성의 토대는 공동육아나 지역화폐 운동과 같은 활동을 통한 관계망을 통해 이루어졌다. 과천 지역에서 교육공동체 마을을 지향하며 공동체 문화를 형성해 온 '무지개교육마을'이 있다. 과천 무지개교육마을[1]은 성미산 마을의 공동체 형성 과정과 유사하기도 하고 차이점이 있기도 하다. 무지개교육마을은 공동육아를 기반으로 하여 만들어진 대안학교다. 성미산 마을은 마을이 형성된 이후에 대안학교인 성미산학교가 만들어졌다면, 과천은 대안학교인 무지개교육마을이 중심이 되어 마을공동체를 지향한 경우이다. 과천 사례를 '공동체'의 사례로 보는 것은 전통적인 의미에서 함께 살면서 이루어진 공동체는 아니지만 공동체적 지향을 가지고 실천하고 있다는 점에서 공동체라고 사용한다.

---

1) 무지개교육마을에 참여하고 있는 사람들은 자신들의 커뮤니티를 다양하게 부른다 (예컨대, 공동체, 교육마을, 도시형 공동체, 도시형 교육공동체).

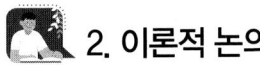 ## 2. 이론적 논의

1) 마을의 토대, 공동육아

1990년대에 공동육아 설립 이후에 공동육아는 공동체 확대 가능성과 연관되며 주목을 받아 왔다(김정희, 2000). 반면에 공동육아 안에서 차이가 드러나기도 하고, 갈등이 발생하기도 한다(김미란, 2008). 여유 있는 가족만이 할 수 있다[2)]는 평가를 받기도 했으며(공동육아와 공동체교육, 2010), 대안 가족의 형태로 보는 경우가 있다(류경희, 김순옥, 2000). 공동육아를 포함한 다양한 형태의 공동체적 육아는 부모를 성장시키고, 함께 키우는 경험을 통해 공동체적 환경을 형성한다는 평가도 있다(우민정, 주봉관, 2011; 정혜선, 2010).

기존 연구를 보면 공동육아를 넘어 '공동체' '마을' '돌봄'에 대해 주목하기도 했다. 조한혜정(2007)은 도시 안에서 서로 돌보는 문화, 상생하는 문화를 통한 돌봄공동체가 어떻게 가능할 수 있는지에 주목했다. 여기서 돌봄이란 물리적인 돌봄이라기보다는 서로 돌보고 배려하는 마음, 상생 및 공존하고자 하는 지향과 실천이다.

---

2) 공동육아는 상당한 조합비와 보육비를 지급해야 하고 부모가 육아에 참여하는 방식이기 때문에 부모의 경제적·시간적 여건이 필요하다.

2) 마을공동체, 돌봄 그리고 여성

전업주부, 맞벌이와 상관없이 돌봄은 '여성의 일'로 여겨 왔고, 시장에서 이루어지는 돌봄(보육, 돌봄서비스, 아이 돌보미 등) 역시 대부분 여성들에 의해 수행된다. 공동육아 등 여러 대안적인 돌봄도 여성들이 주축이다. 생태여성주의자들은 환경과 여성에 대한 착취에 반대하고, 여성이 공동체에서 수행해 온 돌봄과 생태적 삶, 자연과의 관계를 재의미화한다(Mies & Shiva, 2020). 여성들의 돌봄수행에 대한 가치화는 돌봄의 성별화에 대한 역사성 및 여성이 처한 사회적 맥락을 고려한 사유가 필요하다. 즉, 여성들에 의해 주로 수행되어 온 돌봄의 가치화도 필요하지만, 동시에 돌봄=지역사회=환경=여성의 공식화로 성별 분업이 본질화되거나 '여성의 것'으로만 환원되는 것을 경계할 필요가 있다. 여성이 수행하는 돌봄 가치만 강조했을 때 착취적 관계를 간과할 위험성이 있다(허라금, 2006). 돌봄을 둘러싼 권력관계와 위계를 인식할 필요가 있다(Tronto, 2014).

지역사회에서의 돌봄 역할이 여성에게만 기대된다면 돌봄의 성별화가 가정에서 지역으로 확대된다. 돌봄의 성별화에 대한 성찰과 돌봄의 부정의를 개선하기 위한 제도적이고 정책적인 변화가 없다면 돌봄의 성별화는 더 공고해질 것이다. 돌봄의 성별화를 해체하기 위해서는 돌봄을 둘러싼 성별 위계와 권력관계에 균열을 내는 것이 필요하다. 따라서 지역사회에서 돌봄공동체 조성을 정책적으로 확대할 때는 정책 과정에서 성별화를 재생산하는 것은 아닌지에 대한 성찰과 돌봄부정의를 개선해 가는 방식으로 기획 및 설계하는 것이

중요하다. 또한 여성들의 주도적인 활동이 여성의 권한 강화로 이어지도록 하는 것이 중요하다(오정진, 2007; 윤이현희, 2004). 결국, 여성의 권한이 강화되는 방식의 돌봄 실천이 되기 위해서는 지역사회 공동체에서 이루어지는 돌봄에 대한 사회적 책임과 지원이 강화되고, 돌봄이 중심이 되고, 모두가 돌보는 돌봄의 주류화가 필요하다(Daly & Lewis, 2000).

3) 함께 돌보는 지역사회

돌봄서비스가 민간 시장으로 확대되면서 돌봄의 질이 하락하고, 돌봄에 대한 현금 지급의 확산으로 돌봄의 가족화가 재생산되고 있다(장지연, 2011). 또한 돌봄의 시장화로 개인의 경제적인 여건에 따라 돌봄서비스 제공자와 받는 사람 모두에게서 계층화 현상이 나타나고 있다. 돌봄은 누구에게나 필요하고, 생애 과정 중에 돌봄을 받는 것이 필수적이나 누구나 돌봄을 받을 수 있는 여건이 되지 못하고 있다.

돌봄은 어느 한 시점, 특정 대상에게 국한된 문제라기보다는 전 생애 과정에서 필수적이며, 모든 시민의 보편적 이슈이다(Kittay, 1999). 따라서 돌봄정책이 중심이 되는 복지국가가 진정한 보편주의 복지국가이다(마경희, 2011). 인간의 보편적인 경험인 돌봄을 모든 시민이 받고, 줄 수 있어야 한다. 사회적 돌봄정책에서 국가-시장-가족-공동체의 역할 분담을 조직화하는 것이 중요하다(마경희, 2012; Daly & Lewis, 2000). 돌봄에 대한 국가나 정부의 사회적 책임과 더불어 가족 내 여성이 담당했던 돌봄을 지역사회 공동체로 확장 및 통합해 가는 일 역시 돌봄책임의 보편화라는 측면에서 중요하다. 더욱이 돌봄은 돌봄제공자와 받는 자 간의 감정과 정서가 교감되는 관계적 특성상 상호 신뢰 관계가 중요하다(마경희, 2011; Kittay, 1999). 지역사회 돌봄은 지리적·관계적 근접의 특성상 상호 호혜적일 수 있는 장점을 가지고 있다(최희경, 2009). 그런 점에서 지역사회 내 돌봄공동체 형성은 중요하다. 돌봄공동체의 형성은 돌봄에 대한 인식의 전환과 참여, 돌봄의 가치화를 확산할 수 있다. 그동안 여성이 전담해 온 돌봄수행을 사회적으로 확장하는 실천이다. 중요한 것은 돌봄의 가치 복원과 확대가 기존의 성별 분업에 균열을 내는 방식의 실천을 수반하느냐가 관건이다.

이 장에서 소개되는 과천 내 무지개교육마을은 지역사회 내에서 느슨한 형태의 돌봄 관계망을 만들어 가고 있다는 점에서 대안적인 실천 사례이다. 과천의 사례는 호혜성에 기초한 공동체, 상호 돌봄 가능성에 대한 실천으로 돌봄공동체 연구에 중요한 정보를 제공한다.

3. 과천 사례의 배경

'무지개교육마을'은 과천시 문원동에 있으며, 2003년에 공동육아 부모들이 주축이 되어 만든 대안학교이다. '무지개교육마을'은 공동체적 나눔과 활동을 통해 교육공동체로서 공동체 마을을 지향한다. 전체 회원은 200명 정도인데, 200명 중에 약 80명 정도가 학교에 적을 두고 있지 않은 마을 주민 또는 과천 외에 거주하고 있는 사람들이다. 마을의 큰 행사로는 들살이, 무지개의 날이 있다. 2006년과 2007년에는 과천시 여성발전기금으로 지역 주민들을 대상으로 '열린 강좌'를 열었고, 2010년에는 아름다운 재단의 교육공동체 지원으로 마을학교를 개최하였다. 어린이 도서관에 관심이 있는 회원을 중심으로 '책만세'라는 동아리를 만들어 마을도서관을 기획하기도 하였다.

여기에 소개된 과천 사례 인터뷰는 2010년 6월부터 2011년 2월까지 진행되었다. 면담자의 상당수가 자녀의 교육을 위해 과천으로 이사를 온 경우이다. 전체 면담자 11명 중 7명이 자녀를 공동육아 또는 대안학교에 보내기 위해 이사했고, 한 명은 대안학교 교사를 하면서 본인의 자녀를 대안학교에 보낸 경우이다. 연구 대상자 대부분이 자녀 교육을 계기로 과천에 진입하였다. 인터뷰 대상자 모두에게 공동육아 경험, 공동체 내에서의 활동과 관계들을 질의하였다. 더불어 공동체 대표자나 활동가들에게 공동체 형성 배경, 과정, 자원, 운영과 구성, 네크워크 등의 질문이 포함되었다. 대안학교 교사에게는 교육프로그램과 공동체에서 마을 구성원과 어떤 방식으로 연대가 이루어지는지를 인터뷰하였다.

'무지개교육마을' 사람들의 인터뷰를 통해 공동체 형성의 토대가 무엇인지 탐색하였다. 그리고 공동체 형성의 맥락을 살펴보고자 하였으며, 그 과정에서 뒷받침이 되었던 자원, 조직, 구성 요소를 분석하였다. 공동체 활성화를 위한 네트워크가 어떻게 이루어져 왔는지도 살펴보았다. 이러한 과정에서 공동체적인 요소와 돌봄 실천을 분석하고, 여성주의적 돌봄공동체의 가능성을 찾고자 하였다. 정보를 얻기 위해 공동육아 '어깨동무', 과천 단오제, 무지개교육마을, 과천 품앗이 10주년 기념행사, 무지개교육마을 후원의 밤에 참여해서 관찰하였다. 연구 결과는 크게 세 가지에 초점을 두었다. 첫째, 모 중심의 양육이 공동육아를 통해 어떻게 부모 공동육아로 확대되어 왔는지를 분석하였다. 둘째, 소통과 관계를 통해 구성원들의 친밀감과 상호 돌봄이 어떻게 발전했는지를 살펴보았다. 2001년 '과천시 영유아 보육 조례' 개정 사례를 통해 제시하였다. 셋째, 과천시 '사회적 약자'에 대한 돌봄이 공동체를 통해 확대되어 온 과정을 드러냈다.

4. 공동육아를 통한 돌봄

과천에서는 1996년에 공동육아 열리는어린이집이 문을 열었다. 과천 지역에는 3개의 공동육아, 3개의 공동육아 방과후, 4개의 대안학교가 있다. 이러한 여건이 마련된 이유에 대해 공동육아를 시작으로 과천에 10년 동안 거주한 응답자 A는 다음과 같이 말했다.

> 과천 지역이 규모가 작은 지역에 있고, 보육 여건이 좋거든. 그래서 이제 협동조합하고 (공동육아) 어린이집이 생겨났고, 거기를 나온 애들이 (다니는) 방과후 학교가 있거든. 두근두근 방과후라고 있어. 방과후가 있어서 돌봄에 관해 관심이 많은 부모가 있고, 그런 토대가 마련되어 있고. 지역적으로 좀 작으면서 재정적으로 자립도가 높은

지자체에 속해 있고…….

―응답자 A

응답자 A는 공동육아 어린이집 '어깨동무'의 창립 멤버로, 둘째 아이가 공동육아 어깨동무에 다니고 있으며 큰아이는 '무지개교육마을'에 다닌다. 공동육아 어린이집에 큰아이를 보내려고 과천으로 이사를 왔으나 대기자가 너무 많아 부모들과 함께 공동육아를 만드는 데 참여하게 되었고, 그 공동육아가 '어깨동무'라고 설명하였다. 2010년에 큰아이가 '무지개교육마을' 초등과정을 졸업하자 대안 중등 설립에 참여하였다. 무지개교육마을 간사를 맡고 있는 응답자 G 역시 공동육아를 하기 위해 과천으로 이사하였다. 그 과정을 다음과 같이 말했다.

우리 큰아이가 5세에 공동육아(튼튼어린이집)를 시작하면서 과천으로 왔거든요. 공동육아를 하면서 대안학교가 필요하겠다 생각을 했는데, 대안학교인 무지개 학교를 준비하시는 팀이 튼튼(어린이집 사람들)이었거든요. (대안학교를) 준비하려고 모임을 하려는 초기 시점이었어요.

―응답자 G

'무지개교육마을' 연대 사업을 맡고 있는 응답자 D 역시 아이들을 무지개 초등 대안학교에 보내기 위해 이사를 왔다.

> 그전에 과천에 살았다가 결혼을 하면서 상도동에서 공동육아를 했습니다. 그러다가 ……(중략)…… 아이들을 같이 키울 수 있는 공동체를 찾았고요. 그러다가 보니까 대안학교라는 것이 있고, 대안학교를 가는 데 있어서는 굉장히 현실적인 문제라서. 그냥 직장 있고 그러니까 우리가 출퇴근이 어디까지 가능할 것이냐 그걸 갖다가 컴퍼스에 대고 그림을 그리죠. 아, 그러면 우리가 요기 요기 정도는 이사를 가도 우리가 직장생활을 가도 가능성이 있겠구나.
>
> —응답자 D

과천의 인구는 7만 명으로 작은 데다가 서울과 가까워서 아이 보육을 위해 이사하고자 할 때 쉬운 위치를 점하고 있다. 따라서 앞의 사례들에서 볼 수 있듯이 공동육아를 하러 이사 왔다가 들어갈 곳이 없어 모여든 사람끼리 공동육아를 만들고, 아이가 자라 방과후를 만들면서 육아를 둘러싼 공동체가 자연스럽게 형성되었다. 공동육아로 키우다가 아이들이 초등학교를 가게 되면 공동육아 방식의 대안학교에 대한 욕구가 생기고 그 과정에서 대안학교가 부모들에 의해 만들어졌다.

공동육아가 공동체의 토대가 될 수 있는 것이 마실 문화와 아마 문화이다. 마실은 고유어 '마실 가다'의 마실로, 남의 집이나 이웃 동네에 놀러 가는 것을 말한다. 놀러 가서 이웃집에서 밥도 먹고, 친구 집에서 편안하게 지낼 수 있는 문화이다. 마실 문화가 공동육아의 장점이라고 한 응답자 A는 다음과 같이 말했다.

예를 들어, 내가 오늘 저녁에 회의가 있는데 애를 마실 보내도 되는지 물어보면 "알았어, 내가 오늘 케어할게" 이렇게 서로 주고받는 거죠. 내가 오늘 재미있는 곳을 가려고 하는데 "같이 갈래?" 하면 "아, 나 오늘 급한 일이 있어서 (우리) 애만 데려가 줘" 이런 식…….

—응답자 A

아마 활동은 '무지개교육마을'에서도 이루어지고 있다. 아마란 엄마 아빠가 번갈아 가면서 방과후 아이들을 돌보는 것을 말한다. 다음은 응답자 D와 G의 아마 문화 경험이다.

보통 한두 달에 한 번 자유직인 분들은 아빠들이 많이 하시고 …… (중략)…… 내 아이가 학교에서 있었던 일을 전해 듣는 얘기 정도는 알겠지만, 아이들과 아이들의 관계는 눈으로 보기 전에는 잘 모르지 않습니까? 그러다 보면 아빠들끼리 약간의 공통의 화제거리가 떠요.

—응답자 D

3시부터 6시까지 아이들을 어떻게 같이 돌볼 수 있을까라고 하면서 부모들이 돌아가면서 하기로 한 거에요. ……(중략)…… 아이들을 안전하게 지켜봐 주고, 자유롭게 놀 수 있도록 지켜봐 주고 돌봐 주고, 그런 가정들이 처음부터 지금까지 쭉 진행이 되어 왔던 것 같아요.

—응답자 G

이와 같이 공동육아는 여러 부모가 함께 아이를 돌보는 것에 관여

함으로써 부모 자신을 공동체적으로 변화시킬 가능성이 높으며, 시민 자치의 주역으로 성장해 갈 가능성이 있다(김정희, 2000). 아이들 역시 자신의 부모 외에 다른 부모의 돌봄을 자연스럽게 받게 되면서 여러 다양한 어른과 상호 관계를 맺게 된다. 이런 점에서 공동체적 돌봄은 지역사회 내의 공동체적 생태계의 성장과 상호 관계 형성에 긍정적인 영향을 끼친다. 따라서 공동체 방식의 돌봄은 돌봄을 개별 가족의 영역에서 지역 공동체로 확대한다는 의미가 있을 뿐만 아니라 돌봄책임의 여성화를 해체하고 균열을 내는 과정이기도 하다. 공동육아의 경우, 모와 부 모두가 돌봄에 참여하는 것을 전제하며 운영되고(예컨대, 아마 문화) 있어 아빠들의 활동이 활발하다. 다음은 응답자 B와 D의 공동육아를 통한 아빠 되기 과정의 경험이다.

> 아빠들이 변해야 되는 거는 구조 자체가 아빠들이 참여할 수밖에 없게 만들어. 왜냐하면 아이가 쓸 물건이나 사용할 환경을 직접 엄마 아빠들의 손으로 제작을 하거나 해야 되는 게 거의 기본 룰처럼 박혀 있으니까…….
>
> —응답자 B

> 무지개에서는 아이들에게 가르치는 목표 가운데 그런 게 있거든요. 어떠한 차별도 없다. 그 어떠한 차별이라는 거는 나이나 성별이나 장애나 뭐 국적 이런 거 가리지 않는다는 거요. 그걸 갖다가 아이들한테 얘기를 하면요. (저도) 자연스럽게 실천하더라고요.
>
> —응답자 D

앞의 사례처럼 공동 돌봄을 통해 아빠 되기의 과정에 동참하게 되는 과정을 경험한다. 공동육아 방식의 돌봄은 남성들이 돌봄에 대한 거리감을 좁혀 가는 중요한 경험이다. 따라서 공동체 방식의 돌봄은 여성주의자들이 제기해 온 돌봄 주체를 여성과 남성 모두에게 확대해 갈 수 있는 기회이며 과정이다.

5. 소통과 관계를 통한 공동체성 확대

과천에서는 2001년에 시민들이 중심이 되어 영유아 보육조례 개정운동을 통해 시의회에서 조례가 통과된 사례가 있다. 보육조례 개정운동에 주도적으로 참여한 사람 중의 한 명이 응답자 H였다. 응답자 H는 2001년에 공동육아 '어깨동무'를 만들 때 이사장을 맡았다. 2002년 이후에는 대안학교 '무지개교육마을'의 운영위원장을 맡았고, 2004년에는 맑은 내 방과후 설립 과정에 참여하였으며, 인터뷰 당시에 아이가 공교육 초등학교에 다니고 있어서 공교육 운영위원회에 참여하였다. 응답자 H도 다른 응답자들과 유사하게 2000년에 가을 공동육아에 아이를 보내기 위해 과천으로 이사했다. 공동육아를 위해 모인 부모들은 잦은 만남을 통해 보육 이슈를 공론화하며 커뮤니티를 형성했다.

> 그때(2001년) 공립어린이집, 민간 어린이집, 놀이방 이런 식으로 되어 있고 공동육아라는 형식 자체도 인정이 안 되고, 여러 가지 규

> 제는 까다로운데, 해 주는 건 아무것도 없고, 그래서 그 당시에 한살림 생협하는 분들이랑 시민단체 분들이랑 이야기를 좀 하다가 또 한살림 생협분들하고는 공부모임 같은 것도 하고 지방자치 이런 것에 대해서 공부도 좀 하자, 그렇게 하다가 이제 뭘 좀 해 볼까 해서 정한 게 보육조례. 2001년에 우리가 바꿔 보자 ……(중략)…… 그 당시에 공립어린이집에 문제가 꽤 있었어요.
>
> —응답자 H

변호사이기도 한 응답자 H에 따르면, 보육이나 교육을 위해 모인 공동육아 사람들이 한살림 생협, 환경운동연합 등의 시민단체들과 힘을 합쳐 영유아 보육조례 개정을 주민 발의로 해서 1,600명의 서명을 받아 조례가 통과되었다. 조례안의 핵심 조항은 정보공개, 보육 발전기본계획 수립, 공공시설 위탁 과정의 민주성과 투명성 확보, 보육 정보센터 설립이다. 조례 개정 이후 과천시 차원에서 보육에 관심을 갖고, 예산 지원이 늘어났다고 설명했다. 몇몇 연구에 따르면, 이 보육조례 운동을 '시민자치형' 운동으로 설명한다(김현, 2002; 박현희, 2008).

공동육아를 중심으로 모인 시민들의 모임은 응답자 H처럼 법적인 도움을 줄 수 있는 시민들을 중심으로 일상의 문제들에 대해 논의가 가능한 네트워크를 형성하는 기반이 되었다. 자녀를 공동체적으로 키우고자 하는 마음에서 시작되어 신뢰로 이어진 관계, 나아가 다른 조직과의 연대(예컨대, 과천의 한살림, 시민단체)를 통해 지역의 사회적 자본이 발전해 왔음을 알 수 있다. 사회자본이 사람들

의 행동을 촉진시키고, 관계를 통해 사람들의 자원을 만들어 간다(Coleman, 1988)고 볼 때 과천 사례의 구성원들 역시 공동체를 형성하는 과정을 통해 사회자본을 만들어 왔다고 볼 수 있다.

공동육아가 육아 중심의 공동체에 한정되어 있다면, 공동육아의 공동체성을 도시 속 마을공동체의 형태로 확장하고자 만든 학교가 '무지개교육마을'이다. '무지개교육마을'은 과천에 있는 대안학교 중의 하나로서 마을공동체를 지향한다. 응답자 F는 "무지개교육마을은 포괄적인 사전적 의미의 마을이 아니라 저희가 지향하는 것은 이념과 같은 사고를 동의하는 민영공동체(형태가 갖추어진 공동체라기보다는 비슷한 생각을 가진 사람들이 모인 형태)인 거죠"라고 말했다. 이런 지향을 가지고 있는 '무지개교육마을'의 분위기를 묻는 질문에 응답자 F는 다음과 같이 응답하였다.

> 지금 단계는 제가 볼 때는 우리가 이념 공동체라고 이야기를 해도 막 높은 이념 이런 건 없는 것 같고 다 다른 인격체들의 만남, 그것을 인정할 줄 아는 만남, 서로 다르다는 것을 인정할 줄 알고 그 다름 속에서 하나로 통일하려고 하는 것을 지향하는 모임이라는 것, 그것은 명확한 것 같아요. 저희가 어떤 것을 결정할 때 다수결로 쉽게 결정하지 않거든요. 힘들어도 끊임없이 몇 번의 토론을 거쳐서 확인을 해요. 가능한 한 그렇게 하려고 노력을 하고, 예전에 적을 때는 만장일치가 안 되면 무조건 부결되는 거였는데, 지금은 이백 분이 넘으니까 어느 순간에 가서는 서로 다수결로 해결을 하기는 하지만 그 퍼센트가 굉장히 높아요. 뭐 하나 통과되기 위한 퍼센트가 쉽지 않은 거예

요. 그것은 제가 볼 때 굉장히 민주적인 구조를 가지고 있다고 보거든요. 초기에 마을을 고민하신 분들이 어떻게 민주적이고 자율적인 구조를 가질 것인가 고민을 충분히 했다고 봐요. 제가 이 구조 안에 들어와서 보니까 굉장히 충분히 했고, 그 원칙은 우리는 지켜야 된다는 생각을 가질 수밖에 없는 상황에 있는 거예요. 그걸 배우는 거예요. 제가 그것을 배운다는 것은 굉장히 소중한 것 같아요.

―응답자 F

지역 안에서 돌봄과 공동체 현안만이 아니라 공동체 안에서 서로 나누고 함께하는 취미나 문화가 형성되어 있다. '무지개교육마을' 구성원들은 교육이라는 매개로 만났지만, 민주적 시민으로서 여러 의제에 일상적으로 참여하고 실천하는 경험을 확장해 왔다. 서로 연대하면서 취미나 동아리를 통해 친밀감과 공동체성을 형성한다. '무지개교육마을'에는 동아리들이 있다. 비슷한 취미 활동을 하면서 정기적으로 모임을 하는 형태이다. 동아리가 만들어지기 전에는 지역별로 소모임을 시도했는데 잘 이루어지지 않다가 동아리 형태로 바꾸니 잘 진행되고 있다고 말했다.

(이전에는 지역별로) 강제적으로 모임을 만들어 버린 거죠. 그래서 잘 안 됐어요. 안 되죠. 안 될 수밖에 없죠. 그게 일 년 이상 있다가 "야, 이거는 좀 아닌 것 같아"라면서 올해는 마을에서 뭐냐면 동아리를 활성화하자, 동아리를 지원하고 동아리에서 공간을 요청하거나 아니면 마을에다가 필요한 것을 이야기하면 그것을 빨리빨리 피드

백시켜 주자. 그래서 동아리가 잘되게 만드는 것이 오히려 낫지 않느냐, 그래서 올해는 그런 식으로 마을이 바뀌면서 많은 동아리가 활동하고 있죠.

―응답자 D

대학에나 있을 법한 동아리가 도시 마을 내에서 자치적으로 만들어지는 것은 보기 드물다. 그만큼 지역 안에서 돌봄과 공동체 현안들뿐만 아니라 서로 함께하는 문화가 형성된 것이다. 이런 공동체성은 서로의 의견에 대한 존중이 뒷받침되어 강화된 것으로 응답자 A와 응답자 H의 인터뷰에서 유추할 수 있다.

근데 여기(무지개교육마을)는 소수가 의견을 강하게 얘기하지만 그걸 계속해서 들어주는 거야. 그래서 그 사람을 설득하거나 합의점을 찾을 때까지 계속 얘기를 해 ……(중략)…… 그게 그 자리에 있을 때는 너무 지겹지만 지나고 나면 이러니까 무지개가 무지개스러움을 계속 이어 갈 수 있겠다는 생각이 드는 거야. 왜냐하면 그러면서 서로를 이해해 가는 거야.

―응답자 A

전혀 다른 배경을 가진 사람들이 모이니까 같은 단어를 써도 서로 이해하는 게 다르고, 그런 문제들은 사실은 뭐 규칙을 정해서 해결할 수 있는 문제가 아니고 신뢰를 쌓아 가면서 해결할 문제더라고요.

―응답자 H

다양한 활동을 하는 '무지개교육마을' 사람들은 자신이 속해 있는 공동체에 강한 애정과 정체성을 표현한다. 예컨대, "문화가 다르다(응답자 A)" "무지개스러움이 있어" "학교를 보고 온 게 아니고 마을을 보고 온 거에요(응답자 C)" "자발적으로 주민들이 원하는 것들을 만들어 나가는 것에 힘을 실어 주는 것, 우리가 만드는 문화가 그런 것 같아요(응답자 F)"라는 말들을 통해 '무지개교육마을'과 다른 지역과의 차이를 구성원들이 가지고 있을 뿐만 아니라 자부심을 갖고 있다. 자신들이 속한 공동체에 소속감과 긍정적 정체감을 가질 수 있는 것은 상호 관계성 · 호혜성에 기초하여 일상이 이루어지고 있기 때문이다. 이런 긍정적인 상호작용을 통해 응답자 A, C, F는 "자신이 성장하고 있다"라고 하며 "사람들과의 상호 관계가 자신과 자신의 삶의 가치를 실현하게 해 주는 자원이다"라고 말했다.

호혜성과 관계지향성은 여성주의 돌봄윤리의 핵심 요소로서 과천 '무지개교육마을' 공동체가 작동하는 주요 요소이다. 상호 호혜적 관계는 '무지개교육마을' 안에 있는 '어울림 품앗이'의 '방중 품앗이'가 지역 안에서 폭넓게 이루어지고 있는 것으로도 알 수 있다. 어울림 품앗이는 '무지개교육마을' 안에 있는 사람들이 주로 이용하는 지역화폐 활동이다. '방중 품앗이'는 무지개교육마을에서 방학 동안에 아이들을 대상으로 운영하는 다양한 프로그램으로서 학부모와 지역 주민들이 참여하며 운영된다. '방중 품앗이'의 경우에는 지역에 사는 아동 및 과천 지역화폐 '과천 품앗이' 회원들과도 활발하게 이루어진다.

6. 시민 주도의 돌봄

　사회복지의 전통은 전통적으로 사회적 약자를 돕는 것으로 특징 짓는다. 주로 빈곤층으로 분류하여 최소한의 복지를 제공하는 잔여적이고 시혜적인 형태로 이루어져 왔다. 도시화와 산업화를 거치면서 국가를 중심으로 한 제도적인 복지가 발달하면서 이웃에 대한 상호 호혜적 보살핌의 관계는 점점 찾아보기 어렵다. 특히 도시에서 시민들에 의해 자발적으로 돌봄이 공론화되어 실천된 사례는 드문 일이다. 과천 사례는 어려운 이들을 위해 시민들이 주도적으로 참여하며 연대가 형성된 것으로, 공동체의 역량이 발현된 주목할 만한 성과이다. '비닐하우스촌 아이들'에 대한 실태를 알게 된 경위를 응답자 H는 다음과 같이 말했다. 과천 지역에 저소득층이 사는 곳으로, 그들은 비닐하우스를 집으로 만들어 살아간다. 과천 시민들은 이곳에 사는 아이들을 '비닐하우스촌 아이들'이라고 표현한다. 이 지역을 '꿀벌마을'이라고도 칭한다.

　2004년도 1월 달에 무슨 일이 있었냐 하면 시청에 도시연구소라고 있어요. 한국도시연구소라는 데에서 용역을 줘 가지고 과천 지역의 저소득층 가구 실태조사를 했는데, 그때 몇몇 지역 사람들이 조사원으로 참여를 했죠. 가구를 방문해서 인터뷰하고 이런 것을 했는데, 그걸 하면서 사람들한테서 나온 이야기가 '과천에도 참 저소득층이 의외로 많이 산다. 반지하 가구들도 많다'는 그런 이야기들이 니 왔고, 도시연구소에서 조사하러 나온 그분도 과천에 의외로 저소득층이 많고, 반지하 가구 같은 경우에는 주거도 굉장히 열악하고 방치된 부분들도 있고, 또 그 당시에 과천시청에 사회복지 담당 공무원들이 괜찮은 분들이 많이 있었어요. 비닐하우스 마을이라든지 이런 데 저소득층이 많이 사는데, 방치된 애들이 많다. 그래서 그런 것 좀 어떻게 지역에 대한 관심을 가져 보자 해 가지고, 그때 2004년도 3월 달에 지역에 또 마찬가지로 생협 활동 이런 뭐 여러 가지 공동육아 대안교육에 관심 있는 사람들, 또 시민단체 활동하는 사람들 이런 분들이 다 또 모였어요. 공무원들도, 사회복지 공무원들도…….

—응답자 H

앞에서 언급한 '비닐하우스촌 아이들'에 대해 알게 된 시민들이 저소득층 아동들을 위한 방과후를 만들었다. 2004년 지역아동센터가 법제화되면서 시의 지원을 받아 이후 저소득층을 위한 방과후 시설이 4개 생기고, 시립 지역아동센터도 설립하여 운영되고 있다. 시민에 의해 저소득층을 위한 방과후 시설이 만들어진 사례이고, 이후 지자체 재원을 통해 유지되고 있다. 요컨대, 앞에서 언급한 보육조례 제정 과정처럼 공동체 구성원들의 잦은 만남은 소외된 사람들에 대해 자신이 할 수 있는 역할이 무엇이 있을까를 고민하는 장이 되었고, 그로 인해 과천시에 있는 '비닐하우스촌 아이들'에게 눈길을 돌리게 되었다. 이는 성미산 배수지건설 반대운동과 공동육아를 통해 축적된 신뢰 및 마을 네트워크가 결합해서 공동체로 발전한 서울시 마포구 성미산 마을(김상민, 2005)과 유사하다. 우리 사회에서 빈곤층

에 대한 돌봄은 시혜적 방식으로 주는 자와 받는 자의 위계적 관계가 형성되는 문제가 있다. 그러나 과천 '비닐하우스촌 아이들'에 대한 돌봄 사례는 이웃들의 관심에서 시작되었다는 점에서 다르다.

요컨대, '비닐하우촌 아이들'에 대한 다양한 마을 주체의 참여는 지역사회 내 돌봄 확장의 가능성을 보여 준다. 개별 가족, 특히 여성에게 책임 지운 아이 돌봄이 공동육아를 통해 여러 부모로 확장되고, 공동육아 중심으로 형성된 관계는 여러 네트워크를 통해 연대하며, 공동육아 경계 밖의 아이들에 대한 돌봄으로 확대된다. 즉, 광범위하고 느슨한 형태의 돌봄 관계망을 시민들이 주도하여 형성한 사례이다.

7. 논의

과천 지역의 '무지개교육마을'은 공동육아를 했던 부모들의 경험이 마을공동체라는 지향성과 자연스럽게 연결되었다. 특히 아마 문화, 마실 문화, 어울림 품앗이를 통해 돌봄 주체가 엄마에서 부모로, 부모에서 여러 부모로 확대되었다. 공동육아에서 실시하는 아마 문화와 마실 문화는 지역사회의 다양한 돌봄 기관에서 시도할 수 있다.

과천의 사례처럼 공동체는 지역사회 돌봄, 지역사회 아동들에 대한 돌봄으로 발전하기도 한다. 영유아 보육조례 개정 과정을 통해 시민들이 방과후를 만들어 '비닐하우스촌 아이들'에 대한 보살핌으로 확장하였다. 요컨대, 돌봄공동체라고 명시하지 않았지만 느슨한 형태의 돌봄공동체가 이루어졌다고 볼 수 있다.

여성주의자들은 여성들이 전담해 온 돌봄을 사회화하는 것에 관심을 가져왔다. 또한 돌봄에 대한 경제적·사회적 가치화와 돌봄의 성별화에 균열을 내는 방안을 모색해 왔다. 여성주의 관점에서 볼 때 '무지개교육마을'은 개별 가족의 돌봄이 이웃으로 확장되고, 실천되었다는 측면에서 매우 고무적이다. 더불어 이러한 확장과 관심이 공동체 안에서 중요하게 다뤄졌다는 점에서도 의미가 있다. 특히 중요한 것은 돌봄수행자가 여성에서 부모로, 부모에서 시민으로 확대되면서 모두가 돌봄에 관심을 갖고, 함께 돌보는 것을 실천하면서 자연스럽게 돌봄의 가치화가 이뤄졌다는 점에서 긍정적이다.

그동안 돌봄을 개별 가족의 문제로 여겨서 공적 돌봄지원이 최소화되었다. 돌봄을 공동체적 돌봄 의식이 있고 여건이 되는 부모들의 전유물로 생각하게 되면 돌봄을 개인의 문제로 보는 것과 같다. 따라서 돌봄이 지역사회 내의 돌봄으로 확장되기 위해서는 돌봄공동체 활성화를 지원하는 사회적 환경과 공적 자원을 통한 뒷받침이 필요하다. '무지개교육마을'의 경우에는 부모가 참여하지만, 주 활동가의 상당수가 여성이다. 여성에게 전담된 돌봄을 공동체적인 돌봄으로 확대할 때 돌봄의 탈성별화를 위한 성찰이 필수적이고 돌봄정의를 만들어 가기 위한 구성원들의 인식과 노력이 중요하다.

제6장
공동육아협동조합 생태계 확장

 **1. 들어가며**

한국 사회에서 사회서비스의 공공성을 확장하는 방법으로 사회적 기업, 협동조합, 마을기업 등 사회경제 조직에 관심이 증가해 왔다(윤길순, 최우석, 2015). 특히 사회적협동조합이 지역의 사회서비스 주체의 대안으로 주목받고 있다(이해진, 김철규, 2014). 2012년 「협동조합 기본법」의 제정으로 협동조합 방식으로 운영해 온 조직들이 법적 절차에 따라 협동조합 또는 사회적협동조합으로 전환하거나 새롭게 신설되었다. 부모들이 출자하여 설립한 후에 협동조합 방식으로 어린이집을 운영해 온 공동육아 어린이집 기관들도 공동육아사회적협동조합 어린이집으로 전환하거나 신규 설립하였다.

사회적협동조합으로 전환이 활발했던 2017년 10월을 기준으로 공동육아 어린이집 중 공동육아사회적협동조합 어린이집은 38개소이다. 한편, 한국 어린이집의 설립 유형은 국공립, 사회복지법인, 법인단체, 민간, 가정, 협동, 직장으로 일곱 가지 유형이 있다. 2023년 기준 전체 어린이집 중 국공립 어린이집이 21.4%다(보건복지부, 2023). 국공립 어린이집이 늘어나기는 했지만 국공립 운영도 민간 위탁이 많다. 민간 위탁은 국가가 법인, 민간단체, 개인에게 어린이집 운영에 대한 책임과 권한을 위임하고, 터전 제공 및 재정 지원을 하면서 보육서비스가 제공될 수 있도록 하는 방법이다(김병수, 김보영, 2014).

민간 위탁은 정부가 보육서비스를 제공할 때 발생하는 재정 문제와 비효율성 문제를 일정 부분 해결할 수 있다는 이유로 꾸준히 증가해 왔으나 지자체별 격차, 위탁 과정의 공공성 문제 등의 한계가 드러나면서 대안 마련이 요구되었다. 공공성 확대를 위해 지자체들이 협동조합 법인에 어린이집을 위탁하거나 사회적협동조합 전환 조건으로 법인에 위탁하는 사례가 증가해 왔다(이경란, 2018; 장수정, 2018).

보육의 공공성을 위해 등장한 협동조합에 기반을 둔 새로운 운영주체들은 현장에서 여러 도전과 한계를 경험한다. 2012년에 「협동조합 기본법」이 제정되었지만 협동조합을 운영하기에는 어려움이 많다(장수정, 2018). 협동조합 어린이집 생태계의 긍정적 변화를 위한 지원과 연구 또한 부족하다. 이번 장에서는 자생적 협동조합과 협동조합 법인에 위탁한 국공립 어린이집, 지자체에 의해 하향식으로 설립된 사회적협동조합 국공립 어린이집을 비교해서 살펴본다. 이 세 유형은 협동조합을 기반으로 공동육아 가치를 지향한다는 공통점은

있다. 그러나 설립 주체도 다르고, 설립 과정이 다른 만큼 구성원들의 역동과 경험도 다르다. 세 유형의 어린이집의 비교를 통해 공통점과 차이점을 살펴보고, 상향식(Bottom-up) 또는 하향식(Top-down) 협동조합 형성이 지니는 한계와 발전 방안을 모색한다.

2. 국내외 보육협동조합의 배경과 역사

한국은 2012년에 「협동조합 기본법」이 시행되면서 5인 이상이면 누구나 협동조합 또는 사회적협동조합을 만들 수 있게 되었다. 특히 지역사회 기여라든가 사회적 약자를 위한 사회서비스 제공 및 일자리 창출과 같은 사회적 목적을 가진 경우에는 사회적협동조합을 만들 수 있게 되었다. 이에 따라 상당수의 공동육아 어린이집이 사회적협동조합으로 전환하였다. 2012년 「협동조합 기본법」의 제정으로 개인명의 대표자 형식이었던 공동육아 어린이집이 법인격으로 전환한 것이다. 대부분 어린이집만을 운영하기 때문에 별도의 구조라기보다는 법인이 어린이집을 운영하는 구조이고, 그 이전과 크게 달라진 것은 아니다. 그러나 형식의 변화로 가치에 대해 더 고민하게 되고, 공동체 확장의 단초를 보인다는 보고도 있다(김기영, 2016; 장수정, 2018).

유럽의 협동조합은 자발적인 구성과 정부의 지원으로 발전해 왔다. 국제협동조합연맹(ICA)에서 발표한 협동조합의 7대 원칙은 자발적이고 개방적인 조합원의 제도, 조합원에 의한 민주적 관리, 주합원의 경제적 참여, 자율과 독립, 교육·훈련 및 정보 제공, 협동조합 간의 협동, 지역사회에 대한 기여이다. 다중 이해관계자로 구성된 협동조합 설립은 원칙상 자발적인 결사체로서 민주적으로 운영되어야 하고, 다중 이해관계자의 자유로운 참여와 동등한 권한이 모든 조합원에게 부여되어야 한다.

그러나 지자체가 국공립 어린이집을 신규 설립 시 사회적협동조합을 목표로 하여 하향식 협동조합을 만든 사례도 있다. 신설 이후 제3섹터인 사회적협동조합 법인이 어린이집을 운영하는 형태이다. 그로 인해 초기의 조직 구성과 운영 과정이 자발적으로 구성된 협동조합과 차이가 있다. 국공립 어린이집의 경우에는 안정성, 공공성, 선진성, 신뢰성, 지역성을 강조하고, 사회적협동조합 어린이집은 민주성, 참여성, 자율성, 다양성, 신뢰성, 지역성을 강조한다(서울시사회적경제지원센터, 2015). 국공립 어린이집과 사회적협동조합 어린이집은 보육의 공공성 강화라는 지향성은 비슷하나 조직 구성 과정에서부터 차이가 있다. 조직 구성을 비교해 볼 수 있는 입소 과정, 운영 및 조직 구성원, 지속 가능성을 기준으로 어떤 차이가 있는지를 보겠다.

이 장의 사례들은 공동육아의 가치를 지향하고 있다. 공동육아는 세시 절기에 따른 흐름과 자연친화적인 열린 공간을 지향한다. 또한 부모 참여와 운영을 기반으로 함께 돌봄을 지향하며, 함께 돌보는 가치를 이웃으로 확장한다(이송지, 2013; 황윤옥, 2008). 공동육아 어린이집은 「협동조합 기본법」이 제정되기 이전부터 협동조합의 형태로 운영되어 왔고, 부모가 터전 마련과 교사 인건비 등 모든 비용

을 지불한다. 공동육아협동조합은 사회적 돌봄 역할을 하면서 마을 공동체가 형성하는 맹아 역할을 했다는 평가를 받는다(위성남, 2013; 장수정, 2012; 정성훈, 2014). 또한 부모들이 직접 운영하면서 자율성과 개방적인 참여로 많은 장점이 있는 반면, 조합원 간, 조합원-교사 간의 갈등은 지속적으로 해결해야 하는 과제이다(유해미, 김문정, 2013).

사회경제 조직이 운영하는 국공립 어린이집의 경우에는 공동육아 어린이집의 형태를 벤치마킹하여 아이, 교사, 부모는 물론이고, 지역사회와 협력하는 운영 모델을 토대로 마을공동체 활성화를 꾀하고 있다(서울시사회적경제지원센터, 2015). 사회적협동조합 어린이집은 공동체를 활성화하고, 민주적인 의사결정과 다양한 참여 확대로 지역사회를 활성화한다(이경란, 2018).

유럽에서는 사회적 기업이나 협동조합과 같은 사회경제 조직이 사회서비스를 통해 지역사회의 경제, 고용, 복지 등에 기여해 왔다(Borzaga & Fazzi, 2014; Gordon, 2002; Sätre-Åhilander, 2001). 한국에서도 사회적협동조합이 지역사회의 공공성에 기여한다는 연구 결과가 있다(김신양, 2012; 이해진, 김철규, 2014; 지규옥, 2015). 일찍이 사회적협동조합이 발달한 이탈리아 볼로냐시에서는 정부가 부지와 보육료를 지원한다. 프랑스의 경우에는 지자체가 하기 어려운 사업에 공익협동조합을 참여시키는 사례가 있다. 릴의 중심부에 위치한 유라테크놀로지(Euratechnologies)가 그 중의 하나로, 비영리협회에서 공익협동조합으로 전환하여 기업, 비영리협회, 지자체가 참여한다. 아이와 부모들의 만족도가 높다(Henry-Castelbou, 2014). 스웨덴에도 적은 비중이지만 부모협동조합 어린이집이 있고, 공공보육에 기여하고자 질 높은 보육서비스를 제공한다(Vamstad, 2012, 2016). 프랑스에서는 1901년에 제정된「민간협회법」에 의해 협동조합을 지원한다. 이탈리아와 프랑스처럼 유럽의 협동조합은 정부 및 지자체의 지원하에 이루어진 경우가 많다. 사회적협동조합이 발전하기 위해서는 내적 역량을 강화할 수 있도록 규제보다는 지원 체계를 확대하고, 조합 간의 연대, 즉 연합체와 같은 네트워크가 중요하다(송재일, 2015; 신창환, 2015). 우리나라도 프랑스의「사회연대경제법」과 같은 사회경제 조직을 위한 법적·제도적 지원이 구비되어야 한다(신순예, 2014).

이 장에서 소개되는 협동조합에 기초한 조직들의 경우, 공동육아 가치를 협동조합 또는 국공립 조직 안에서 구현하고자 하는데, 그것이 어떻게 실현되고 있는지, 각 유형에 따른 도전과 과제를 살펴본다.

3. 협동조합에 기반을 둔 어린이집

1) 공동육아사회적협동조합 어린이집

공동육아 어린이집은 빈민 탁아 운동에서 시작하였으며, 1991년에「영유아보육법」이 제정된 이래로 민간 보육시설이 확대되면서 영리 및 관료 중심의 보육정책을 비판하면서 확대되었다는 것이 학자들의 일반적인 견해이다(류경희, 2004; 이경란, 2015; 이송지, 2013; 정

성훈, 2014). 공동육아 어린이집은 2004년까지는 제도권 밖에 있어서 정부 통계에 미분류로 표기되어 있다. 공동육아 어린이집이 부모협동 어린이집 유형으로 포함된 것은 공동육아 어린이집이 설립되고 10여 년 이후인 2005년이다. 공동육아협동조합은 2005년부터 부모협동조합으로 분류되어 다른 어린이집처럼 정부의 보육 지원을 받는다. 2005년 42개소에서 협동 어린이집으로 명칭이 바뀌기 전 2015년 155개소로 확대되었다(보건복지부, 2015).

부모협동 어린이집이란 부모가 참여하는 어린이집으로,「영유아보육법」상 보호자 15인 이상이 조합을 결성하여 설립 및 운영하는 시설이다. 부모협동 어린이집에는 공동육아 철학을 따르는 공동육아협동조합 어린이집과 협동조합형의 설립 형태만을 취하는 어린이집을 모두 포함한다. 2024년 기준 협동보육과 공동체교육 기관은 공동육아 어린이집(협동조합형 58개소, 위탁운영 4개소, 기관 회원 4개소)과 1개소의 협동조합 유치원, 16개소의 초등(방과후 마을학교), 9개소의 지역공동체(지역아동센터), 4개소의 다함께돌봄센터, 1개소의 대안학교가 있다. 공동육아 어린이집은 대부분 서울과 경기도에 있다. 수도권 외의 지역에서 가장 많은 곳은 부산으로 4개소이며, 나머지 지역은 1개소에서 3개소 정도의 기관이 있다. 협동 어린이집이 증가하였지만 2023년 기준 전체 어린이집의 0.4%이다(보건복지부, 2024). 20여 년이 넘는 공동육아 역시에 비하면 확산이 크지 않다. 확산이 되지 못한 이유로는 새로운 조합을 만드는 데 필요한 준비 기간, 협동조합운영과 참여에서 오는 부담, 경제적 비용 등 때문이다(김미정, 한서연, 2013; 유해미, 김문정, 2013).

2012년에 「협동조합 기본법」이 시행되면서 공동육아협동조합의 사회적협동조합으로의 전환 논의가 활발하게 진행되어 상당수의 공동육아 어린이집이 사회적협동조합으로 전환하였다. 2015년에 사회적협동조합으로 전환한 기관들은 부모 조합원만 참여하여 사회적협동조합으로 전환하였다. 전환 시기가 2015년 11월까지여서 교사는 조합원으로 참여할 수 없다는 조건을 받아들이며 전환을 한 것이다. 그러나 2016년 2월에는 교사도 직원 조합원으로 참여가 가능하게 되었고, 사회적협동조합 전환 기간도 2016년 11월로 연장되었다. 이때 교사가 포함되면서 부모협동 어린이집에서 협동 어린이집으로 명칭이 개정되었다. 2017년부터는 사회적협동조합 어린이집으로 인가를 받기 위해서 신규 설립 절차를 밟아야 했다. 이런 과정을 거쳐 공공교 산하 기관 중 2개소는 협동조합으로, 38개소는 사회적협동조합으로 전환 또는 신규 설립을 거쳐 제도화되었다(장수정, 2018).

2) 협동조합 법인에 위탁한 국공립 어린이집

국가의 보육서비스 체계가 직면한 한계에 대응하기 위해서 다중이해관계자의 참여를 중심으로 한 공동육아가 일부 지자체에서 대안으로 시도되었다(최중석, 성상현, 2015). 이 장에서 소개하는 사례는 서울시와 광명시이다. 서울시는 공보육서비스 체계에도 공동육아 어린이집 운영 방식을 접목시켰다(서울시, 2015, 2018). 서울시는 2013년부터 국공립 어린이집 위탁 시 위탁체에 협동조합을 포함시켰다. 2015년 '서울형 카라박 프로젝트'의 일환으로 사회경제 민관

정책협의회에 아이 돌봄 분과를 설치하고, 2018년까지 국공립 어린이집의 10%는 사회경제 조직이나 법인이 위탁체가 될 수 있도록 추진하였다(서울시, 2015; 서울시 건강가정지원센터, 2016; 이은애, 2017).

'서울형 카라박 프로젝트'를 발표하기 이전부터 사회경제 조직 및 법인이 어린이집을 위탁 운영한 사례도 있다. 사회경제 조직 및 법인이 위탁체가 되어 어린이집을 운영해 온 사례가 '한살림서울소비자생협'에서 운영하는 광명 '시립신촌어린이집'이다. 노원구에 위치한 어린이집의 경우에는 2014년 서울시의 국공립확충계획 조건에 의해 국공립 어린이집을 위탁받고자 하는 법인이 선정된 후에 1년 안에 사회적협동조합을 설립하여 위탁 변경이 이뤄지기도 했다(최중석, 성상현, 2015). 공동육아협동조합들을 지원하는 허브기관인 공공교도 서대문구에 위치한 산마루 어린이집을 2013년에 위탁받아 산마루공동육아사회적협동조합을 설립한 후에 위탁체 변경을 진행하였다. 서울시에서 국공립 어린이집 위탁을 주체로 사회경제 조직 및 법인을 선정한 비율은 증가하였으며, 2018년 서울시 국공립 어린이집 1,406개소 중 약 1%에 해당하는 17개소가 사회경제 조직 및 법인에 의해 운영되고 있다.[1] 총 17개소 중 7개소를 소비자협동조합이 위탁받아 운영하고, 사회적협동조합 10개소를 위탁받아 운영하고 있다.

---

[1] 위탁체별 국공립 어린이집 목록이 기관별로 상이한 경우가 존재하여 정보공개 요청을 통해 '서울시 사회적경제체제 위탁 어린이집 목록(2018)' '서울시사회적경제지원센터(2018)' '사회적경제체제 위탁 어린이집(국공립)'을 토대로 지자체별로 연락하여 확인을 받았다.

3) 국공립사회적협동조합 어린이집[2]

국공립사회적협동조합이 가장 많은 곳은 성남시이다. 성남시는 보육의 공공성 향상을 위해 노력을 기울이는 한편,[3] 2018년 기준 총 7개소의 국공립사회적협동조합 어린이집을 운영 관리하고 있다(어린이집정보공개포털, 2018).[4] 2016년 위례1어린이집을 시작으로 사회적협동조합에 위탁하여 운영을 맡기고 있다. 두 번째로 개원한 국공립사회적협동조합 어린이집은 서현2어린이집이며, 위례1어린이집과 약 한 달 간격으로 개원하였다. 이후 성남시의 국공립사회적협동조합 어린이집은 추가로 설립되고 있으며, 야탑보듬이나눔이어린이집도 2017년에 개원하였다. 성남시는 2016년에 국공립 어린이집을 사회적협동조합법인으로의 전환을 조건으로 개인에게 위탁하였다. 이들 국공립사회적협동조합 어린이집은 공동육아 어린이집에서 하는 어린이집 개방, 부모 참여를 시도한다. 성남시의 이런 모델

---

2) 지자체에서 국공립을 신규 설립할 때 모든 어린이집을 사회적협동조합 전환 조건으로 위탁을 하고 있어 명칭을 국공립사회적협동조합 어린이집이라고 쓰고 있음을 밝힌다.
3) 성남시는 2013년의 인천 아동학대 사건으로 어린이집에 대한 부모들의 불신이 전국적으로 확산되자 2014년부터 성남형보육지원단 구성, 육아종합지원센터에서 운영하는 프로그램 기획, 매뉴얼 책자 제작 및 보급, 우수 사례 선정, 인증제 도입 등을 활용하여 성남형 어린이집 모형을 구축하기 시작하였다(성남시, 2017). 이때 성남형 어린이집이란 부모가 협력하여 수업을 할 수 있도록 어린이집을 개방하며, 지역사회 연계 사업을 시행함으로써 부모, 교사 그리고 보육시설이 협력 체계를 이루어 어린이집에 대한 신뢰도를 높인 형태이다(성남시, 2017).
4) 개인에게 위탁을 주어 1년 반 안에 사회적협동조합으로 전환한 조건이다.

이 확산되어 2017년부터 2018년까지 오산에서 6개소가 설립되었으며,[5] 다른 지자체에도 확산되었다.

4. 사례 배경

　공동육아사회적협동조합, 협동조합 법인에 위탁한 국공립 어린이집, 국공립사회적협동조합 어린이집 사례를 비교하기 위해 5개소의 어린이집을 선정하였다. 국공립사회적협동조합 어린이집은 최근에 설립된 기관들이어서 협동조합 법인 위탁 어린이집과 공동육아사회적협동조합의 경우에도 설립된 지 7년 이내의 기관 중에서 선정하였다.

　경험이 축적된 기관을 선정하기 위해 협동조합 조직에 위탁한 국공립 어린이집의 경우에는 법인이 처음 설립한 기관으로 선정하였고, 국공립사회적협동조합도 초기에 설립된 기관을 선정하였다. 〈표 6-1〉를 보면, 사례 A는 부모들이 직접 만들고, 사례 B는 지자체가 협동조합 법인에 국공립 어린이집을 위탁하고, 사례 C, D, E는 지자체가 국공립 어린이집을 사회적협동조합 법인 전환을 조건으로 개인에게 위탁한 사례이다. 사례 C는 서울시 서대문구에서 비영리법인에 위탁한 사례이고, 사례 D와 사례 E는 성남시에서 위탁한 사

---

5) 부모협동 조건으로 위탁 운영 중인 곳으로는 2017년 시립금바위, 시립세교, 시립초록별, 2018년 시립세교호반, 시립시티자이, 푸르지오 관리동이 있다. 이 정보는 지자체 담당자들과 동화하늬 확인하였다.

례이다. 어린이집의 운영 현황과 구성은 〈표 6-1〉과 같다.

　사례 기관을 선정한 후 어린이집에 대한 역사와 정보, 경험을 잘 드러낼 수 있는 어린이집의 대표 교사 또는 원장, 전·현직 이사장, 교사, 졸업조합원을 중심으로 초점집단 면접과 심층인터뷰를 하였다. 초점집단 면접은 다중 이해관계자가 참여하고 있는 공동육아사회적협동조합 기관인 사례 A와 국공립사회적협동조합 기관인 사례 C를 대상으로 이루어졌다. 또한 관련 공무원, 지원 조직 활동가들을 대상으로 심층 인터뷰를 하였다. 초점집단 면접과 심층 인터뷰에는 총 15명이 참여하였고, 2017년 7~10월까지 진행되었다. 조직적인 측면은 주로 설립 과정, 입소 과정, 운영 및 조직 구성원, 지속성을 살펴보았다. 가치적인 측면은 공동육아가 지향하는 열린 보육과 함께하는 보육을 중심으로 살펴보았다. 조직에 따른 가치, 도전, 과제에 주목하였다.

표 6-1 어린이집의 운영 현황과 구성

구분	A. 공동육아 사회적협동조합	B. 협동조합법인에 국공립 위탁	C. 사회적협동조합 법인에 국공립 위탁	D. 국공립사회적 협동조합	E. 국공립사회적 협동조합
설립 배경	부모들이 설립	협동조합 법인에 위탁	사대문구에서 1년 내에 사회적협동조합으로 전환 조건으로 법인에 위탁	성남시에서 1년 6개월 내에 사회적협동조합으로 전환 조건으로 개인에게 위탁	성남시에서 1년 6개월 내에 사회적협동조합으로 전환 조건으로 개인에게 위탁
설립 비용 및 운영비 지원	• 부모가 전부 부담	• 지자체 부담 • 법인이 지원	• 지자체 부담 • 구에서 초기 1년 지원	• 지자체 부담 • 지역 인사: 개원 지원금, 임장 부담	• 지자체 부담 • 2017년 경기도 따복 공모(1,500만 원을 지원받아 공공공고에 개설팅)
조합원 구성	• (지역사업형) • 소비자조합원: 부모 • 직원조합원: 교사	• 소모임 (자조모임)	• (지역사업형) • 부모조합원, 직원조합원, 후원자조합원	• (지역사업형) • 소비자조합원, 생산자조합원, 종업원조합원, 자원봉사자조합원, 후원자조합원(지역 인사)	• (위탁사업형-지역 공헌형) • 소비자조합원, 생산자조합원, 직원조합원, 자원봉사자조합원, 후원자조합원(지역 인사)

4. 사례 배경 • 97

조합	의무	해당 없음	선택: 모두 가입 (현재까지)	선택: 모두 가입 (현재까지)	선택: 일부 가입
조합비	• 출자금: 500만 원(자녀 2명 이상 이용 시 20% 감면) • 가입비: 가구당 60만 원 • 조합비: 해마다 상이(약 35만 원 내외)	• 출자금: 해당사항 없음 • 조합비: 해당사항 없음	• 출자금 10만 원(부모, 교사 모두) • 가입비: 1만 원 • 조합비: 한 아이는 1만 원, 두 아이 이상부터는 1만 5천 원	• 출자금 1만 원 • 조합비: 3만 원 (2017년부터)	• 출자금: 1만 원 이상 • 조합비: 연 3만 원
개원	2012. 3. 1.	2010. 12. 1.	2014. 4. 1.	2016. 7. 25.	2016. 9. 1.

※주 1: 지역사업형은 주 사업이 40%, 기타 사업이 60%이고, 위탁사업형은 위탁사업만 하는 것이다(서울시사회적경제지원센터, 2018). 예컨대, 사례 D의 응답자는 "주 사업은 어린이집 사업이고, 나머지 사업은 그 조합이 가진 부모 사업, 교사 사업, 씨앗 복귀꿈 지원 사업, 마을사업 이렇게 네 가지가 들어 있어요"라고 했다.

표 6-2 연구 참여자의 일반적 정보

구분	유형	직위	경력/현 기관 근무 기간 (기타 사항)	성별	방법	어린이집 특성
1	A. 공동육아 사회적 협동조합 어린이집	대표 교사	15년 6개월/ 5년 6개월 (전, 일반· 부모 협동기관 경험)	여	FGI	공동육아 사회적 협동조합 어린이집
2		조합원 (현, 이사장)	조합원 기간: 5년 6개월	여		
3		조합원 (전, 이사장)	조합원 기간: 5년 6개월	여		
4	B. 협동조합 법인에 위탁한 국공립 어린이집	원장	17년/ 6년 7개월 (전, 일반 기관 만 경험)	여	심층	생활 협동조합 법인에 위탁한 국공립 어린이집
5	C. 사회적 협동조합 법인에 위탁한 국공립 어린이집	원장	13년/ 3년 6개월 (전, 부모협동 기관 근무)	여	FGI	국공립사회적 협동조합 어린이집
6		조합원 (전, 2015년 이사장)	조합원 기간: 3년 6개월	여		
7		조합원 (선, 2015년 이사장)	조합원 기간: 3년 6개월	여		
8		조합원 (전, 2015년 이사징)	조합원 기간: 2년 7개월	여		

9	D. 국공립 사회적 협동조합 어린이집	원장	9년 8개월/ 1년 2개월	여	심층	국공립사회적 협동조합 어린이집
10	E. 국공립 사회적 협동조합 어린이집	원장	21년 8개월/ 1년 2개월 (원장 6년 2개월)	여	심층	국공립사회적 협동조합 어린이집
11	정부기관	공무원	2년	여	심층	-
12		공무원	2년(민간 위탁 업무)	남	심층	-
13	지원 조직	담당자	6년 2개월	여	심층	-
14		담당자	15년(조직 지원 담당)	남	심층	-
15		담당자	4년 1개월(협 동조합 담당)	남	심층	-

 5. 조직 구성

1) 설립 배경

사례 A의 공동육아협동조합 어린이집은 협동조합 방식으로 운영해 오다가 2012년에 「협동조합 기본법」이 제정된 이후 2015년에 사회적협동조합 법인으로 전환하였다. 사례 A는 2012년 3월에 개원했는데, 개원 준비를 책임진 전 이사장에 따르면 준비 과정이 쉽지 않았다.

> 저희가 개원 전 1년 반 동안에 준비모임을 하면서 수십 명의 엄마들이 드나들었어요. ……(중략)…… 처음에 개원했을 때 저희 조합원들이 16가구로 시작을 했는데, 그 조합원들이 막 이렇게 어떤 사회적 의미? 내가 만든 이 어린이집이 가지고 있는 지역사회에 뭐 이런 것들에 대한 개념이 그렇게 분명하지 않았고, ……(중략)…… 그냥 내 새끼 좀 더 좋은 곳, 괜찮은 곳 보내려고, 공부 너무 안 시키는 데 보내려고 모여서 개원을 했는데, 개원을 하고 저희는 맨땅에 헤딩을 한 거잖아요. 선배도 없고, 터전도 없는 상태에서 운영을 하다 보니까 서로 너무 끈끈해지고 신뢰들이 쌓이는 거예요. 그러고 나니까 그런 책에서 봤던 마을이 아이를 키운다는 느낌이 이런 거구나. 그 전에는 마을이 아이를 키워야 돼서 했다기보다는 다른 어린이집보다는 나을 것 같아서 내가 고생 좀 하지, 이런 정도의 수준이었는데 막 부딪히고 싸우고. 그런데 애들은 잘 놀고…….
>
> 사례 A의 전 이사장

사례 B는 국공립 어린이집을 생활협동조합에서 위탁받아 운영한 곳이다. 사례 B의 원장은 "제기 위탁을 받고 준비히고 있던 그런 상황이고, (법인인) ○○○에서도 어린이집을 하고 싶었던 상황이었어요", 즉 개인의 욕구와 법인의 욕구가 맞았다고 말했다. 사례 B 기관의 경우에는 법인으로부터 여러 지원을 받는다. "평가 인증 같은 것을 하게 되면 법인 지원금을 주세요. 개원했을 당시에도 법인 지원금을 주셨고, 이런 지원금이 있으니까 저희는 이런 장점이 있다고 할 수 있어요"라고 말했다. 또한 "저희가 지금 이상적인 어린이집을 추구하고 있는데, 그 추구하는 방향을 잡아 준 것은 법인인 거예요"라고 언급했다. 일반 국공립 어린이집에서는 "부모님의 참여를 막 돋우고, 뭐 이렇게 다 열고, 이런 것은 사실은 너무 어려운 상황"이라며 법인의 지향과 가치가 어린이집 운영에 영향이 컸다고 말했다. 사례 B의 법인은 현재 4개소를 위탁받아 운영하고 있다.

사례 C는 서울시 서대문구에서 1년 이내에 사회적협동조합 법인으로의 전환을 조건으로 사단법인에 위탁을 주어 운영하는 기관이다. 그 사단법인은 공동육아 사무국인 공공교이다. 사례 C의 원장에 따르면, "국공립 어린이집의 운영 틀은 그대로 있되, 구성원들이 사회적협동조합을 만들어서 그 위탁체가 협동조합이 되는 것"이라고 설명했다. 실제 초기 이사는 "'공동육아사회적협동조합을 한다' 이 한 줄 때문에 오셨고 거의 대부분은 국공립 어린이집이 집 가까이에 생기니까 입소하신 분들이 대부분이셨다"라고 설명했다. 2015년의 이사장은 "사회적협동조합은 눈에 잘 안 들어 왔고, 공동육아 어린이집이라고 써 있는 게 저기…… 저기 현수막에 붙어 있었는데…… 공동육아 어린이집에 보내고 싶었거든요"라고 회고하며 부모 대부분은 "국공립 어린이집이 좋은데, 왜 그렇게 해야 되는지 이해하기 힘드셨고, 이런 방식이 처음이다 보니까 좀 뭐 의아해하시기도" 했다고 하였다.

대부분의 부모가 협동조합 방식으로 운영되는지 모르고 왔기 때

문에 사례 C의 원장은 "저희 법인에서 부모들한테 최대한 우리가 어떤 사회적협동조합을 하고자 하는지, 그게 아이들과 어른들한테 어떤 의미가 있는지, 굉장히 여러 차례 간담회, 교육, 그리고 그걸 위한 다양한 소모임 구성 뭐 이런 것들을 열심히 했다"고 설명했다.

그러한 노력에도 불구하고 "2014년에서 2015년으로 넘어갈 때 50%가 그냥 퇴소하셨다"고 했다. 다양한 이유가 있겠지만 공동육아 사회적협동조합 방식을 모르고 들어왔다가 하기 어려운 사람들이 나가게 된 상황임을 알 수 있다. 그리고 남은 사람에 대해 사례 C의 2015년 이사장은 "남으신 분들이 뭘 정확하게 이해했냐. 저는 그건 아니고 첫 번째로 마음이 간다는 거였던 것 같아요. 좋은 마음. 그래서 내가 협동조합이라고 하는, 그리고 막 여기서 설명해 주는 것 보니까 용어를 다 모르겠어. 그렇지만 그렇게 사는 방식은 좋을 것 같다"고 생각하시는 분들이 자리를 잡아 주었다고 했다.

사례 C의 원장은 사회적협동조합이 "'숙명이라고 하면 그냥 하자'라고 부모님들이 그러시는데, 이제 ○○○(법인 실무자)나 저나 이게 관이 주도해서 정말 자발적인 결사체여야 되는 협동조합인데, 해야 되니까 하자라고 하는 걸 안 했으면 좋겠는데……. 정말 그건 아니라는 생각을, 왜냐하면 가짜 협동조합은 하기 싫었거든요. 우리가 막 계속 약장사처럼 얘기해 가지고"라며 개소 당시의 어려움을 설명했다. 사례 C의 이사장에 따르면, "(법인 활동가가) 몇 년을 저희와 거의 붙어 계셨죠"라고 전했다. 그러면서 "우리는 선생님이 다 준비된 상태에서 부모님들만 교육시키면 되는 상황이었는데 다른 곳이랑 비교해 볼 때 행운이라고 생각해요"라고 말했다.

사례 D와 사례 E는 성남시에서 국공립사회적협동조합 어린이집을 설립하면서 1년 반 내에 사회적협동조합으로의 전환을 조건으로 개인에게 위탁한 사례이다. 성남시 공무원인 응답자 F에 따르면, 성남시에 국공립 어린이집이 현재 62개소인데 "개인 위탁자가 굉장히 많아요. 한 50%가 넘어요"라고 설명했다. 따라서 성남시는 개인 위탁자를 줄여 나가기 위해서 사회적협동조합 법인으로의 전환을 조건으로 국공립 어린이집을 위탁하고 있다. 이 연구 사례들은 믿고 신뢰할 만한 어린이집 운영을 위해 부모들 또는 지자체가 새로운 시도를 한 것이다. 사례 D의 경우에는 "공동육아처럼, 공동육아사회적협동조합처럼 어린이집을 운영해 보면 어떨까? 사실은 사회적협동조합이라기보다는 어린이집을 공동육아 방식으로 운영해 보면 어떨까라는 공부를 조금, 연구를 조금 하고 있다가, 그 과정에서 '성남시에서 이제부터 사회적협동조합 어린이집으로 위탁을 준다'라는 그런 얘기들이 좀 있었고, 그러면서 위탁 공고가 나서 신청했다"라고 설명했다.

사례 E 역시 "직장 어린이집 원장, 민간 어린이집 원장, 경력이 많은 교사, 또 두 아이를 시립으로 보내 봤던 학부모, 의정 활동에 관심이 있는 분 등이 모여 '우리가 갖고 있는 것을 좀 더 확장할 수 있다면 사회적협동조합이라는 이름을 가지고 해 보자. 우리는 이익을 추구하는 게 아니니까'라는 의견을 모아 시작했다"고 설명했다. 또한 "자체적으로 이미 그냥 하고 있었는데, 시에서 (공고가) 떠 버리니까 맞물린 거예요"라고 설명했다.

2) 입소 과정

　사례 A는 협동조합에 동의한 사람들이 자발적으로 들어오고, 사례 B는 국공립으로 운영되는 것을 알고 들어오기 때문에 구성원들 사이에서 입소 절차와 운영에 큰 논란이 없다. 그러나 사례 C, D, E는 국공립이어서 입소 순위에 의해 들어왔으나, 운영은 사회적협동조합으로 운영되어 구성원들이 혼란스러울 수밖에 없다. 사례 C는 2017년에 개소하여 인터뷰 당시 3년차로, 입소 순위에 의해 들어왔지만 상당한 인지도를 가지고 들어와서 큰 문제는 없다고 했다. 이사장에 따르면, "현재 모르고 오시는 분은 없는 걸로 알고 있다"고 했다. 또한 입소 전에 '가가호호 방문'을 통해 '사전 안내'를 약 2시간에 걸쳐 해 준다고 했다. 이에 "장점이 있지만 시간이 많이 걸린다"고 설명했다. 사례 C의 현 이사장은 "국공립의 가점이 협동조합에 뜻이 있는 사람들에게는 아무런 연관이 없어서 뜻이 있는데도 못 들어오는 사람이 많다"라고 지적하였다. 사례C의 원장 역시 순위로 인해 "둘째는 못 들어와요. 이런 딜레마가 생기거든요. 그래서 그러면 이렇게 협동조합을 희망하는 사람들을 위한 뭔가 순위가 필요하지 않나?"라고 지적했다. 동시에 가점제를 적용한다고 해도 "법적으로 쉬운 일이 아니고, 가짜 가점자도 많겠다" 하면서 "이것을 원하는 사람들이 혜택을 더 받을 수 있는 부분이 있으면 좋겠다"고 언급했다. 사례 C의 2015년 이사장도 "입소 순위 그러니까. 가점이 올라가는 게 협동조합하고는 (무관하고) 그냥 국공립한테만 유리한 가점 제도이고, 우리 협동조합하고는 전혀 상관이 없다"라고 말하며 "입소할 때에도 이런 것에 관심 있는 분들에게, 더 적극적으로 참여하실 수 있는 분들한테 기회를 더 드리는 게 그것도 맞는 것 같다"라고 지적했다.

사례 D, E의 경우에는 국공립 입소 순위로 인한 어려움을 호소했다. 사례 E의 원장은 개원 후 부모들의 입소 과정에 대해 "정부 육아포털시스템에 신청할 때 협동조합 탭이라도 들어가야 하는 거 아니냐", 맘에 들지 않으면 "대기 자체를 안 하게 만들든지" 하는 불만을 이야기했다고 한다. "아예 뽑을 때 사회적협동조합 어린이집이니까 여기에 동의하는 사람만 들어오라고 해야 하는 것 아니냐 하는데, 현재 제가 어떻게 할 수가 없죠"라고 말했다. 사례 E의 경우에 사회적협동조합 방식으로 운영되는지 모르고 들어오는 부모들에게 "협동조합은 땅을 사서 어린이집에 올리셔야 하고, 선생님 인건비도 주셔야 되잖아요. 여기는 이미 시가 다 해 주고 있고. 엄마들은 오셔서 공부하시고 참여만 하시면 돼요"라고 설득했다고 한다.

국공립사회적협동조합은 총회를 거쳐 이사가 바뀌는데, 이에 대해 사례 D는 "'부모조합원의 50%가 인감하고 인감도장을 갖고 와야 해요'라고 하면 왜 그걸 가져와야 하는지 설명하고 설득하고…… '스트레스예요'"라고 했다. 엄마들이 "왜 인감을 가져가야 해요?" "대번에 팔짝팔짝 뛰시고"라며 엄마들을 이해시키는 과정이 힘들다고 호소했다. 사례 C의 원장 역시 "저희는 인감증명서를 몇 번 뗐는지 몰라요"라고 하면서 원해서 온 것이 아닌 이상 부모조합원들에게 인감 요청은 매우 어려운 것임을 설명했다.

사례 D와 사례 E처럼 국공립사회적협동조합 신설이 지자체로서

는 새로운 시도이다. 그러나 해당 지자체 공무원인 응답자 F에 따르면, 협동조합은 "자율성에 맡겨야 돼요"라고 하면서 처음에는 "협동조합의 여러 가지 형태를 합해서 하는 방식"으로 구상은 했지만 법의 테두리 안에서 시도하다 보니 이런 형태가 되었다고 설명했다.

사회적협동조합 관련 단체 활동가인 응답자 J도 이런 협동조합에 대해 "소비자의 욕구(need)가 전혀 없는데, 소비자협동조합을 억지로 만든 격"이라고 지적했다. 입소 순위와 관련하여 공공교 활동가인 응답자 I도 "「협동조합 기본법」도 그렇고,「영유아보육법」도 그렇고, 서로 맞춰 가지고 수정해야 될 부분들이 꽤 있다"고 지적했다. 사례 C, D, E의 입소 순위와 관련해서는 공공기관 관계자뿐만 아니라 다양한 외부 관계자 모두가 동일한 문제의식을 갖고 있었다.

3) 운영 및 조직 구성원

사례 A는 사회적협동조합이고, 사례 B는 국공립 어린이집이다. 사례A와 B는 형식과 내용이 일치한다. 반면에 사례 C, D, E는 형식은 국공립이지만, 내용은 사회적협동조합으로 두 조직의 특성을 동시에 담보한다. 사례 D의 응답자는 시 정책에 대해 "어린이집에 있는 조합원도 조합원이 되는 거고, 지역에 있는 사람까지도 조합원이 되어서 큰 조합을 만들어 마을의 조합을 만들어 가자. 이게 ○○시의 취지라고는 알고 있어요"라고 설명하면서 그러나 "쉽지 않은 과정"이라고 했다.

너무 좋고. 아, 그래서 부모님들이 즐겁고 나를 믿어 주는구나. 교사를 믿어 주는구나. ……(중략)…… 그걸 하기 위해서 사실 원장이 중심에 서 있잖아요. 조율자의 역할을 해야 되는 그런 상황에서 일반 국공립 어린이집의 몇 배 이상의 신경과 일과 막 이런 여러 가지…….

사례 D의 원장

사례 E 역시 "부모협동 어린이집을 하면서 생기는 효과적인 것들이 많았잖아요. 엄마들이 내 어린이집처럼 참여를 하셨고, 남의 새끼를 내 새끼 마냥 도와주는 게 있었고. 그런 것들을 국공립에서 해 보자라고 이해를 했거든요"라고 하면서도 운영에 어려움이 있다고 호소했다.

〈표 6-1〉을 보면 출자금과 조합비가 각 사례마다 차이가 있다. 사례 D와 사례 E의 경우에는 부모들이 운영 방식을 모르고 들어오기 때문에 조합비를 걷는 과정에서 "출자금은 반환해 준다고 해서 괜찮은데, 조합비는 뭐냐? 다른 국공립은 조합비를 안 내는데, 여기는 왜 조합비를 내야 되냐? 조합비로 무엇을 할 거냐?"라는 질문을 받는다며 운영의 어려움을 설명했다. 다음 응답에서 볼 수 있듯이 어려움에 부딪힐 때 "부모와 소위원회랑 같이 결정을 했어요" 하면서 "그분들이 원장님한테 얘기하지 말고 우리한테 얘기해. 뭐 이런 분위기로 가서 조용해지고 좀 정리가 되었다"고 설명했다.

올해 조합비를 받았는데, 그런 과정 가운데 조금 소리가 있었어요. 모두의 의견이 그럼 안 하겠다는 분도 있었는데, 모두의 의견이

"사회적협동조합 어린이집에 온 만큼 다 같이 가야 된다"라는 것을 이 조합은 전적으로 부모가 결정할 수 있게 해 주거든요. 그랬더니 부모님들이 그건 얘기가 돼서 모두가 조합원으로 가입하고, 조합비도 내고 있고…….

사례 D의 원장

사례 A의 공동육아협동조합은 출자금과 조합비가 높지만 모두 그 비용을 알고, 동의하고 들어왔기 때문에 논란의 여지가 없지만 터전 비용과 교사 인건비 등을 부모들이 모두 감당하고 있어서 재정적인 문제가 있다. 이에 공공교 활동가 I는 "일단 협동조합은 자율과 자치가 굉장히 중요하다" "다만 저희는 어린이집이라는 공공적 성격을 띠는 곳이기 때문에 사회적 기업의 지원이 있고, 자활 그룹에 대한 지원이 있는 것처럼, 저희도 지원이 좀 필요한 부분이 있다고 생각하는데, 그게 가장 중요한 게 건물이에요. 부동산!"이라고 말했다.

사례 C, D, E는 출자금과 조합비가 적지만 부모들이 운영 방식을 모르고 들어왔기 때문에 논란이 있다. 출자금 역시 사업비로 쓸 수가 없어서 원장의 개인 돈이 사업비로 지불되는 상황이라고 설명했다. 공증 비용으로 "저희는 구백만 원이에요. 제가 대죠"라고 토로했다. "부모들이 그런 비용까지 용인하기에는 아직 마인드가 안 된다"라고 덧붙여 설명했다. 사례 D는 "저희가 출자금을 사업비로 쓸 수도 없어요. 왜냐하면 반환해 줘야 되기 때문에 그것은 저희의 개인 빚이 되는 거고. 저희 같은 경우에는 사실 시에서 그런 것도 풀어 주셔야 돼요. 공증 비용이 매년 한 번씩 들잖아요. 1년에 한 번 출자금이 변경되거나, 조합 이사장이 변경되면 공증 비용이 드는데……. 그건 어린이집 예산에서 쓸 수 없어요"라며, 이런 조합형 어린이집 유지에 비용은 드는데, 이에 대한 비용 지원과 쓸 방법은 전혀 없다고 토로했다. 사례 D는 조합비와 관련해서 국공립 어린이집에 온 부모들이 처음에는 사회적협동조합 조직을 이해하기 어렵기 때문에 "정착될 때까지는 어느 정도 예산 지원이 필요하다"고 설명했다. "조합원들한테 뭐 100만 원씩 받아라, 교사한테도 500만 원씩 받아라" 하는데 국공립 어린이집은 자발적으로 모인 것이 아니기 때문에 그런 여건이 되지 못한다. 그런데 컨설팅을 해 주는 전문가조차 상황을 잘 이해하지 못하고 있다고 지적했다. 사례 D의 어린이집을 벤치마킹하기 위해 방문한 다른 지자체의 사례를 들며 "○○시 같은 경우에는 1년 6개월 안에 전환하는 조건으로 3억 원을 지원했어요. 전환되면 이제 3억 원의 지원이 없어지는" "사무원 인건비 지원을 한 거죠" "연구원이 동원이 되고, 인건비도 지원이 된다"며 시 지원이 필요하다고 지적했다.

사례 E도 개원 당시에 개원 준비금, 교사들의 밥값, 초기 물품, 청소 및 소독 비용, 세무사 비용 등이 지원될 줄 알았는데, 개원 전에는 국공립 어린이집의 경우에는 나오는 게 없어 개원 준비를 하는 이사진이 '천만 원가량' 기부 형식으로 지원하며 "좋은 일하는 거니까 그냥 기부했다 치자" 하며 도움을 주었다고 했다. 국공립 어린이집 개원 공식 기금은 인테리어 비용과 교구를 위한 비용에 지불되어야 해서 그 용도로만 썼다고 했다. 사례 E의 원장에 따르면, "출자금을 그대로 보존시켜야 하는데, 조합비에서 내야 한대요. 몰랐던 거예요"라

고 하면서 조합비도 받지 않고 있다가 2017년에 부모들에게 연 3만 원의 조합비를 받는 것을 논의했다고 설명했다. 이 조합비는 출자금 반환 시 수수료나 정기총회 후 법무사 활용비 등으로 지출된다. 사례 E의 경우에는 개원 과정을 준비한 이사진이 외부 인사들로 구성되어 있다. 그러나 개원 후에 "좋은 마음으로 했던 것이지만 성격이 애매해져 버리니까 투잡 뛰는 것처럼 보인다"고 하고, 어떤 엄마들 중에는 "그분들이 왜 이사를 하죠?"라고 해서 2017년 하반기에 모두 빠지고, "부모님들도 조합이사로 들어와야 하는데, 아직 섣부른 상황"이어서 교사들로 구성하는 과정"이라고 설명했다. 이런 일련의 과정을 볼 때 국공립사회적협동조합 운영에 적절한 제도 준비와 지원이 안 된 상태에서 협동조합 어린이집을 운영하는 것은 상당히 어려움이 있다는 것을 알 수 있다.

　반면에 사례 C는 원장이 공동육아 어린이집에서 장기 경력이 있는데다가 국공립 어린이집 운영 경험이 있어서 하향식 사회적협동조합 설립에도 불구하고 비교적 안정적인 경우이다. 사례 C의 원장은 구조 및 체계와 관련해서 "교사회와 부모회가 엄격하게 틀이 구분되어 안정감이 있고" 오히려 "공동육아 어린이집이 국공립 어린이집으로 전환을 했으면 좋겠다"라고 하면서 부모들이 설립한 공동육아 어린이집은 "현장을 유지하고 관리하는 데 너무 많이 써서 그 사람들이 시실온 열망을 기져온 것을 실천하는 데는 못 써요"라고 말한 반면에 국공립사회적협동조합은 "에너지 대 생산성 비율이 더 높다고" 자평했다. 그러나 "현재 입소 순위로 되면 열망이 있는 사람들은 나오가 된다는 건데…… (사회적협동조합에 맞는 입소) 체계를 만들어 준다면 이것은 그 자체의 가치도 살리고 새로운 유형의 국공립 모델도 나올 수 있겠다"라는 의견을 제시하였다. 1998년 10월에 공동육아 교사를 시작했다는 사례 C의 원장은 "공동육아에 어떻게 보면 전통적이고 규범적인 교육과정에 대한 내용에 대해서 우리가 왜 그래야 되지는지 본질적인 질문들을 꽤 해 왔던 것 같아요. 예. 그것을 외부에서 깨 준 게 평가 인증이었던 것 같고요. 좀 새로운 시선으로 볼 수 있었어요"라고 설명하면서 자신의 공동육아 안과 밖의 경험이 보육과 교육에 대해 다각적인 측면에서 성찰하게 했다고 말했다. 또한 공동육아협동조합과 국공립 어린이집 양쪽에서 있었던 경험을 통해 "교육에 관련해서 유연성"을 가질 수 있다고 설명했다.

조합원이라고 하는 다중 이해자가 적절한 구조 안에 들어가 있는 거예요. 뭐냐면 예전에 제가 살던 공간(부모들이 설립한 공동육아 어린이집)은 운영도 조합원들이 동시에 하기도 해서 이 구조는 다중 이해자가 서로 엉켜서 생활할 수밖에 없는 거예요. 교사는 어찌됐든 재정적인 지원, 이 조합 안에서 이루어져야만 실제적으로 나를 살릴 수 있고, 교육 활동을 살려 나가는 과정이라. 이 구조는 다중 이해자가 그러면서도 구분하기가 너무 쉽지 않죠. 내가 조합원으로서의 나, 그리고 교사로서의 나, 부모도 조합원으로서의 나, 부모로서의 나를 구분하는 게 이 틀이 너무 어려운 틀이구나. 그런데 여기는 어린이집이라고 하는 독립적인 기관이 있어서 교사들은 이 안에서 정체성이 1차적으로 정리가 돼요. 그리고 역할이 정리가 돼요. 그리고 협동조합이 있지요. 그래서 틀이 주는 것에서 굳이 인간적으로 힘들게 정리해야

되는 게 아니라, 이 틀이 주는 안정적인 정리가 있죠. 정체성이라든 가. 그러니까 이게 저한테는 되게 큰 변화였고. 그러니까 교사들이랑 하는 것에서 그리고 부모들이랑 할 수 있는 것과 교사회가 해야 되는 것, 여러 가지 변별을 막 재미나게, 어마어마하게 하면서 사실은 이것에 대해서 좀 정리해서 공동육아 안에서 좀 이야기를 해 봐야겠다. 그 정도로…….

사례 C의 원장

운영에 있어서 어려움으로 호소하는 공통적인 사항은 행정 관계자들이 사회적협동조합 어린이집을 잘 모른다는 것이다. 사례 C의 현 이사장은 "우리와 관련된 매뉴얼이 없는 것 같아요"라고 호소하였다. "협동조합 통장을 만들래서 ……(중략)…… 은행이나 세무서나 뭐 이런 데 가서도 행정 처리를 하려고 그러면 너무 복잡하고 한 번에 끝나는 게 없고"라고 했다. 이런 업무를 맡는 이사장이 "계속 순환을"하는 어려움도 있다고 덧붙였다. 사례 C의 2015년 이사장은 사람들에게 "홍보도 필요한 것 같다"고 말했다. 사례 C의 현 이사장 역시 "모르는 사람이 너무나 많아요" 하며 안타까워했다.

조직 구성원과 관련해서 보면 사례 B는 협동조합 법인이 국공립 어린이집을 위탁받아 운영하는 것으로, 국공립 어린이집의 운영 구조로 운영된다. 반면에 나머지 사례들은 협동조합 방식으로 운영되어 조직 구성원이 다중 이해관계자로 되어 있다. 사례 A는 「영유아보육법」의 협동 어린이집 규정상 부모와 교사만 조합원으로 참여가 가능하다. 부모협동 어린이집 유형의 공동육아 어린이집에서는 졸업조합원도 조합원으로 참여해 왔는데, 2015년 사회적협동조합 어린이집 전환 이후에는 제도적으로 참여가 불가능하게 되었다. 반면에 국공립사회적협동조합 어린이집은 국공립 어린이집 규정에 따라 다중 이해관계자가 참여할 수 있다. 이에 공공교 활동가 I는 "공동육아 어린이집이 마을에 있는 어린이집, 공동 자산화가 되는 것이 처음부터 제시했던 이념이기 때문에 이 협동 어린이집이 우리 조합원들의 것이라고 생각하지 않아요"라고 말하며 지역 자산으로 여기는 데다가 모든 다중 이해관계자 기관에 대해서「협동조합 기본법」의 일관된 적용을 위해 개정이 필요하다고 설명했다. 자발적으로 모인 공동육아사회적협동조합에는 다중 이해관계자의 참여가 제한되고, 비자발적으로 모인 국공립사회적협동조합에는 다중 이해관계자라면 누구나 참여가 가능한 아이러니한 상황이다.

> 국공립 어린이집에서도 가능한 것이고 협동 어린이집도 가능한데, 지금「영유아보육법」하고 뭔가 이렇게 좀 해석의 차이가 있어서 지금 안 되는 것이지, 저희는 이 부분을 계속 설득해 나가야 된다고 생각하고요.「협동조합 기본법」의 조항에 어떤 게 있냐면 이 법이 특별법이기 때문에 이 법을 우선으로 다른 법들이 맞춰야 되는 그런 조항이 있어요.
>
> 활동가 I, 조직 지원담당

설립 시 핵심 주체가 사례 A는 부모들이고, 사례 B, C, D, E는 원장이다. 사례 B 역시 일반 국공립 어린이집과 똑같은 구조여서 원장

중심으로 운영된다. 원장이 설립부터 운영 전반을 책임지는 형태이다. 설립 이후에 조합의 운영이 부모로 이동한 경우는 사례 C이다. 사례 C는 하향식으로 설립되었지만 부모가 이사장을 맡아 창립총회와 전환총회가 이루어졌고, 조합 운영의 중심이 부모 주도적으로 이루어지고 있음을 알 수 있다.

> 해마다 다른 문제들이 생겼어요. 그런데 이것을 2014년에는 오로지 저한테 문제 해결을 요청했거든요. 그런데 제가 아니라 운영위원 또는 이사회에서 중심이 돼서 이야기가 잘 마무리가 되든 아니든 간에 그 문제가 공식적으로 화두가 되기 시작하고, 종국에서는 우리가 규칙이나 에티켓도 만드는 이런 것까지 성장했다는 것이 되게 큰 이제…….
> 사례 C의 원장

사례 D와 사례 E의 경우에는 설립된 지 얼마 되지 않아 원장이 보육 책임과 조합 운영의 핵심 역할을 하고 있지만 원장이 어린이집 운영을 하고 부모들이 조합 운영을 할 수 있도록 시도한다. 사례 D는 "원장교육이 시 차원에서 분명히 이뤄져야 될 것 같다고" 지적했다. 부모가 조합에 대해 모르기 때문에 그 몫이 원장으로 돌아와서 원장이 해야 되기 때문에 원장과 부모들에 대한 교육 지원이 필요하다고 말했다. "현재는 제가 없어도 뭐 회의도 하고 알아서 하기도 하지만 그걸 또 제가 다 알고 어떻게 조언할지 고민해야" 하는 현실이다고 설명했다. 국공립사회적협동조합 어린이집을 만든 지자체에서 초기 교육과 컨설팅 지원이 필요하다.

4) 지속 가능성

사례 A, B, C와 달리 사례 D와 사례 E는 어린이집 위탁의 지속성과 원장의 고용 불안정 문제를 토로한다. 사례 D는 "원장을 해고할 수 있는, 직원을 해고할 수 있는 기준에 모든 조합원, 모든 이사가 동의했을 때"로 규정하고 있다. 그럼에도 불구하고 "위탁 계약 증서상 어린이집의 대표자가 (부모로) 되어 있어서…… 나의 고용조차 불안한 상태가 되는 거죠"라고 말했다. 이것은 부모 조합원들이 협동조합에 대해 잘 모르고 문서상의 고용 권한을 부모들의 특권으로 생각해서 불합리하게 휘두를 수 있다는 불안과 연관되어 있다.

> 개인 위탁으로 들어와서 우리가 1년 6개월 안에 전환을 하는 건데, 전환을 하다 보니 협동조합의 위탁체가 되어 버려서 고용 원장이 되어 버린 격이잖아요. 사실 그것도 되게 두려운 요소 중에 하나예요. 그런데 정말 작은 일 가지고도 부모들이 들고 일어나는 그런 것이…….
>
> 사례 D의 원장

어린이집은 매년 새로운 구성원이 들어오고 나가는 특성을 가지고 있어서 어린이집 분위기가 조합원 구성원에 따라 달라지는 것 때문에 불안감이 더하다고 덧붙였다.

> 저는 내년 보장을 못해요. 사람이 바뀌거든요. 어, 지금 있는 사람

이 정말 감사하게 잘해 줘서 제가 하고 있는 거지. 제가 거기서 역량을 발휘할 수 있는 게 한계가 있죠. 조합이기 때문에. 누가 들어오느냐에 따라서 저한테 완전히 반대가 되어서 튕겨 나갈 수도 있고요. 그런 것에 대해서 두려워서 살얼음판을 걷고 있는데, 거기에 고용 불안까지 있으니…….

사례 D의 원장

사회적협동조합 위탁 선정 기준도 불안한 요소라고 설명했다. 사례 D는 "국공립 위탁 선정 기준안도 분명히 사회적협동조합으로 운영되는 어린이집은 이 기준에 의해서 이루어진다라는 것이 분명히 있어야 될 것 같다"고 말했다. "나중에 5년 후에 위탁을 받을 때는 또 개인 위탁으로 하는 줄 알았는데, 협동조합이 운영체이니 협동조합으로 들어가는 거예요. 그때는 협동조합 이름으로 그랬을 때 재산 점수가 사실 출자금을 모아서 2억이 될 수는 없잖아요. 그런데 시에서는 5년 후에는 출자금이 원장님이 위탁을 받으려면 재산 점수가 있어야 되니……. 지역사회 인사를 많이 모아서 출자금을 늘려라. 이렇게 얘기를 하시는 거죠"라며 고용 안정과 조합의 지속성에 불안감을 표현했다. 협동조합 구조상 2억을 만들기 어려운 점을 인터뷰에서 알 수 있다. 이런 비슷한 상황은 사례 E도 마찬가지이다.

1인이 100분의 30 이상은 낼 수 없는 구조잖아요. 그렇게 법적으로 되어 있어서. 30, 100분의 30. 만약에 천만 원이면 ○○○은(한 사람이 최대) 300만 원 밖에 못 내요. 더 이상 못 내게끔 되어 있는

데, 2억 원을 모집하려면 정말 몇 백 명을 모집해야 되는 거거든요. ……(중략)…… 개인 위탁으로 왔을 땐 2억 원 이상의 재산이 있어서 이 사람 분명히 공신력 있다고 줬는데, 조합을 하다 보니 저희 출자금이 천만 원도 안 되거든요. 어떻게 천만 원이 되겠어요. 어, 그런데 딱 떨어지니 공신력을 어떻게 세울 거냐. 이렇게 되는 거죠. 그러면 출자금을 높여라 이렇게 되는데. 아휴, 그랬더니 이제 위탁을 받으려면 5년에 매년 출자금을 얼마씩 넣을, 늘릴 계획을 세워라 이렇게 되는 거죠. 저는 그게 아니라고 생각하고, 출자금 조합의 생리를 알면 이 재산 이런 부분은 분명히 조합과 사회적인 형편에 맞게. 만약에 그런데 이제 개인 경합이 들어오잖아요? 우리가 5년 후에 위탁 경쟁을 하면 개인 위탁 기본 점수가 더 높아지는 거예요.

사례 D의 원장

앞과 같은 문제는 비자발적으로 구성된 국공립사회적협동조합 어린이집의 설립 특성과 운영의 차이를 외면하고, 기존 국공립 어린이집 위탁 시 개인 위탁자에게 적용하는 것과 똑같이 적용하는 관료적 특성을 보여 준다. 공공기관 관계자인 응답자 F 역시 인지하고 있었다. 사회적협동조합의 경우에는 "점수를 별개로 둔다든지 뭐, 그렇게 두면 좋은데, 아마 (현재) 불가능할 거라는 생각이 들어요. 그래서 이제 원장한테 5개년 계획을 세워서 출자금을 늘리는 방안을 한번 강구를 해 봐라. 초기 때 계속 그렇게 얘기를 했거든요. 왜냐하면 「영유아보육법」을 고칠 수는 없잖아요".

또한 사례 D는 "70명 미만이어야 협동조합 어린이집을 운영할 수

있다는 연구 논문이 나왔다"[6]고 언급하면서 규모가 커서 운영에 어려움이 있다고 설명했다. 〈표 6-1〉에서 보았듯이 성남시 사회적협동조합 어린이집 중에서 사례 D의 규모가 95명으로 제일 작다. 사례 E도 "총 아이 140명 중에 조합원 수가 90명인데, 맞벌이도 있고 움직이기 어렵다"고 설명했다. 어떤 부모는 "바빠 죽겠는데, 왜 오라고 하냐고. 내가 굳이 왜 가야 되냐고 하니까 열심히 하고자 하는 엄마들 입장에서는 진이 빠진다"라고 하며 부모 사이의 간극이 크다고 말했다. "100명이 넘어가는 순간에 조합이 되지 않습니다"라며 적당한 규모에서 협동조합이 가능하다고 지적했다. 이 부분에 대해서는 성남시 사회적경제지원센터에 있는 응답자 H 역시 "협동조합 하는 데 애로 사항이 너무 많다"라고 언급했다.

요컨대 사례 D와 사례 E는 새로운 형태로서 구조상 어려움이 있을 수밖에 없다는 것을 전문가 및 관계자들도 인지하고 있다. 사회적경제 지원센터 관계자 H는 어린이집 입소 순위와 관련하여 사회적협동조합의 경우에는 "협동조합 활동에 동의하는 사람"에 관한 지침이 있어야 한다고 지적했다. 성남시 공무원인 응답자 F에 따르면, "이런 과정을 인지하고 있어서 지원을 하고 싶어도 국공립사회적협동조합이 아직은 너무 소수라 한편에서 '특혜를 주느냐'라고 하고, 「영유아보육법」에 준해서 하기 때문에 '지자체에서 그걸 조례를 변경해 가지고 그 사람들한테 (지원)하기에는 너무 무리예요'라며 어디

---

6) 응답자가 언급한 논문은 「사회적경제가 운영하는 국공립 어린이집 운영 안내서」(서울시, 2015)이나.

서도 예산을 세우기가 어렵다"고 했다. 더욱이 초기 정착 과정에서 "보육의 질이 더 떨어질까 봐 걱정이에요. 원장이 보육을 담당해야 하는데, 여타의 것을 담당하니까"라며 보육담당 공무원로서의 걱정을 내비쳤다.

공공교 활동가인 응답자 I는 "이런 탑다운 방식의 어려움이 있고, 그것에서 나타나는 부정적인 요소가 분명히 있다"고 지적했다. 동시에 "부모가 참여해서 일방적으로 요구하는 관계가 아닌 소통하는 관계에 대한 모델을 저희가 제시하고 홍보도 할 수 있다면 사회적인 파급력은 조금 더 있지 않을까"라는 기대를 표현하기도 하였다. 사회적협동조합 단체 활동가인 J도 협동조합이 활성화되기 위해서는 '사람에 대한 지원' '협동조합을 제대로 알릴 수 있는 자원의 필요성'을 언급하였다.

6. 공동육아의 가치

1) 비전

사례 A의 공동육아 어린이집은 "부모, 교사가 같이 키우는 공간이라는 것을 굉장히 강조하고(응답자 I)", 따라서 공동육아는 부모, 교사 모두의 참여를 지향한다고 설명했다. B 원장은 사례 B가 "열린 어린이집의 방향이랑 너무 비슷하다"라고 하면서 "지역에서 뭔가 어린이집을 오픈했으면 좋겠다라는 그런 것이 있으세요. 그럴 때 저희

는 무조건 다 오케이에요"라고 설명했다. 부모와 교사의 활발한 소통과 부모들의 열린 참여는 기관의 신뢰로 이어진다고 설명했다.

> 저희가 항상 수시로 열고, 선생님하고 항상 소통을 하고, 방모임을 통해서 선생님의 수고로움도 알고 같이한다고 생각을 하다 보니 엄마들도, 선생님들도 서로 신뢰가 쌓이는 거예요. 그런 강점들이 굉장히 좋은 거예요. 그래서 만약에 모든 국공립 어린이집이 ……(중략)…… 참여 어린이집, 소통하는 어린이집, 열린 어린이집을 만든다고 하면 그것에 대한 효과는 굉장히 커요.
>
> 사례 B의 원장

민간 어린이집에 아이를 보낸 경험이 있는 사례 C의 2016년 이사장은 다음와 같이 설명했다.

> 그냥 형식적인 인사와 형식적인 예의와 그런 걸 겪었고, 이제 뭐 그렇다고 하더라도 어린이집에서 뭐 선생님이 어땠대, 어린이집이 어땠대 하는 암암리에 들리는 소문들이 있잖아요. 그런 걸 확인할 길은 없고, 확인할라치면 내 아이한테 피해가 갈까 봐 섣불리 나서지 못하고 하는데. 여기는 좋은 게 있든, 나쁜 게 있든 모든 게 일단은 다 오픈을 하고 공개를 한 상태에서 뭐 어린이집에서 솔직하게 잘못을 하는 경우도 있잖아요. 선생님이 실수를 하는 경우도 있는데, 그런 거? 오픈을 해서 양해를 구하고 이런 이런 이유가 있었다. 사정이 있었다. 그런 부분들 아니면 또 부모들이 실수하거나 아이들 간의 문제가 생

겼을 경우에도 오픈하면서 서로 양해를 구하는 과정들, 그런 것들이 사람 사는 데 뭐 실수가 없을 수 없는 것이고……. 오해가 없을 수 없는데 그런 것들을 투명하게 해결을 하는 과정들이 더 신뢰가 갔고 믿음이 갔어요. 선생님들한테도 그렇고, 어린이집한테도 그렇고, 부모들 간의 그런 관계도 그렇고…….

〈사례 C〉 2016년 이사장

사례 C의 2016년 이사장은 "부모랑 어린이집이랑 약간 대등한 입장"이라면, 일반 국공립은 "부모는 그 규칙이나 규율 안에서 모든 걸 다 맞춰야 된다"고 말했다. "투명하게 오픈이 되어 있는 상태에서 신뢰가 되니까…… 보여 주지 않고서 신뢰를 하라고 하는 건 신뢰가 아닌데"라고 지적했다. 국공립 시간제 보육에 아이를 보낸 경험이 있는 사례 C의 현 이사장은 자신의 경험을 바탕으로 일반 국공립 어린이집의 수직적 위계에 대해 설명했다.

원장 권한이 제일 셌고요. 예, 그리고 이제 선생님들한테 제가 느꼈던 감정은 이제 뭐해, 뭐해, 뭐 이렇게 지시를 하시더라고요. ……(중략)…… 여기로 오니까 참 소박하다. 그리고 뭐든지 여기는 혼자 결정할 수 있는 게 없잖아요. 그러니까 그게 또 힘드신 부분도 있겠죠. 네. 그런데 여기는 교사와 부모의 의견을 충분히 수렴하여서 이제 어린이집 원장 선생님께서 결정을 하시고 이렇게 가는 시스템이 많이 다르게 느껴져서 국공립 어린이집 플러스 공동육아사회적 조합…….

사례 C의 현 이사장

사례 C의 현 이사장은 "공동육아이고 협동조합인데, 출자금이 적어 우리가 누릴 수 있는 최고의 교육서비스를 개방적으로 투명하게 누린다"라고 설명했다. 2015년에 보건복지부가 열린 어린이집 가이드라인을 만들어 많은 어린이집이 열린 어린이집 가이드라인을 지향하지만 의무는 아니다. 성남시 공무원인 응답자 F에 따르면, "(열린 어린이집을 하면) 지원금이 그래도 조금이라도 있어야 되는데, 하나도 없어요"라는 점을 볼 때 열린 어린이집이 확산되는 데에는 한계가 있다. 국공립 어린이집에서 원장으로서 열린 보육을 했던 사례 D는 "열린 어린이집 지침대로. 그리고 사실 거기는, 거기도 음…… 내가 개방하면 개방하는 거고, 개방 안 하면 안 개방하는 거. 거의 그런 마인드였다면, 여기는 조금 많이 개방하고 개방할 때 어떤 부분을 개방했으면 좋겠냐 라는 것을 운영위원회하고 충분히 논의를 해서 개방한다"며 열린 어린이집이라고 해도 원장 권한에 따라 어디까지 할 것인가를 결정하기 때문에 국공립 열린 어린이집도 개방 정도가 다르다고 설명했다. 사례 D의 경우에는 열린 보육을 어떻게 하는지 다음 응답에서 알 수 있다.

저희가 공개를 할 때에도 한 번만 공개를 하는 게 아니라 알림장 하고 입구에 붙이고 복사해서 가정으로 발송하고, 그 다음에 여러 가지 방법으로 많이 공개를 하고…… 네, 그래서 맞벌이여서 못 보신 부모님들도 다 볼 수 있도록. 그리고 정산도 저쪽에서는(이전 어린이집에서는) 6개월에 한 번씩 정산하는 게 운영 규정. 운영 보육 사업에 나와 있다면 여기서는 한 달에 한 번씩 정산해서 운영위원회도 거치

지만 가정으로 싹 발송하고. 그래서 일단은 주 사업의 40%가 어린이집 사업이니 어린이집에 대한 불신 같은 것은 다 없애고 원하는 걸 해 줘야 되겠다하여 이제 개방하고, 공개하는 부분이 많이 노출되어 있고. 또 어린이집에 다 들어오시고. 등원할 때에도 다 들어오시고. 보육 과정도 되게 많이 열어 놓고. 현장학습을 가거나 뭐 할 때 계속 참여할 수 있도록 열어 놓고. 그러니까 일단은 저기서는(이전 국공립 어린이집에서는) 그냥 내 편의에 의해서 요만큼 했다면 지금은 되게 많이 힘들어요.

사례 D의 원장

사례 D의 경우에는 사회적협동조합국공립 어린이집의 장점을 부모들의 신뢰라고 꼽는다. "부모는 되게 만족해하고 계세요"라고 하면서 "부모와 교사 사이에 끈끈한 정들이 생기고 우리 애들을 맡겨도 되겠다고 믿어 주세요"라고 하면서 부모-교사 간의 신뢰가 형성된 것이 장점이라고 설명했다. 그러나 사례 D의 응답자는 현 구조에서 운영의 어려움을 호소하면서 "일반 국공립으로 열린 어린이집이나 공동육아 방식으로 해도 무방하지 않겠냐"라는 견해를 밝히기도 했다.

본 연구 사례 기관들은 열린 보육을 지향하고 있다. 성남시 공무원인 응답자 I에 따르면, "얼마나 폐쇄적이냐에 따라서 민원 해결이 안 되는 게 거의 비례하는 것 같아요. 그러니까 이제 잘 대화가 되고, 뭐 이제 개방성이 강화가 된 곳은 그나마 민원이 일어나도 해결이 좀 빠르다"고 했다. 요컨대, 열린 보육은 부모와 교사 간의 신뢰관계 형

성에 중요하다.

협동조합을 운영하는 사례 A, C, D, E는 협동조합 운영 원리에서 민주적인 관계를 지향하기 때문에 평등한 관계를 통한 신뢰를 중요시한다. 사례 C의 2015년 전 이사장은 사회적협동조합국공립 어린이집으로 전환 시 어린이집을 나가지 않고 남은 이유로 교사에 대한 신뢰와 관계를 들 정도로 교사에 대한 신뢰가 높았다.

> 믿을 수 있고 약간 가족적인 분위기가 있었던 것 같아요. 다른 국공립 어린이집보다. 여기는 교사 분들도 그냥 교사가 아니고 협동조합의 조합원이에요. 똑같이. 그러니까 부모이든, 학부모이든, 교사이든 어쨌든 조합원인 거잖아요. 똑같이 그러니까. 어린이집 운영에 대해서도 교사, 교사 나름대로 조합원으로서 의견을 내고. 그냥 여기에 고용된 직원이 아니라 그 교사 분들도 같이 아이를 함께 키운다는 그런 느낌…….
>
> 사례 C의 2015년 이사장

반면에 사례 B의 경우에는 국공립 어린이집으로서 원장과 교사의 수직적 관계를 개선하려고 해도 일반적인 문화를 바꾸는 데 어려움이 있다고 설명했다.

> 국공립 출발점과 공동육아 출발점은 다른 것 같아요. 선생님들이 되게 많이 어려워해요. 처음에 왔을 때는 뭐 좀 얘기하라고 그러면 막 (고개를 숙이며) 이러고 그랬는데 요즘에는 그냥 편안하게 이야

기는 해요. 그런데 아무래도 원장과 교사 간의 그런 것들의 어려움이 조금 있기는 있죠. 어려워하더라고요. 저는 아무리 좀 친하게 하려고 해도. 그런 아쉬움이 있는데…….

2) 참여

(1) 부모 참여

사례 A는 부모들이 운영하기 때문에 부모 참여가 활발하다. 사례 A와 같은 공동육아 어린이집에서는 아마들의 참여가 일상적으로 이루어진다(류경희, 2004). 사례 B는 부모들이 '자원봉사를 하시는 분' '수업 보조교육을 하시는 분' '재능 기부를 하시는 분(가베, 켈리 등)' 등 다양한 경로로 보육과 운영에 참여한다. 사례 C의 현 이사장은 "1년 정도는 거의 활동을 안 했어요. 국공립인줄 알고" 그러다가 "처음에 이게 뭐지? 자기들만의 잔치? 그들만의 리그? 신입은 뭔가? 저게 뭐야? 협동조합이 뭐지? 인감 내래. 그건 또 내가 왜 내야 돼? 그런데 하나씩 흡수가 되기 시작했죠. 일들이 하나씩 생기면서 같이 공부하면서 조합 안으로 완전히 들어오게 된 거죠"라며 참여하게 된 과정을 설명했다. 사례 C의 현 이사장은 졸업하고도 "연을 맺고 싶은데 저도 모르게 (공동육아협동조합 출자금에 비해) 출자금 10만 원이 너무 가볍게 느껴진다"고 언급했다. 사례 C의 원장 역시 전환총회 후 "제가 어떤 이야기를 해도 받아들이는 게 완전히 달라졌고 내 일이라고 생각하고 받아들이시는 것 같아요"라고 설명했다. 그러나 일이 너무 많아 '번아웃'도 온다고 한다. 사례 C의 경우에 부모들이 처

음에는 사회적협동조합 어린이집에 대해 몰랐다가 애정을 갖고 참여하면서 어린이집을 자신들이 만들어 가는 것이라는 생각으로 발전하는 것이 엿보인다.

참여 보육을 활성화하기 위해 사례 D의 원장은 외부 강사를 초청해 "참여 보육은 어떻게 하는지, 요런 부분에 대해서 저희한테 필요한 것만 교육을 좀 받았다"고 설명하며 참여 보육에 대해 배우며 실천하고 있다고 했다. 또한 "국공립은 맞벌이가 우선이잖아요. 조합에 힘을 실을만한 에너지 자체가 부모님에게 없어요. 원장이 움직여야지만 같이 움직이는 구조이기 때문에 원장이 역량을 발휘를 안 할 수가 없는 구조예요"라고 설명하며 "80% 이상이 다 맞벌이세요"라고 말했다. 사례 E의 원장 역시 조합 일, 어린이집 일 등 모든 일에 관여를 해야 해서 "나는 잡부인가 봐"라고 생각한다고 설명했다. 사례 E의 경우에도 부모 참여가 많다는 것을 모르고 오신 분들이 많아서 부모 참여도 설득해야 하고, 그 과정이 갈등의 연속이라고 전했다. "(부모들 중에) 나는 국공립 보냈는데, 왜 자꾸 사회적협동조합 이야기를 하지? 반면에 나름 이해하시고 조합이라는 걸 하겠다고 오시는 분들은 왜 지지부진하지?"라며 다양한 부모들의 목소리가 나온다고 했다. 협동조합 교육을 하니 "1명 오시더라고요" 하며 "절실해서 내 돈 내고 들어오신 분들이 아니니까" 부모들의 이해가 낮아 조합을 운영하는 게 어렵다고 설명했다.

> 나는 내가 편하기 위해 그냥 국공립 어린이집에 보낸 거지. 딱히 공동체 성격을 별로 못 느끼시는 거예요. ……(중략)…… 저희는 충돌

이 있었거든요. 교사들도, 엄마들도 이해가 안 되는 거예요. 국공립 어린이집인데, 자꾸 부모 참여하라고 하고. 또 저희가 오픈을 했던 이유가 엄마들이 직접 데리러 올라가세요. 일반 협동조합 어린이집이 많이 그렇게 하잖아요. 그대로 도입을 했거든요. 왜 그렇게 하냐? 일반 어린이집은 못 들어갑니다. 그런데 저희는 그만큼 자신이 있다는 이야기이고, 엄마들이랑 신뢰를 쌓아야만 함께할 수 있잖아요. 그러니까 들어가서 보시고, 돕는 것도 아니고 함께하는 거죠.

사례 E의 원장

사례 E의 원장은 부모 참여를 높이기 위해 조합총회도 '놀이터'라고 이름을 붙여서 "놀이터에 놀러 오세요. 아이들은 실내놀이터를 조성해서 놀게 할 테니 부모들은 교육받고 놀아라"라고 안내했다고 한다. 그러나 협동조합에 대한 이해가 적은 부모들은 "원장님, 협동조합 어린이집이 맘에 들어요. 그것처럼 해 주세요"[7]라고 말하기도 한다면서 스스로 만들어 가는 것이 아니라 누군가 해 주는 것으로 인식하는 경우도 있다고 전했다. 반면에 누리운영비를 받는 선생님의 부족으로 어린이집 청소나 이런 것이 힘들어질 때 자발적인 논의 끝에 "엄마들이 보조교사를 하겠습니다"라고 하며 자원봉사 역할을 하기도 하고, "색종이 접기로 재능 기부하시는 분이 계셔서 그 반 아이들에게 특강하시는 분도 계시다"며 부모들이 다양한 방식으로 참

---

7) 원장에 따르면, "아마 그분들은 그 말씀이실 거예요. 부모협동조합 어린이집에 갔더니 애들을 들과 산으로 뛰어다니게 하고, 먹는 것도 좋은 것 먹이고, 다른 분들이 보조 역할도 막 해 주고" 이런 것을 뜻한다고 설명했다.

여하기 시작했다고 설명했다. 요컨대 사례 B, D, E의 경우에는 원장이 부모 참여를 추동하는 역할을 한다.

사례 B, D, E는 부모가 주도적으로 운영하기보다는 소모임이나 자조모임 형식으로 참여하고 있다. 이는 사례 B, D, E의 경우에는 국공립 어린이집으로 부모가 중심이 되어 운영하기 어려운 여건이고, 사례 D와 사례 E는 설립 초기라는 점에서 어렵다. 부모가 운영에 참여하는 것을 지향하지만, A를 제외한 나머지는 대부분 엄마를 중심으로 이루어진다. 사례 D의 경우에는 "아빠 참여를 높이자"해서 2017년 하반기에 아빠 프로그램을 계획하였는데 "70가정인데 거의 50가정이 신청했다"고 했다. 그러나 이런 참여가 일상적이라기보다는 이벤트성의 1~2회 프로그램으로 이루어지고 있다.

부모 참여로 인해 돌봄이 이웃으로 확장되는 사례들이 보인다. 사례 A와 같은 유형은 마을공동체로 확장해 나간 사례가 있다(장수정, 2012). 이 연구에서도 돌봄이 이웃으로 확장해 간 사례들을 볼 수 있다. 사례 B의 원장은 "○○○(법인) 어린이집을 열어 운영하다 보니 이웃 어린이집이 ○○○화 되어요"라고 말했다. 예컨대, 유기농 친환경 먹을거리의 "식문화에 대해서도 조금 전파가 되는 게 되게 좋았어요"라고 설명하며 지역 내 모델 어린이집으로 영향력이 있는 것에 자부심을 느낀다고 했다. '모 나누기 행사' '풍년제' '농부의 날' 행사도 지역과 함께한다. 또한 지역 기부의 예로서 "이나바다를 한 거예요. 그런데 거기에 남은 물건들을 어떻게 할까? 그랬더니 아름다운 가게 기증을 하자. 이런 이야기가 나와서 나중에 기증도 하게 되고, 그 다음에 모금도 했어요"라며 부모들의 참여가 지역의 선한 영향력으로 이어지고 있다고 설명했다.

> 추석 때는 풍년제를 해요. 민속놀이를 하면서 풍년제를 돌아다니면 어른들이 보시면서 여기에 뭐 쌀이 있네, 벼가 있네, 막 이러세요. ……(중략)…… 스티커를 붙여서 지역 주민들한테 잘된 것 뭐 있냐고, 스티커를 붙여서 나중에 저희가 시상을 해요. ……(중략)…… 저는 우리 원만 하는 게 아니라 다른 원도 다 이렇게 가서 공동적으로 동반 성장해야 된다고 생각을 해요.
>
> 사례 B의 원장

사례 C의 이사장은 부모가 함께하는 공동육아 보육의 좋은 예를 다음과 같이 이야기했다.

> 한 아이의 엄마가 아버님한테, 친정아버님한테 얘기해서 친정아버님이 본인의 감나무는 썩어서 없어서 이웃집 다른 분한테 부탁을 해서 아이들이, ○○○(어린이집) 아이들이 다 가서 감을 하나씩 얻어 가지고 왔어요. 간식도 먹고 뭐. 연못에 가서 물고기도 보고. 아, 그런 걸 봤을 때 음…… 되게 큰 경험이잖아요. 그것은 아이들한테도 (원장: 아이들한테는 되게 큰 경험이죠.) 큰 경험이고, 되게 좋은 추억이고, 그런 감나무는 구경하러 가겠지만 누가 감을 따 주겠느냐고요. 그 시끌벅적한 아이들, 와글와글한 아이들을 다 데리고서 그런 거를 봤을 때 이게 ○○○(어린이집)이니까 가능한 거고. 응, 부모협동조합이 있으니까 가능한 거고, 공동육아이기 때문에 가능한 게 아

닌가라는 생각을 했죠.

사례 C의 현 이사장

사례 D의 원장도 "부모들끼리 친해져서 '특별활동비를 못 내는 애들은 조합비로 지원하자'라고 하기도 하고, 장애가 있는 아이를 상담기관에 의뢰하겠다. 뭐 이런 부모님도 있고, 직업상담사가 되셔서 부모님들의 직업상담도 다 해 주시고, 저희 교육도 대부분 부모님들이 해 주시거든요. 초등학교 부모님이 초등 준비 교육을 해 주시고, 정리 수납 강사가 정리 수납 강의를 해 주시고, 인권교육 강사도 있어요"라며 자기 자녀에 대한 돌봄을 넘어 다른 아이에 대한 관심과 돌봄으로 확장된 사례를 전해 주었다.

그분들이 인권교육 교사랑 부모랑 다 해 주시고. 아동학대예방 교사가 있어서 그분들이 다 해 주시고. 그래서 여기서는 사업이 되게 활성화돼서 사업도 많이. 그러니까 본인들이 얻는 것도 많고, 친해져서 뭐라고 얘기하셨냐면 안전망이 설치된 것 같아서 되게 좋다. 예전 어린이집에서는 놀이터에서 놀면 내 애만 보는데, 옆에 엄마한테 맡겨 놓고 가도 안심이 되는 거예요. 이제 친해져서 네 애, 내 애가 됐기 때문에…….

사례 D의 원장

사례 E 기관에 엄마가 계시지 않은 아이가 학원을 못 가게 된 상항에서 엄마들끼리 카톡을 통해 '이동시켜 주자' 해서 아이의 이동을 도운 사례도 있다고 설명했다. 부모들이 자발적으로 만든 사회적협동조합은 아니지만 함께 돌보는 가치와 문화를 통해 뭔가 다르게 살고자 하는 부모들의 실천들이 있음을 알 수 있다.

(2) 교사 참여

교사의 경우에는 보육과 교육을 중심으로 조합에 참여한다. 사례 A의 대표 교사는 함께 키우는 철학을 갖고 있다는 것을 인터뷰에서 알 수 있다. 동시에 부모들의 요구 증가에 따른 고민도 있다.

> 흔히 말하는 교사, 사회적 부모라는 시선으로 와 가지고 단지 내가 교사로서, 직업으로서 이 아이들을 요 시간에 보육하는 게 아니라 내가 이 아이들을 건강하게 잘 키워서 이 아이가 더 커 가지고 사회에 나갔을 때 주변 아이들을 이끌어 갈 수 있는 내면적으로 건강한 아이가 되면 좋겠다. 그런 생각이 있는 거죠. 그래서 정말 같은 부모는 아니지만, 부모가 생물학적 부모이지만 그에 준하는 사회적 부모로 잘 커가는 걸 같이 키워야지. 이런 시선으로 같이 살아왔다고 하면 시간이 가면 갈수록 그런 자리를 그런 내가 교사로 어떤 마음을 가지고 이곳에서 같이할 수 있을까? 부모들이 다양한 것을 요구하는 걸 다 수용하면 정말 우리가 원래 옛날부터 봐 왔던 아이들하고는 달리 키우기 버거운 거예요.
>
> 사례 A의 대표 교사

사례 B는 부모님들의 참여를 위한 노력으로 "교사교육을 저희는

끊임없이 해 왔어요. 그래서 작년(2016년)부터는 선생님들이 부모님하고의 방모임을 시작했어요"라고 설명했다. 그러나 선생님들도 공동육아에서 하는 부모들과의 소통 방식이 익숙하지 않아 "원장님, 이렇게는 저는 못할 것 같아요. 저 그만둘래요. 이런 소리가 막 나오기도 했다"고 토로했다. 교사 중에는 자신도 아이를 어린이집에 보내면 부모가 어린이집에 관여할 일 없이 "어린이집에서 모든 걸 다해주니까 너무 좋았다"며 부모 참여가 부모에게 부담이 된다고 생각하는 교사에게 부모 참여의 필요성에 대한 설득이 필요하다고 설명했다. 사례 B의 경우에는 법인에서 교사들을 위해 "교육을 많이 시켜주고, 연수를 시켜 주고, '해외 연수' '우수 어린이집 견학' 등 다양한 세미나와 교육 및 평가회에서 부모 참여에 대한 교육을 받는다"고 설명했다. 사례 C, D, E의 교사들도 사회적협동조합 방식을 알아야 되기 때문에 원장이 사전에 충분히 설명한다고 말했다. 사례 D의 응답자는 교사 간에 "갈등이 생겨서 그만두기도 했다"고 설명하고, 사례 E도 "교사 교체가 많이 되었다"고 했다. 참여를 좋게 보는 선생님은 "엄마들은 언제든지 오셔도 '어서 오세요'라 말하고, 부모 참여가 부담스러운 선생님은 '나는 그만 둘래요'라고 한다"고 전했다.

조합 운영과 보육과 관련하여 사례 A의 경우에는 교사가 보육을 책임지면서도 부모조합원과 보육을 함께 논의해 가는 구조라면, 사례 B는 원장 중심으로 보육 운영이 이루어진다. 반면에 사례 C, D, E는 보육과 조합 운영의 분리를 지향하고 있다. 사례 D는 "교사의 교육권은 부모가 터치하지 않는 걸로" "부모가 하는 조합 사업에는 교사가 전혀 투입 안 되는 걸로. 부모가 다 준비하고 부모가 교육을 받아도 부모가 다 안내하고, 강사도 만나고, 마무리 정리까지 하는 걸로 싹 바꿨고. 교사는 거기에 절대 투입이 안 되게 했다"고 설명했다. 조합에서 의견이 나오면 '운영위원에서' 결정하게 한다고 했다. 사례 E의 원장도 "조합원들이 어린이집을 컨트롤하려고 들면 죽도 밥도 안 된다는 거죠"라며 협동조합에 대한 이해의 차이로 보육 및 운영과 관련한 문제에 직면했고, 그 이후에 보육과정 특히 운영에 부모 참여를 분리하고 제한해야 할 필요성을 느꼈다고 설명했다.

> 엄마들이 어린이집 운영, 사회적협동조합 방식으로 운영을 하고 거기에 참여를 해서 조합원의 역할을 하는 거지. 조합원이 어린이집의 운영권을 쥐고 흔든다는 개념은 아니거든요. 거기에 대해 분명히 짚고 넘어가는 건 있어야 해요. 우리가 조합원이니까 원장을 내보낼 수 있는 것 아니냐. 그런 이야기가 벌써 나왔거든요. 우리가 으쌰으쌰하면 선생님 하나 교체할 수 있는 것 아니냐. 어떻게 보면 하나의 힘으로 생각하는 것도 있어서…….
>
> 사례 E의 원장

사례 D와 사례 E는 원장이 나서서 부모와 교사의 참여를 위해 설명하고, 조율하고, 설득하는 과정을 거쳐 왔다. 사례 D와 사례 E의 원장은 스스로 알아가고 배워 가면서 조합의 운영과 보육의 틀을 만들고, 또 그 둘을 분리해 나가는 역할의 중심에 있다.

7. 논의

　본 연구의 사례는 협동조합 조직과 관련이 되어 있고, 공동육아를 지향한다는 공통점이 있지만 설립 과정이 달라서 운영 구조가 다르다. 사례 A는 협동 어린이집으로 부모들에 의해 상향식으로 설립되었고, 자발적으로 조합에 참여한다. 사례 A는 부모들이 공동육아협동조합 방식으로 운영한다는 것에 대해 인지하고, 설명회도 참석하고, 그 가치와 철학에 동의하여 면접을 거쳐 들어간다. 사례 B의 경우에는 협동조합 법인이 위탁한 것으로, 국공립 어린이집의 조직과 형식을 유지하기 때문에 형식적인 큰 변화는 없다. 따라서 사례 B는 국공립 어린이집 틀 안에서 공동육아의 가치, 협동조합의 가치를 구현하는 형태이다. 사례 C, D, E는 지자체가 법인 또는 개인에게 사회적협동조합 전환 조건으로 위탁을 준 것으로 하향식으로 형성된 사회적협동조합이다.

　협동조합 구성은 원칙적으로 자발적 참여로 이루어지지만 사례 C, D, E는 국공립 어린이집에 들어가 보니 협동조합 방식으로 운영을 하고 있어서 구성원들이 참여하는 사례이다. 공동육아의 협동과 가치를 지향하지만 자발적인 결사체가 아니라는 점에서 협동조합의 원리와 모순된다. 사례 A와 사례 B는 구성원들이 조직의 형태와 구성원으로서의 참여 기대치를 인지하고 참여한다. 반면에 사례 C, D, E의 부모들은 형식과 내용을 충분히 인지하고 들어가지 않았다는 차이가 있다. 설립 방식과 운영 주체가 다르기 때문에 협동조합의 운영 원리에 기초한다고 하더라도 조직의 자율성, 가치의 공유 정도, 조합비와 같은 재정 부담 의지 등에서 차이가 있다. 특히 사례 D와 사례 E는 초기 정착 과정에서 재정의 어려움, 시 차원의 컨설팅 자원의 부재, 조직의 지속 가능성 여부 등 운영상 여러 문제가 노출되었다. 시나 전문가의 지원 없이 하향식 과정을 거쳐 가치를 구현하는 데 있어 조합원의 공감을 얻거나 자연스러운 참여가 힘들었던 것으로 드러났다.

사례들은 공통적으로 공동육아의 가치를 구현하고자 하는 노력을 통해 열린 보육을 실천하고 믿고 신뢰할 만한 보육 기관으로 자리매김해 온 것을 알 수 있다. 또한 부모와 교사의 활발한 참여를 통해 수요자와 공급자의 관계가 아닌 함께 돌보는 가치 실천을 통해 부모와 어린이집 교사 및 원장 간에 신뢰를 쌓아 가고 있다. 나아가 협동의 가치가 확산되어 내 아이뿐만 아니라 다른 아이에 대한 관심, 지역사회 내의 상호 돌봄에 기여하는 사례가 있음을 알 수 있다. 이런 점에서 지자체가 협동조합과 같은 법인에 국공립을 위탁하는 것은 고무적이다. 협동조합 어린이집을 거점으로 지역사회에 호혜적인 관계망이 확산될 수 있다. 그러나 그 장점을 최대화하기 위해서는 협동조합에 어린이집을 지원하는 법적·제도적인 개선이 필요하다.

첫째, 사회적협동조합 법인에서 운영하는 국공립 어린이집의 경우에 국공립 입소 순위에 의해 이루어질 때는 협동조합에 대해 전혀 모르고 참여하러 오는 부모들이 생기거나, 협동조합에 참여하고 싶은데, 들어갈 수 없는 부모들이 있기 마련이다. 따라서 부모들이 입

소 신청을 할 때 일반 국공립 어린이집인지, 사회적협동조합 어린이집인지를 알고 자발적인 참여와 선택을 할 수 있도록 하는 방안이 필요하다. 예컨대, 협동조합이 협동조합처럼 운영되기 위해서는 국공립 유형을 기존의 국공립 어린이집 유형과 사회적협동조합 방식의 국공립 어린이집 유형으로 구분할 필요가 있다. 이렇게 구분하여 신청을 받을 경우에는 자발적 선택의 여지가 있다. 향후 제도적으로 입소 기준을 개선해야 할 것이다. 이런 유형이 신설되면 기존의 협동 어린이집 법인이 국공립으로 전환하거나 국공립 어린이집을 위탁할 수도 있다. 또 하나의 방법은 사회적협동조합 어린이집을 국공립에 준하여 지원하고, 그 유형으로 국공립사회적협동조합이 포함될 수 있도록 하는 방안도 있다.

둘째, 사례 D, E는 시 차원에서 개인 위탁을 준 후에 사회적협동조합으로 전환한 국공립 어린이집 사례이다. 공동육아 가치와 열린 보육을 지향하고 함께 참여하는 보육의 긍정적인 결과에도 불구하고 차별화된 법적 지원 근거가 없어서 오히려 운영하기에 어려운 요소들이 많다. 예컨대, 시 차원에서 사회적협동조합 전환에 동의하는 개인에게 위탁하고, 그 이후에 재위탁에 대비해서 사회적협동조합 구성원들의 출자금을 재위탁 선정 조건에 부합하는 재정 요건을 갖추도록 하고 있다. 그러나 부모조합원이 자발적으로 구성되지 않은 국공립 어린이집의 특성상 그리고 개인이 출자할 수 있는 출자금 액수가 제한되어 있는 상황에서 매우 불합리한 규정이다. 「영유아보육법」이나 조례 개정을 통해 이런 유형의 어린이집 위탁체 선정 기준(평가 지표)의 근거를 따로 마련하는 것이 적절해 보인다. 또한 위탁을 줄 때 준비된 사회적협동조합 법인에 위탁을 주면 초기의 어려움을 극복하는 데 용이할 것이다. 사례 D, E가 있는 시의 경우에는 법인이 1개 이상을 위탁하지 못하도록 되어 있는데, 여러 개를 위탁할 수 있도록 하는 것에 대한 개정도 사회적협동조합 어린이집을 활성화하는 측면에서 필요하다.

셋째, 국공립의 경우에는 다중 이해관계자의 참여가 가능하고, 협동 어린이집은 부모와 교사만 참여가 가능하다. 다중 이해관계자 참여 기준에 대해 일관성 있는 협동조합 운영 규정이 필요하다. 「협동조합 기본법」이 제정되고 사회적협동조합 어린이집이 확대되고 있는 시점에서 「협동조합 기본법」에 기초하여 「영유아보육법」의 개정이 필요하다. 개정이 되면 협동조합 어린이집의 졸업조합원을 포함한 여러 지역 내의 관계자들의 참여가 가능하여 사회적협동조합이 지역에서 더욱 활성화될 수 있다.

넷째, 사례 A처럼 사회적협동조합 어린이집이 공익적 성격이 강하고 파산 시 국고에 귀속한다고 명시한 만큼 공익 재단에 준하는 지원이 필요하다. 프랑스의 「사회연대경제법」처럼 사회적협동조합 공동육아 어린이집의 경우에는 개인 명의가 아닌 비영리 사회적협동조합 법인이기 때문에 공공 보육시설로서 인정하고, 그에 따른 지원 조처가 필요하다. 예컨대, 유휴 공간 활용과 인건비 같은 지원이 있다.

다섯째, 국공립사회적협동조합을 설립하기 위해서는 초기 교육과 컨설팅 지원 및 협동조합에 필요한 운영비 지원이 필요하다. 사례 D와 사례 E의 경우에는 원장이 사회적협동조합에서 이사장 및

운영이사들이 하는 역할 대부분을 한다. 사회적 목적과 공공적 목적에 기여하는 사회적협동조합을 활성화하기 위해서는 사회적협동조합 어린이집의 공공성 및 자율성에 대한 인정과 지원이 병행되어야 한다. 이러한 정책적 지원은 지역사회 내 공공 보육 및 돌봄생태계를 확장시킬 것이다.

제**3**부

초등돌봄, 함께 돌보기

- 제**7**장   초등돌봄
- 제**8**장   초등 공동육아방과후협동조합

제7장
초등돌봄

 1. 들어가며

보육 담론과 정책 확대에 비해 초등돌봄정책에 대한 사회적인 관심은 늦게 시작되었다. 대표적인 초등돌봄서비스는 교육부의 초등돌봄교실과 보건복지부의 지역아동센터가 있다. 초등돌봄교실은 2004년에 도입되어 한 학교에 평균 1~2개의 교실이 있다. 주로 1~2학년 아동 중 맞벌이와 저소득층 가구의 아동이 이용한다. 초등돌봄교실은 일반적으로 오후 1시부터 5시까지 운영되며, 드물지만 저녁 돌봄이 운영되는 곳도 있다. 초등돌봄교실이 도입된 지 15년이 넘었지만 초등돌봄의 공백은 일하는 부모, 특히 모의 경력 단절에 영향을 미친다(중앙일보, 2017. 12. 11.). 자녀가 초등학교에 입학한 후 여성들의 주당 노동시간이 4시간 감소하고, 상용직 취업률이 20% 감소했다(이재희, 2018). 초등돌봄을 해결하기 위해 2019년에 다

함께돌봄센터가 시행되고, 2023년에 늘봄학교가 시행되었다.

초등돌봄교실은 「교육기본법」 초·중등 교육과정 총론에만 있어서 초등돌봄교실 운영에 대한 법적 근거가 미비하다. 초등돌봄교실에 대한 근거법의 미비는 초등돌봄교실 운영 원칙의 문제, 돌봄교실의 질 저하, 학교 교사와의 협력과 의사소통 부족 등으로 이어진다(장수정, 2019). 아동에 대한 적절한 돌봄을 위해서는 교사와 돌봄교사와의 의사소통과 협력이 중요한데(우진경, 서경숙, 2015), 초등돌봄교사와 교사 간의 업무와 공간이 분리되어 있어서 협력이 이루어지지 않는 실정이다(김현미, 신지원, 2016). 이런 여건은 아동의 돌봄서비스의 질과도 연관된다.

초등학생들을 위한 돌봄 인프라는 초등돌봄교실 외에 교육부의 초등 방과후, 지자체에서 하는 마을 방과후, 저소득층 아동들이 우선 이용할 수 있는 보건복지부의 지역아동센터, 초등학교 4학년부터 이용 가능한 여성가족부의 방과후아카데미가 있다. 여성가족부의 아이돌봄서비스와 초등돌봄을 위한 육아나눔터도 있다. 지역사회 내의 초등돌봄 인프라를 위해 보건복지부의 다함께돌봄센터도 확충해 가고 있고, 초등늘봄학교를 통해 보편적인 초등돌봄 시범사업을 진행하고 있다.

그러나 다른 부처에서 산발적으로 제공하다 보니 중복 서비스가 많고, 사각지대가 있다(강지원, 이세미, 2015; 이재희, 김근진, 엄지원, 2017). 초등돌봄서비스가 조건(부모의 취업 여부, 연령, 소득 등)에 따라 이용이 제한되기도 한다. 초등돌봄 인프라 확대에 대한 필요성과 학교 안밖의 시설 및 이용 시간이 확대되는 추세이지만 돌봄정책에

대한 패러다임이 사회적으로 크게 바뀌지는 않았다. 초등학생들에게 돌봄서비스를 확대하기 위한 늘봄학교가 2023년에 시범을 거쳐 2024년에는 단계적으로 확대하고 2025년에는 전국으로 확대한다(경향신문, 2023. 5. 18.). 늘봄학교는 현재 시범을 거쳐 확대하는 단계에 있기 때문에 분석에서 제외한다. 이 장에서는 돌봄윤리에 기초한 돌봄민주주의 이론을 토대로 초등돌봄을 위한 주요 서비스인 초등돌봄교실을 분석하고 초등돌봄의 방향을 제시한다. 특히 부모들의 돌볼 수 있는 권리와 아동들의 돌봄을 받을 권리 차원에서 초등돌봄의 정책을 살펴본다.

2. 돌봄과 돌봄윤리

모든 사람은 태어나서 죽을 때까지 일정 기간 의존하는 시기가 있고, 의존하는 시기에는 누군가의 돌봄이 필요하다. 돌봄의 필요는 특수한 대상에게 한정된 것이 아니라 모든 사람에게 해당된다. 따라서 돌봄은 모든 사람의 삶과 직결되는 보편적인 윤리적 의무이자 실천이다. 그러나 그동안 돌봄이 필요한 사람과 돌봄을 수행하는 사람은 따로 있는 것으로 여겨 왔다. 예컨대, 장애가 있거나 만성적인 질환이 있는 대상인 특수한 조건에 처해 있는 사람들의 이슈로만 간주하였다. 돌보는 일은 여성이 수행하는 것으로 당연시하며, 돌봄수행이 성별화되고, 가치 절하되어 왔다.

돌봄윤리는 도덕적인 윤리로 중요하게 간주되지 않았다. 법과 정의를 중심으로 인간의 도덕이 발달한다고 본 콜버그(Kohlberg, 2000)의 도덕발달 단계이론에서 돌봄윤리는 간과되었다. 도덕적 의무로서 의존자의 필요에 대한 돌봄, 공감 능력 및 민감성, 응답성과 같은 감정적 고려는 중요하게 간주되지 않았다. 관계와 맥락의 중요성, 관계에서 일어나는 도덕과 같은 것은 이성과 합리성, 보편적인 원칙을 중시하는 정의의 윤리에서 중요하게 고려되지 않았다.

콜버그의 도덕발달 단계가 남성 중심적이라고 비판한 길리건(Gilligan)은 여성들은 관계를 중시하며 돌봄과 배려의 윤리에 기초한 실천을 한다고 주장했다. 따라서 돌봄윤리가 도덕발달 과정에서 중요하게 고려되어야 함을 지적했다(Gilligan, 1994). 헬드(Held, 2017)는 정의윤리의 일반적인 적용을 우려하면서 돌봄윤리를 사적 영역에 국한시키는 것도 적절하지 않다고 지적했다. 돌봄윤리와 정의 윤리는 서로 다른 접근으로, 다른 가치와 도덕적 접근이 우선하는 다른 영역이 존재할 수 있다고 보고, 돌봄은 인간 삶의 기본적인 도덕적 가치라고 보았다. 또한 자유주의 도덕이론과 사고방식은 인간의 모든 삶에 적용되지 않는다고 지적했다.

나아가 키테이(Kittay, 2016)는 자율적이고 자립적인 인간을 전제한 롤스(Rawls)의 정의론을 비판했다. "'온전히 협력적인 사회 구성원'이 되기 위해서는 의존해야 하는 시기가 필수이고, 정의의 여건으로서 의존은 필수적"이라고 지적했다. 돌봄을 필요로 하는 인간의 '의존'이 인간의 필수 조건이라는 점을 분명히 했다. 또한 인간 의존의 정당성과 보편성, 비의존의 허구성을 인정하고 돌봄 관계가 정상적이고 보편적이라는 것을 반영하는 사회경제의 재구조화를 주장

했다. 인간은 독립적인 개인으로서 권리와 평등이 아닌 다른 사람과 돌봄과 의존을 통해 관계함으로써 나오는 평등한 관계임을 지적했다. 개인주의와 시장주의 패러다임은 돌봄 문제를 개인과 가정의 문제로 전제하고 돌봄에 대한 공적인 책임을 회피하거나 소홀히 한다는 점을 지적하며, 공적 기반을 둔 돌봄패러다임에 기초하여 사회구조가 재구축되어야 한다고 주장했다(Kittay, 2016).

돌봄에 대한 사회 구축을 위해서 키테이(Kittay, 2016, p. 200)는 '둘리아'의 공적 개념을 제시했다. 즉, 의존노동자에 대한 평등한 대우, 의존인에 대한 돌봄제공, 의존 관계에 대한 존중을 중요하게 보았다. 돌봄노동이 무급화, 저임금화, 여성화되어 왔다고 지적했다. 따라서 둘리아의 공적 개념을 사회가 담지하고, 제도적인 보장과 공적 인정이 필요하다고 주장했다.

키테이에 따르면, 인간은 상호 의존적이고 상호 의존은 돌봄 의존에서 출발한다. 돌봄윤리에 기초하여 모두가 돌봄을 받고 돌봄을 줄 수 있는 돌봄자 모델을 통한 보편적인 돌봄정책이 필요하다. 보편적인 돌봄정책에는 돌봄으로 파생되는 돌봄자의 의존을 뒷받침하기 위한 돌봄자를 돌보는 것까지 포함해야 한다. 아이를 키우는 일은 아이를 돌보고 보호하는 것 이상을 의미하며, 아이의 눈으로 바라보고 같이 관계를 맺으면서 성장하도록 하고, 장애와 같은 원인으로 조건이 다를 경우에는 심혈을 기울여 성장을 가능하게 하는 것이 돌봄이라고 주장했다(Kittay, 2016).

3. 돌봄국가와 돌봄민주주의

인간은 존재론적 본성상 돌봄 의존성을 가지고 있고, "타인을 돌봐야 할 돌봄 의무론이 있다(Engster, 2017, p. 68)." 엥스터(Engster)는 이런 돌봄 의무는 제도와 정책을 통해 제도화되어야 사람들이 돌봄을 잘 책임질 수 있다고 지적했다. 따라서 인간의 삶과 사회를 위해 돌봄의 기본선을 보장하는 것이 필요하며, 정의도 돌봄윤리 없이 완전할 수 없다고 보았다. 국민에게 충분한 돌봄 기본선을 보장하는 정부가 필요하고, 정부가 그것을 보장한다면 돌봄국가가 될 수 있다고 주장했다. 또한 돌봄자를 위한 돌봄을 제도화하는 돌봄국가로서의 역할이 필요하다고 주장했다.

엥스터가 돌봄의 불평등과 사회구조적 불평등과의 관련성을 중요하게 고려하지 않았으므로 트론토(Tronto, 2014)는 돌봄 불평등의 악순환이 어떻게 사회구조적 불평등과 연관되는지에 주목했다. 돌봄책임에 대한 불평등이 기회의 불평등으로 이어지고, 그것이 돌봄 책임의 불평등으로 이어지며, 또한 돌봄 불평등이 돌봄 가치와 수행자에 대한 불공정으로 이어지는 점을 밝혔다. 따라서 트론토는 돌봄민주주의를 통한 자유, 평등, 정의의 가치가 실현되기 위해서는 돌봄책임의 민주화가 중요하다고 지적했다.

트론토(Tronto, 2014)는 돌봄민주주의를 통해서 민주사회에서 추구하는 자유, 평등, 정의를 실현할 수 있다고 말했다. 돌봄민주주의를 위해서는 돌봄 이슈를 공적인 의제로 다뤄야 한다고 주장했다.

돌봄 조건을 평등하게 하고, 돌봄으로부터 면책되는 사람이 없도록 모두가 함께 돌보고, 시장 돌봄의 최소화와 돌봄에 대한 가치화를 통해 공정한 돌봄이 이루어져야 한다고 보았다. 또한 트론토는 돌봄의 악순환은 돌봄제공과 돌봄수혜 모두에서 나타난다고 지적했다. 예컨대, 돌봄을 덜 받는 아이는 교육과 보건의 보장 수준이 떨어지고, 사회경제적 지위가 낮으며, 이들의 부모는 경제적 자원의 부족으로 충분한 돌봄을 제공할 수 없다고 지적했다. 그 결과, 돌봄제공이 주로 유색 인종의 여성이나 이민자들의 저임금 노동으로 이루어지고 있다고 지적했다. 이들은 돌봄수행을 위해 사회경제적으로 열악한 지위에 있는 반면에 돌봄을 면책받은 사회경제적으로 우월한 지위에 있는 사람들은 돌봄에 대한 '특권적 무책임' 상태에 있다고 비판했다(Tronto, 2014). 따라서 돌봄윤리를 원칙으로 돌봄의 불평등과 부정의를 개선하고, 돌봄 의무에 대한 공적 책임을 제도화하고, 함께 돌보는 사회를 지향해야 한다고 주장했다.

4. 돌봄권과 아동권

돌봄은 돌봄을 주고받는 관계로 이루어지기 때문에 최상의 돌봄이 이루어지고 있는가를 보기 위해서는 돌봄인과 의존인 모두가 중요하다(Kittay, 2016). 따라서 돌봄권이란 돌봄을 할 권리와 받을 권리 둘 다를 포함한다.

초등돌봄을 논의하는 이 장에서 돌봄권은 부모권과 노동권을 포함하고, 돌봄을 받을 권리는 아동권 측면에서 사용한다. 돌봄권은 직접 아이를 돌볼 수 있는 권리인 부모권에서 나아가 부모가 아이를 직접 돌볼 수 없을 때 제도를 통해 아이를 안심하게 맡길 수 있는 것까지 포함한다. 부모권에서 '부모'는 이성애 규범에 근거한 생물학적인 부모만을 지칭하는 것은 아니다. 아이 돌봄의 주 책임자인 부모, 주양육자, 후견인 등을 포함한다.

요컨대, 돌봄권은 직접 아이를 돌볼 수 있는 권리와 직접 돌볼 수 없을 때 아이를 믿고 안심할 만한 기관에 보낼 수 있도록 제도를 이용하여 돌보는 권리도 포함한다. 아이의 부모나 주돌봄자가 일을 하는 경우에는 그들의 노동권을 유지할 수 있도록 보편적인 공적 돌봄 서비스의 확충이 중요한데, 사회적 돌봄 인프라 구축이 돌보는 사람의 노동권을 보장하는 전제 조건이라는 측면에서 사회적 돌봄 인프라의 구비도 돌봄권에 포함된다.

우리나라는 1990년 11월 20일에 UN아동권리협약(Convention of the Right of the Child)에 비준하였다. 돌봄과 관련하여 참여권 31조에 부모 또는 법정 후견인에 대한 양육 지원, 발달권 18조에 아동의 휴식·여가 보장권이 있다. 지역사회와 국가는 아동 양육을 위한 지원과 아동의 건강한 삶을 위한 적절한 조치를 해야 한다. UN아동권리협약에 근거해서 볼 때 아동이 받을 수 있는 돌봄 영역은 방과후 보호, 아동학대와 방임으로부터의 보호, 지역사회 내의 예방적 보호, 가정 외 보호 등을 포함한다(이봉주, 2012). 아동들의 돌봄을 받을 권리인 방과후 보호도 아동권 차원에서 중요함을 알 수 있다.

아동기는 지능 발달, 신체 발달, 정서 발달, 사회 발달 등이 이루

어지는 중요한 시기다(최옥채 외, 2015). 아동 발달에 대한 연구는 여러 학문 분야에서 이루어져 왔는데, 인본주의 학자인 로저스(Rogers, 2009)는 어린 시절의 무조건적인 긍정적 관심[1]이 중요하다고 보았다. 기존 연구에 따르면, 어린 시절의 경험이 이후 삶의 방식, 태도, 학습에도 영향을 끼친다. 따라서 아동의 성장에 필요한 생활양식과 에너지를 공급하는 교사나 부모의 역할이 중요하다. 방과후 아동들은 돌봄교사나 다양한 교사와 시간을 보내기 때문에 이들의 역할 또한 중요하다.

초등 시기 아동 발달에 영향을 주는 요인에는 부모의 태도, 아동의 능력, 교사의 태도 등이 있다(최옥채 외, 2015). 아동들이 매 단계마다 타인 간의 관계를 어떻게 형성, 유지, 발전시켜 나가느냐가 아동의 심리적 스키마 형성에 영향을 미친다. 심리적 스키마는 이전의 경험과 어떤 시간의 지식이 반영되어 나타난다(Schunk, 2016). 따라서 방과후 돌봄교실이나 다양한 기관에서 많은 시간을 보내고 있는 아동들이 각 기관에서 누구와 어떤 관계를 맺고 어떤 환경에서 어떻게 시간을 보내느냐 하는 것은 아동의 발달과 밀접한 연관이 있다. 종합적인 발달이 잘 이루어지기 위해서는 아동의 발달에 주의 깊은 관심과 민감한 반응 및 지지가 필요하다. 따라서 초등돌봄서비스의 질은 아동의 적절한 돌봄을 받을 권리라는 측면에서 중요하다.

---

1) 무조건적인 긍정적 관심은 '있는 그대로 그 사람을 수용하고 존경하는 것이며, 그 존재 자체로서 귀중한 사람이나'라고 평가받고 사랑받는 분위기를 제공하는 것이다.

5. 돌봄민주주의와 초등돌봄정책

트론토(Tronto, 2014)는 돌봄의 민주주의 없이 진정한 의미의 민주주의는 실현될 수 없다고 주장했다. 누가 돌봄을 책임지고 있고, 누가 돌봄으로 면책되어 있는가를 지적하며 돌봄부정의를 지적했다. 돌봄책임을 더 많이 가지고 있는 경우에는 기회에서의 불평등을 경험하고, 돌봄책임의 불균형으로 돌봄의 불평등이 고착화된다. 또한 시장에서 낮은 가치로 이루어지는 돌봄노동은 돌봄을 주로 담당하는 사람들이 낮은 대가를 받으며 유입된다. 저평가된 돌봄노동은 낮은 돌봄의 질로 이어져서 돌봄의 악순환이 지속되고 있다고 지적했다.

돌봄민주주의와 관련한 국내 연구는 서울시 가족 정책에 대한 분석(송다영, 백경흔, 장수정, 2017), 보육 정책 분석(백경흔, 송다영, 장수정, 2017), 중장년층의 이중 돌봄에 대한 분석(백경흔, 송다영, 장수정, 2018), 소득과 시간 빈곤에 대한 분석(신영민, 김희강, 2019) 등이 있다. 영유아를 중심으로 한 보육 정책 분석을 보면 돌봄에 대한 정책적 한계로 한국 사회는 돌봄으로 인한 부정의가 재생산되어 왔다(백경흔, 송다영, 장수정, 2017). 성별로 시간 사용 차이가 뚜렷하며, 가구별·계층별·연령별 시간 불균형 역시 크다.

육아와 관련하여 아빠들의 긍정적인 변화에도 불구하고 여성들은 '독박육아'의 어려움을 호소한다. 특히 모의 부모 집 근처로 이사하여 자녀의 양육을 부모에게 의존하는 경향도 높아져서 아이의 양

육이 조부모로 이전되는 현상이 나타난다. 돌봄정책이 확대되었으나 가족 구성원에게 상당히 의존하고 있다는 사실은 돌봄에 대한 공적 책임의 확대가 필요한 이유이다. 한국 사회의 보육정책은 기존의 돌봄부정의에 대한 성찰 없이 이루어져 왔다. 그 결과 정부가 보육정책을 확대함에도 불구하고 돌봄의 성별화·계층화 현상은 여전하고, 돌봄에 대한 가치도 크게 향상되지 못했다(백경흔, 송다영, 장수정, 2017).

돌봄민주주의에 기초하여 분석한 기존의 연구는 돌봄권에 대한 분석에 초점이 맞추어져 있다. 즉, 부모들의 직접 돌봄에 있어 돌봄책임의 불평등, 불평등으로 인한 부정의, 직접 돌볼 수 없을 때 제도적인 미비로 돌봄 주 책임자의 노동권이 침해되어 경력 유지의 어려움이나 고용 기회 제한이 되는 문제에 초점을 두었다. 돌봄책임의 성별화로 인한 책임의 불균형과 돌봄노동에 대한 부정의의 악순환에 대한 분석하였다.

그러나 돌봄은 관계로 이루어지기 때문에 돌봄민주주의를 실현하기 위해서는 직접 돌보는 사람의 돌봄권도 중요하지만 돌봄노동자의 권리, 돌봄을 받는 사람이 좋은 돌봄을 받을 권리까지로 포괄해야 한다. 따라서 초등돌봄에 대해서도 돌봄권과 아동의 돌봄받을 권리 두 가지 모두를 고려한 분석이 중요하다. 이 장은 돌봄민주주의 관점에 기초하여 자유, 평등, 정의라는 맥락에서 초등돌봄서비스 제도를 분석하고 개선 방향을 제시한다.

초등학교 저학년 2,116명을 대상으로 한 아동의 방과후 돌봄공백의 영향 요인을 분석한 연구결과를 보면 맞벌이, 부모가 4년제 대졸 이상, 형제자매가 있는 가족이 돌봄공백이 많고, 돌봄공백이 학교 학습 활동 적응에 부정적인 영향을 끼쳤다(임혜정, 2017a, 2017b). 학습적인 환경적 요소도 아동의 발달에 중요하다. 뇌에 적합한 환경과 분위기는 학생들의 상태(감정적, 정신적, 신체적)를 직접적으로 통제하는 세로토닌(행복), 아드레날린(행동), 도파민(찬양), 코르티솔(건강한 관심) 같은 화학 반응이 나오는 것을 돕는다. 반면에 위협적이고, 처벌적이며, 당황스러움을 유발하는 다른 부정적인 요소들은 두뇌에 적대적이다. 이러한 환경은 아드레날린(공격 또는 도주 센터)이 경계 상태가 되는 화학 반응을 일으키거나, 학습을 더디게 하고 방해하는 요인이 된다(Jensen, 2005). 이런 맥락에서 볼 때 방과후 학습기관의 돌봄 환경은 아이들의 성장과 발달에 중요하다.

초등 아동에 대한 돌봄공백이 아동의 인지적·정서적·사회적 영역 등의 아동 발달과 어떤 연관이 있는지에 대한 연구에 따르면, 방치가 아동 발달에 부정적인 영향을 끼쳤다(이봉주, 조아라, 2011). 특히 초등학교 고학년 시기의 방과후에 아동들을 방치하면 학업성취도가 감소하고 내재화 문제가 증가한 것으로 나타났다. 따라서 방과후 아동의 발달 단계에 따른 적절한 돌봄이 필요하고, 아동 발달을 고려한 정책적 지원과 서비스가 이루어질 필요가 있다.

초등돌봄과 관련하여 아동의 돌봄받을 권리 측면에서 분석한 연구는 거의 없다. 그동안 아동에 대한 돌봄정책에서 부모들의 노동권의 절박성과 중요성이 부각되다 보니 상대적으로 아동의 권리가 담론화되지 못했다(백경흔, 2015). 다만 돌봄서비스 안에서 아동의 선택권 또는 자기결정권에 대한 연구는 있다. 관련 연구를 보면 초등

돌봄교실에서는 아동의 자율권과 선택권이 없다(김선혜, 2015). 초등 시기의 아동 발달을 고려할 때 아동권의 관점에서 적절한 교육과 돌봄이 수반될 필요가 있다(김선혜, 2015).

한편, 초등 공동육아 방과후협동조합을 연구한 장수정(2019)의 연구에 참여한 응답자에 따르면, 현재 초등돌봄교실이 아동의 발달을 고려한 돌봄보다는 그 공간에서 시간을 보내다가 다른 곳으로 이동하는 정거장과 같은 기능에 그치고 있어서 부모가 퇴근하기 전에 충분하게 돌봄교실에 있을 수가 없어서 공동육아 방과후를 선택했다고 한다. 부모들이 조합원으로 함께 운영하는 공동육아 방과후 교사는 아동의 발달을 고려한 사회적·심리적·정서적 돌봄에 대한 고민과 함께 아이들의 성장을 도모하는 역할이 중요하다고 설명한다(장수정, 2019). 공급자의 관점보다는 아동의 관점을 중요하게 고려하고 있음을 알 수 있다.

초등 아동들의 돌봄수요는 늘어나고 있음에도 불구하고 방과후 돌봄을 원하는 아동은 누구나 돌봄을 받을 수 있는 권리라는 측면에서 봤을 때 여전히 미흡하다. 2024 늘봄학교를 시행하고 있지만 아직 제한적이다. 지역아동센터의 경우에도 거리 및 자격 요건 등으로 제한적이다. 아동이 어떤 환경에서 누가와 어떻게 시간을 보내고, 아동을 어떻게 보살피느냐는 아동 발달과 상당한 관련이 있다(Schunk, 2016). 그런 만큼 돌봄 환경과 돌봄의 질 제고는 아동의 관점에서 매우 중요하다. 학교 교육만큼 방과후 아동이 참여하는 프로그램의 질은 아동의 발달 및 성취와 관련이 있다. 방과후는 아동의 학업성취, 어떤 일을 지속하는 능력, 일 습관의 향상, 공부 기술, 감정과 태도의 향상 등과 연관이 있다(Little, 2007). 따라서 초등 방과후 돌봄에 대한 질 제고가 중요하다.

6. 사례 배경

이 장의 연구는 초등돌봄교실이 어떻게 부모와 아동의 권리를 전제하고 있는지 살펴보고, 돌봄민주주의 관점에서 초등돌봄정책의 방향을 모색한다. 〈표 7-1〉은 트론토(Tronto, 2014)가 돌봄민주주의에서 언급한 자유, 평등, 정의의 틀을 부모권과 아동권으로 범주화한 것이다. 또한 키테이(Kitty, 2016)의 돌봄의 관계성 관점에 기초하여 부모와 아동 모두의 측면에서 분석한다.

트론토는 우리의 믿음은 제도와 실천에 의지하고, 제도와 실천은 다시 믿음을 강화하고 있다고 지적하며 민주적 제도가 민주적 가치를 얼마나 잘 구현하고 있는지 질문했다. 따라서 돌봄제도와 실천에 대한 전제를 분석하는 것은 민주적인 돌봄제도와 실천을 모색하는 데 중요하다. 구체적인 제도와 분석을 위해서 돌봄 관계에 있는 주체들의 관점이 반영되어야 하고, 그런 점에서 부모권과 아동권의 관점을 포함한다.

〈표 7-1〉을 통해, 첫째, 자유에서 초등 자녀를 둔 부모들이 직업을 선택하거나 유지할 수 있는 기회의 평등이 주어지는 조건인지를 초등돌봄제도를 통해 살펴볼 필요가 있다. 아동의 입장에서는 부모가 자신을 돌볼 수 없는 경우에 돌봄참여의 기회가 보장되어 있는

지, 돌봄서비스 내에서 본인의 선택 등의 기회가 주어지는지를 봐야 한다.

둘째, 평등에서 누가 돌봄책임을 지고 있는가를 살펴볼 필요가 있다. 다양한 주체가 함께 돌보는지를 살펴볼 필요가 있다. 부모권의 측면에서 부모의 돌봄책임을 어떻게 전제하고 있는지를 살펴봐야 한다. 아동의 입장에서 누구로부터 방과후 시간에 돌봄을 받고 있는지를 살펴볼 필요가 있다.

셋째, 초등돌봄의 공적 서비스가 어느 정도 이루지고 있는지, 돌봄제공 서비스의 질은 어떤지를 살펴본다. 아동의 입장에서 지역, 아동의 연령, 부모의 조건 등에 상관없이 좋은 돌봄서비스가 동등하게 주어지는지 살펴볼 필요가 있다.

우에노(Ueno, 2024)는 돌봄의 인권으로 데일리(Daly)의 돌봄을 할 권리, 돌봄을 받을 권리, 돌봄을 하라고 강요당하지 않을 권리에다가 돌봄을 받으라고 강요당하지 않을 권리를 추가하여 네 가지로 제시했다. 앞에서 언급한 분석 단위에는 부모들의 돌봄을 할 권리, 아이들의 돌봄을 받을 권리, 돌봄의 사회화와 공적 돌봄정책 강화로

표 7-1 분석 단위

범주	돌볼 수 있는 권리(돌봄권) (부모권과 노동권)	돌봄을 받을 권리(돌봄수혜권) (아동권)
자유	기회(초등돌봄 이용, 직업 유지 및 선택)	기회(돌봄참여, 돌봄 내 선택권)
평등	책임의 분배(공식·비공식 책임)	돌봄의 수혜(공식·비공식 포함)
정의	공정성(공적 돌봄 접근성 및 질)	공정한 돌봄(돌봄의 질)

돌봄을 하라고 강요당하지 않을 권리를 포함한다. 그러나 좋지 않은 돌봄을 받으라고 강요당하지 않을 권리까지 포함하려면 부모들의 노동시간 단축, 신뢰할 만한 돌봄 공동체 생태계와 안전망이 필요하다. 이 장의 연구에서 마지막은 논의에 포함되어 있지 않다.

7. 돌봄민주주의 관점에서 분석한 초등돌봄

1) 자유: 부모 조건에 근거한 이용 접근성과 돌봄교실 이용 대상 및 시간의 제약

초등돌봄교실을 이용하기 위해서는 부모의 조건에 따라 이용 가능 여부가 결정된다. 부모가 저소득이거나 맞벌이일 경우에 신청할 수 있고, 지역아동센터의 경우에는 부모가 저소득일 경우에 우선 이용할 수 있다. 정원이 초과됐을 경우에는 신청자 중 추첨을 통해 선정된다. 이용 대상은 초등학교 저학년이며, 이용 시간은 오후 5시까지이다. 2018년 한국여성정책연구원의 초등돌봄 실태와 수요조사(〈표 7-3〉 참조)에서 공적 돌봄서비스 미이용자의 미이용 사유를 보면 이용 자격 기준 때문에 이용하고 싶어도 이용할 수 없는 경우가 가장 많았고, 이용 시간 등의 제약으로 이용하기 어렵다는 것이 다음으로 많았다.

돌봄교실의 경우에는 부모 중 한 명만 취업자인 경우나 취업 준비를 위해 돌봄교실을 이용하고 싶어도 이용할 수 없다. 아동의 보호

표 7-2 돌봄민주주의 관점에서 분석한 초등돌봄[2)]

범주	부모권(돌봄권+노동권)	아동권
자유	**초등돌봄교실** -부모 취업 조건, 추첨제, 5시까지 돌봄 -1, 2학년만 가능	
	-경력 지속의 어려움(경력단절 현상, 휴직 증가) -복직, 재취업의 어려움	-아동의 돌봄 필요성보다 부모의 조건에 따라 이용 여부 결정
평등	**초등돌봄교실** -한 명의 돌봄교사 책임 -비공식 지원 및 시장 의존	
	-학교: 돌봄교사 위주의 책임/ 모 참여에 의존 -주로 모와 조모의 책임 현상	-제한적인 공급으로 동등한 돌봄 기회를 갖지 못함 -양극화로 인한 돌봄 격차
정의	**초등돌봄교실** -초등돌봄교사의 처우 및 협력 체계 부족 -돌봄서비스의 질 제고와 관리 체계 부족	
	-공적 서비스 부족과 사교육 시장 의존 -돌봄 신뢰/지속성 부족	-돌봄의 여건 차이로 질적인 격차 발생 -공적 서비스 제한(시간)으로 시장 돌봄 의존 병행, 적절한 돌봄권 미흡

---

2) 분석 결과(〈표 7-2〉 참조)를 구분하기 위해 자유, 평등, 정의로 나누어 제시되었지만, 트론트(Tronto, 2014)가 언급한 대로 이 세 가지 요소는 악순환의 고리로 이어지고 있기 때문에 해당 분류 안에서 고정되어 있다고 보기는 어렵고 넘나들며 연결되어 있다고 볼 수 있다.

표 7-3. 공적 돌봄서비스 미이용자의 미이용 사유

(단위: %)

구분		이용 시간대가 맞지 않아서	이용자격 기준이 되지 않아서	이용 신청을 하였으나 탈락해서	주변에 해당 시설이 없어서	공적 방과후 돌봄 서비스를 알지 못해서	서비스의 질에 믿음이 가지 않아서	원하는 프로그램이 제공되지 않아서	자녀가 가고 싶어 하지 않아서	방과후 집에 부모나 조부모 등이 있어서	기타
전체		14.2	14.6	6.4	6.5	3.4	9.8	8.2	12.4	24.1	0.5
학년별	1학년	13.6	15.3	7.7	7.9	3.3	10.4	4.8	8.1	28.4	0.4
	2학년	9.2	11.2	12.5	6.2	2.6	10.3	8	11.8	27.6	0.5
	3학년	14.1	18.9	6.6	8.4	3.2	8.4	7.3	12.6	19.9	0.6
	4학년	17.3	16.1	2.2	5.1	2.6	10.1	10	12.3	23.7	0.5
	5학년	16	13.3	5	4.5	3.4	10.3	10.6	13.5	23.5	-
	6학년	15.2	11.8	4	6.4	5.8	9.3	8.8	16.5	21.2	1
맞벌이 여부	맞벌이	17.9	14.8	8	7.9	4.6	11.2	8.9	13.3	13	0.6
	비맞벌이 가구	9.6	14.4	4.5	4.8	2	8	7.3	11.2	38.1	0.3

가구소득											
200만 원 미만	11.3	10.9	13.3	2.9	3.4	12	6.4	13.8	26	—
200~300만 원 미만	14.9	18.2	7.9	5.9	1.9	7.7	3.3	15.4	24.8	—
300~400만 원 미만	14.3	15.5	5.1	9.4	3	5.6	5.8	14.9	25.3	1.1
400~500만 원 미만	12.2	16.7	4.5	6.3	3.2	8.1	7.7	11.7	29.2	0.5
500~600만 원 미만	15.8	14	7.7	6	2.9	10.5	9.3	11.5	22.2	0.3
600만 원 이상	14.4	12	6.8	5.6	4.8	13.8	10.5	11	20.6	0.4

출처: 김영란 외(2018) 초등학생 돌봄 실태 파악 및 수요분석 연구, p. 64

와 돌봄을 위해 부모나 아동이 이용하고 싶어도 부모의 조건이 되지 않으면 이용할 수 없다. 이처럼 초등돌봄교실을 이용하기 위해서는 부모 또는 아동의 필요에 따라 누구나 이용할 수 있다기보다는 부모의 조건이 부합되어야 한다.

　돌봄을 필요로 하는 초등 아이들에 대한 공적 돌봄제도의 미비는 맞벌이 부모, 특히 모의 경력 단절로 이어진다. 부모의 경력 단절에 영향을 끼칠 뿐만 아니라, 조부모의 돌봄책임으로 이어진다. 이러한 현상은 초등돌봄정책이 키테이(Kittay, 2016)가 언급한 돌봄자의 돌봄정책3)이 부재하기 때문이다. 예컨대, 일하는 부모가 돌보는 일을 해야 할 때 또는 장애가 있는 아이의 엄마가 아이를 돌보면서 경력을 유지해야 할 때 제도적으로 뒷받침해 주고 있지 못하다.

　초등돌봄교실은 이용 가능한 인원이 정해져 있다. 그 정원에 한하여 부모의 조건이 되는 초등학교 저학년 대상 중 추첨을 통해 선정된 아이들이 학기 중에만 5시까지 이용할 수 있다. 방학에는 오전에 짧게 이용하는 것이 일반적이다. 이런 점에서 초등돌봄교실 정책은 가정 내에 전일제 돌봄자 또는 돌봄교실 이용 외의 시간을 가정에서 할 수 있다는 전제 또는 가정에서 그러한 돌봄공백을 책임져야 한다는 전제가 있다. 돌봄이 필요할 때 누구나 쉽게 접근할 수 있는 제도가 마련되지 못한 점에서 부모들의 돌봄권이 확보되지 못한 것이다. 그 결과, 아이들의 돌봄받을 권리뿐만 아니라 부모들의 노동권도 제

---

3) 여기서 돌봄자란 아이를 키우는 엄마를 포함하여 의존자를 돌보는 돌봄노동자에 이르기까지 돌보는 일을 하는 사람 모두를 포괄한다.

약을 받는다. 따라서 부모들은 자신의 개인적인 가족 자원과 시장에서 돌봄서비스를 구매할 수 있을 만큼 경제적인 여건이 뒷받침되지 않으면 노동 시장 접근과 유지를 위한 기회에서 어려움을 경험한다.

부모의 조건과 자원은 아동의 돌봄받을 권리와 연관된다. 개별적으로 가족 자원을 이용하거나 시장에서 돌봄서비스를 구매할 수 있는 아이들과 그렇지 못한 아이들의 돌봄받을 권리의 양극화가 발생한다. 아동의 입장에서 돌봄받을 권리가 부모의 취업 여부 등의 조건에 의해 결정된다는 점에서 돌봄받을 기회에서 부정의가 발생한다. 초등돌봄정책이 맞벌이가구의 일과 가족의 양립 지원과 맞물려 시작되었기 때문에 돌봄정책이 상대적으로 부모의 이해에 초점이 맞추어져 있어서(물론 그것도 완벽하게 맞추어져 있지는 않지만) 아동의 관점과 이해는 상대적으로 소홀해 왔다(백경흔, 2015).

초등학교 1학년의 하교 시간은 영유아 보육 기관의 하원 시간보다 빠르다. 저학년의 경우에는 보통 4교시 또는 5교시 수업을 하는데, 4교시의 경우에는 1시에 마치고, 5교시 수업은 2시에 마친다. 따라서 추첨에 '당첨'되지 않으면 초등학교 입학 후 돌봄공백에 직면한다. 돌봄이 필요한 아동이 돌봄교실을 이용할 수 없거나, 돌봄교실을 이용하는 아동일지라도 이용 시간이 5시까지여서 필요한 만큼 충분히 돌봄교실을 이용하지 못한다.

초등돌봄공백으로 나 홀로 아이들이 증가하고 있다(서울시건강가정지원센터, 2017; 여성가족부, 2015; 임혜정, 2017a, 2017b). 여성가족부에 따르면, 초등학생 37%가 평균 한 시간 이상 홀로 지낸다. 한부모자녀의 경우에는 장시간(4시간) 혼자 보내는 아동이 많았다(여성가족부, 2015). 초등학교 저학년 10명 중 1명은 성인 보호자의 적절한 돌봄 없이 주당 9시간을 보내는 것으로 나타났다. 맞벌이가구일수록, 형제자매가 있을수록, 소득이 낮을수록, 학년이 올라갈수록 돌봄공백이 증가했다(임혜정, 2017b).

초등돌봄서비스는 선별적인 방식으로 최소한의 수요를 충족시키는 방식으로 이루어지고 있다. 수요자에 부응하는 공급보다는 한정된 예산으로 공급자가 공급할 수 있을 만큼만 제공한다. 따라서 직업이 없는 부모가 취업 준비를 위해 아이를 돌봄교실에 보내고 싶어도 돌봄교실을 이용할 수 없고, 돌봄서비스가 필요해도 서비스를 받지 못하는 아이들이 존재한다. 부모와 아동의 권리가 보장되기 위해서는 초등돌봄서비스가 필요에 따라 누구나 이용할 수 있는 보편주의적인 방식으로 이루어질 수 있도록 해야 한다.

2) 평등: 초등돌봄전담사를 넘어 함께 돌봄

맞벌이 증가 및 소가족화로 인한 가족 구조와 사회적인 변화로 초등돌봄에 대한 수요와 욕구가 증가했음에도 불구하고 교육받을 권리만큼 모든 아동이 돌봄받을 권리가 있는 대상이라는 담론은 중요하게 부각되지 않았다. 교육기관의 구조 및 체계 역시 교육과 돌봄을 분리해 왔다. 예컨대, 돌봄교실의 돌봄전담사와 교사들의 업무 협력과 교류가 이루어지지 않고, 돌봄전담사는 학교 시스템과 분리되어 역할을 맡고 있다(김현미, 신지원, 2016). 초등학교 내 돌봄서비스와 제도는 매우 제한적이고 초등돌봄교실에 관여하는 주체 역시

돌봄전담사로 한정된다. 초등 교육은 의무교육으로 모든 아동에게 교육받을 권리를 보장하지만, 초등돌봄은 모든 아이의 돌봄을 보장하기 위한 것으로 구조화되어 있지 않다. 초등돌봄교실에 대한 근거법도 없다. 초등학교가 교육기관으로서의 정체성은 가지고 있지만, 돌봄을 책임지는 기관으로서의 정체성을 담보하고 있지 않기 때문이다.

초등돌봄정책의 경우에 방과후 돌봄서비스에 대한 문제도 있지만, 수업 전(pre-care) 돌봄서비스도 부재하고 방학 중 돌봄서비스도 오후 2시까지로 제한적이다. 2018년 한국여성정책연구원의 조사에 따르면, 아침 시간대의 돌봄서비스 이용 의향이 31.4%이고, 맞벌이의 경우에는 39.4%로 나타났다. 방학 중 평일에 자녀가 혼자 보내는 시간은 평균 212.5분으로 학기 중 평균 146분보다 훨씬 길었다(김영란 외, 2018). 부모의 일하는 시간과 아이들의 등하교 및 방학 시간이 충돌하여 돌봄의 사각 시간대가 하루 중 여러 번 있다. 단기 방학이나 계절 방학의 경우에는 공백이 심하고, 이런 공백이 연중 여러 차례 발생한다.

초등돌봄공백에 대한 문제를 해결하기 위해서는 트론토(Tronto, 2014)의 주장대로, 초등돌봄에 대한 공적 의제화가 필요할 뿐만 아니라 학교 안팎의 모든 주체가 함께 돌봄에 참여하는 것이다. 초등 아이들의 돌봄 필요에 대한 통합적인 파악과 돌봄의 연속성과 민감성을 위해서 돌봄전담사와 학교 교사들과의 소통과 협력을 위한 체계가 필요하다. 또한 초등 아이들은 교육과 돌봄이 모두 필요하다는 인식하에 교육과 돌봄의 연계 체계가 필요하다.

돌봄공백을 메우기 위해 부모들은 시장에서 돌봄을 구매하거나, 사교육을 시키거나, 비공식 자원을 동원한다. 학교에서는 초등돌봄전담사가 돌봄을 담당하는 반면에 가족 내에서는 주로 모와 조모가 돌봄을 책임진다. 2017년에 서울 시민들을 대상으로 초등학생이 있는 맞벌이 127명을 조사한 결과, 아침 시간에 충돌이 가장 많았고, 남성들보다 여성들의 시간 충돌이 더 많았다. 돌봄공백을 해결하기 위해 맞벌이가구는 조부모나 베이비시터 등의 도움을 받았다(송다영, 장수정, 백경흔, 2017). 상당수의 부모는 아이들을 학원에서 학원으로 이어지는 스케줄을 만들어 방과후 시간을 보내게 한다. 일부 아이들은 홀로 또는 형제자매끼리 시간을 보낸다. 비공식 자원이 없거나 경제적으로 어려운 가구의 경우에는 수업 전 시간과 방학 때 돌봄공백이 더욱 심하다.

요컨대, 교육과 돌봄이 긴밀하게 연계되도록 하고, 가능한 모든 자원을 활용하여 제도적으로 함께 돌봄이 이루어질 때 돌봄공백을 줄일 수 있다. 학교와 지역사회에서 초등 아이에 대한 공적 돌봄을 확대함으로써 돌봄책임으로 인해 비공식 영역에서 발생하는 불평등을 최소화할 필요가 있다. 더불어 비공식 영역에서 돌봄책임이 평등하게 이루어질 수 있도록 노동 시간 축소 및 돌봄의 성별화를 지양하는 사회·문화적인 변화와 노력이 뒤따라야 한다.

3) 정의: 사교육 시장 의존에서 돌봄서비스의 공공성 확대로

초등돌봄교실은 서비스 시간이 5시까지여서 2018년 초등돌봄 실태조사를 살펴보면 아이들이 혼자 있는 시간이 5시 30분에서 6시가 가장 많고, 그다음이 4시 30분에서 5시, 6시에서 6시 30분 순이었다(김영란 외, 2018). 이러한 공백 시간에 맞벌이가구 초등 자녀들이 어떻게 방과후 시간을 보내는지 살펴보면 절반 이상이 자녀들을 학원에 보내고 있었다. 다음으로, 방과후 학교, 조부모나 친가, 외가에서 보냈다. 아이들끼리 있는 경우도 8.2%였다(〈표 7-4〉 참조).

초등 아이들이 방과후에 학원을 많이 가는 이유는 학습에 대한 필요성도 있지만 공적 서비스 기관에서 제공하는 서비스의 질에 대한 불만도 작용했다. 지역아동센터의 경우에는 체계적이지 않고 서비스 질의 문제뿐만 아니라 공공성 측면에서도 취약하다는 평가가 있

표 7-4 초등학교 돌봄 유형별 맞벌이가구 수

(단위: 개, %)

부모	조부모, 친가, 외가	기타 가족 또는 친인척	가사 도우미, 이웃 사람	유치원	어린이집, 놀이방	기타 보육시설	방과후 학교	학원 (예체능 포함)	혼자, 아동끼리 방치
3,304 (18.0)	1,718 (10.2)	201 (1.2)	201 (1.2)	20 (1.2)	27 (0.2)	242 (1.4)	4,484 (26.6)	8,587 (50.9)	1,380 (8.2)
18.0%	1,919 (11.4%)			13,561 (80.4%)					8.2%
16,860(100%)									

출처: 김영란 외(2018). 초등학생 돌봄 실태 파악 및 수요분석 연구 재구성.

다(이봉주, 2012). 공적 서비스 질에 대해 신뢰하지 않는다는 응답이 약 10%에 이르렀다(〈표 7-3〉 참조).

〈표 7-5〉를 보면 초등 아이들이 이용할 수 있는 공적 돌봄서비스는 많지만 산발적이고, 기관 간에 연계가 부족하여 서비스 전달 체계 개선이 필요하다(이보람 외, 2018). 돌봄교실 종사자들과 지역아동센터 등 초등돌봄 종사자들의 지위와 처우도 좋지 않았다(김현미, 신지원, 2016). 돌봄교사의 근로 여건 개선, 대체 인력 확충, 학교 교사와의 협조가 필수적이다.

또한 초등돌봄 기관으로서의 정체성을 분명히 할 필요가 있다. 아동기 발달에 해당되는 심리적 · 정서적 · 사회적인 측면의 발달이 고루 이루어질 수 있도록 통합적인 돌봄이 필요하다. 아동의 관점에서 적절히 돌봄을 받을 권리, 발달 단계에 따라 돌봄을 받을 권리의 보장이 필요하고, 돌봄 안에서 아동의 선택할 권리가 보장될 필요가

표 7-5 공적 돌봄서비스 미이용 사유별 탈락한 돌봄 유형 (단위: %)

구분	시간대가 맞지 않아서	이용 자격 기준에 해당하지 않아서	이용 신청을 하였으나 탈락하여서
초등돌봄교실	36.5	47.8	43.6
방과후 학교 연계형 돌봄교실	31.6	24.1	32.5
지역아동센터	7.9	14.9	8.1
방과후 아카데미	20.8	8.4	13.9
아이 돌봄서비스	1.7	4.8	1.8
기타	1.4	-	-

출처: 김영란 외(2018). 초등학생 돌봄 실태 파악 및 수요분석 연구, p. 65.

있다(장수정, 2019). 부모의 노동 시간이 현실적으로 단축되지 않거나 단축할 수 없는 사람들을 위해 장시간 돌봄서비스 제공도 중요하지만 키테이(Kittay, 2016)가 언급한 '엄마 품 같은' 돌봄[4]이 이루어질 수 있도록 돌봄의 질에 대한 고려 역시 중요하다.

초등 방과후 인프라가 부족한 상황에서 부모들이 방과 후에 아이들을 어디에서 지내게 할 것인가를 결정할 때 개별 가구의 자원, 부모의 가치관, 학습 환경에 대한 기대치, 돌봄 환경 등 다양한 요소가 영향을 끼친다. 부모들은 학습을 위해 학원에 보내거나 안전을 위해 방과 후에 아이들을 주로 실내에서 보내게 한다(신호정, 2016). 맞벌이의 경우에는 돌봄공백을 없애기 위해 학원에 보내는 경우가 많다(신호정, 2016; 이재희, 김근진, 엄지원, 2017). 아동의 발달을 고려하기보다는 부모들의 교육관과 가치, 모의 취업 여부 등이 방과 후에 아이들을 어디서 어떻게 보내게 하는지에 영향을 끼친다(신호정, 2016). 특히 아이들이 어디에서 안전하게 보낼 수 있는가가 방과 후 스케줄을 결정하는 데 중요한 요소로 작동한다. 헬드(Held, 2017)는 관계를 중심으로 이루어지는 돌봄이 제대로 이루어지기 위해서는 시장 영역이 축소될 필요가 있다고 지적했다. 그러나 부모들은 돌봄을 위해 학원과 같은 사교육 시장에 상당 부분 의존하는 것이 현실이다.

지역아동센터 운영 종사자들을 대상으로 한 연구에 따르면, 아

---

[4] '엄마 품'이라는 것이 여성의 모성적 역할을 강화하는 듯한 표현이어서 논란의 여지가 있지만, 키테이는 '엄마 품 같은 돌봄'이 가능한 조건을 실현하는 것이 '정의의 여건' 중 하나를 구성한다고 주장했다. 노동으로서의 돌봄과 관계로서의 돌봄, 즉 돌봄의 관계가 평등하게 이뤄질 수 있는 조건이 돌봄의 질을 위해 중요하다고 주장했다.

동의 발달과 이익을 최우선으로 하는 서비스가 되기 위해서는 공적 서비스가 중요한데 특히 선별적인 서비스에서 아동권에 기초한 보편적인 서비스로의 패러다임 전환이 무엇보다 중요하다고 지적했다(이보람 외, 2018). 초등돌봄에 대한 보편적인 서비스는 수요자들이 돌봄공백이 발생할 때 제약 없이 접근할 수 있도록 하는 것이다. 2018년 한국여성정책연구원 조사에서 방과후 돌봄서비스에서 가장 중요한 것으로 응답자의 59.9%가 접근성을 꼽았다. 물리적 접근성을 가장 중요하게 꼽았고, 다음으로 서비스의 접근성이 중요하다고 응답했다(김영란 외, 2018). 모든 초등돌봄 기관의 이용 자격을 없애고, 돌봄이 필요한 사람들이 집 근거리에서 서비스를 이용할 수 있도록 하는 것이 중요하다. 지역에 상관없이 동등한 돌봄서비스를 받을 수 있도록 하는 체계와 지침이 필요하다. 이러한 접근성은 방과후, 주말, 방학 등에도 중단 없이 이루어질 수 있도록 해야 한다. 특히 아동기 발달을 고려하여 적절하고 질 좋은 돌봄을 받을 수 있도록 하는 것이 필요하다. 보편적인 공적 초등돌봄서비스 체계 구축이 필요하다. 미국을 비롯한 유럽 나라들의 초등 방과후 돌봄서비스가 1970년대 전후에 발달한 데 비해 우리나라는 공적 초등 방과후 돌봄서비스는 2000년대 초반에 지역아동센터를 시작으로 이루어졌다. 방과후 내용의 경우, 다른 나라들은 여가를 중심으로 이루어지는 반면에 우리나라는 교과 지원을 중심으로 이루어지고 있다(윤향미, 조문석, 오재록, 2013). 초등 아이들이 돌봄을 받는 동안에 아동 발달에 필요한 적절한 자극을 받으며 다양한 활동을 할 수 있도록 할 필요가 있다.

8. 논의

　가족별 상황에 따라 아동의 돌봄 필요는 차이가 있겠지만 일반적으로 초등 아이들은 돌봄이 필요한 시기이다. 공적 방과후 돌봄서비스 공급량은 33만 가구 정도인데, 최대 수요가 약 118만 가구에서 146만 가구이다(김영란 외, 2018). 초등 방과후 돌봄서비스는 수요에 비해 공급이 부족한 실정이다. 수요 대비 공급 부족은 조부모의 돌봄 부담 증가에 영향을 끼친다(백경흔, 송다영, 장수정, 2018).

　초등돌봄서비스와 관련하여 문제점과 개선점은 다음과 같다. 첫째, 초등돌봄서비스를 이용하기 위해서는 아동의 돌봄 필요보다 부모의 조건에 의해 돌봄서비스 이용의 자격 요건이 결정된다. 돌봄교실이 한 학교에 1~2학급에 불과하여 추첨을 통해 선정되어야 이용할 수 있다. 이용 대상은 초등학교 1, 2학년으로 제한되어 있고, 이용 시간은 학기 중에는 5시, 방학 때는 2시 정도까지이다. 따라서 부모권이 제도적으로 충족되지 않을 경우에는 가족 자원에 의지할 수밖에 없고, 가족 내의 주 돌봄책임자는 노동 시장 진입 시 기회의 불평등을 경험한다. 아동 역시 부모의 조건에 따라 돌봄을 받는 여부가 결정된다는 점에서 돌봄을 받을 기회에서 불평등을 경험한다.

　둘째, 돌봄과 교육을 분리하는 체계와 구조의 문제가 있다. 초등교육은 의무교육으로서 보편적으로 주어지나 돌봄권은 그렇지 않다. 따라서 초등돌봄 담당 주체와 대상 아동들은 주변화된다. 실제 초등돌봄이 다양한 주체에 의해 함께 이루어지기보다는 돌봄전담사의 역할로 국한되어 있다. 초등돌봄에 대한 근거법도 제도적으로 없는 실정이다. 공적 돌봄서비스의 부족은 가족 내 모와 조모 등에 의한 돌봄책임으로 이어진다. 그 결과 비공식 영역에서의 돌봄책임의 성별화 현상이 뚜렷하다.

셋째, 공적 돌봄서비스의 한계로 사교육을 통해 초등돌봄공백을 메우는 현상이 두드러진다. 돌봄 시장 의존 현상도 가속화되고 있다. 돌봄노동에 대한 가치 절하와 돌봄 인력의 주변화로 돌봄서비스의 질을 담보하기가 어렵다. 따라서 보편적인 공적 서비스 체계 구축과 초등돌봄노동자에 대한 여건 개선이 필요하다.

돌봄을 주로 책임지고 있는 경우에 자신의 경력을 유지하기가 어렵다. 한국의 경우에는 초등돌봄공백이 모의 경력 단절에 영향을 끼친다(중앙일보, 2017. 12. 11.). 돌봄책임을 더 많이 맡고 있는 사람은 시간제 직업을 선택할 수밖에 없고, 결과적으로 돌봄책임의 불균형이 지속된다. 이미 성별화되어 있는 돌봄 시장에는 돌봄책임의 불균형으로 주변화된 인력이 들어간다. 이로 인해 돌봄이 가치 절하되어 있는 돌봄노동 시장에 돌봄 불평등 구조로 진입하는 돌봄노동자에 대한 처우와 근로 여건은 개선되기가 어렵다. 결국, 트론토(Tronto, 2014)가 언급한 것처럼 돌봄을 담당하고 있는 사람은 돌봄에 대한 가치를 제대로 받지 못할 뿐만 아니라 돌봄책임으로 사회경제적 자원에 대한 접근성이 취약해지는 돌봄의 악순환이 나타난다.

아동의 관점에서 적절한 돌봄을 받기 위해서는 학교 내에서 교육과 돌봄에 대한 통합적인 사고가 필요하다. 국외 나라들을 보면 우리나라 초등 교육 시간은 미국이나 유럽의 초등 교육 시간보다 짧

다. 따라서 돌봄공백의 시간이 더 많다. 미국, 독일, 프랑스 등의 초등학교 정규 수업 시간은 보통 3시에서 4시에 마친다. 미국의 경우에는 등교 시간이 대략 8시 30분까지이다.

미국을 비롯한 유럽의 정규 학교 수업 시간이 길어 방과 후 시간이 우리나라보다 짧다. 학교 수업 시작 전에 돌봄이 필요한 아이들을 위해 정규 수업 전(pre-care) 돌봄(또는 아침 급식 제공)이 있고, 방과후(after-care) 돌봄이 있다. 방학 때는 지역 내 다양한 기관과 커뮤니티에서 주관하는 종일 캠프가 활성화되어 있어 돌봄이 필요한 아동들의 돌봄공백을 최소화할 수 있다. 핀란드 역시 정규 수업 전과 방과후 돌봄이 교육부에 명시되어 지자체의 계획에 의해 실행된다(김미진, 홍우조, 2019). 정규 수업 전의 돌봄과 방과후 돌봄은 학교 안에서 이루어지며, 누구나 필요하면 적은 비용으로 신청하여 이용할 수 있다. 아침 식사도 원하는 아이 누구나 신청할 수 있다. 기본적인 돌봄서비스를 학교에서 보편적으로 제공하고, 지역사회 자원이 동원되어 돌봄서비스가 제공된다(장수정, 송다영, 백경흔, 2019).

초등돌봄에 대한 정책적 한계로 한국 사회는 초등돌봄 영역에서도 부정의가 재생산되어 왔다(백경흔, 송다영, 장수정, 2017). 초등 자녀를 둔 여성들의 경력 단절 현상이 뚜렷하며, 초등 자녀의 양육을 위해 조부모에게 의존하는 경향이 높다. 따라서 초등돌봄에 대한 공적 서비스의 체계적이고 질적인 확대가 필요하다.

초등돌봄 방향을 위한 몇 가지 중요한 결과를 제시하였다. 초등돌봄서비스의 조건(부모의 조건, 아이의 학년, 5시 종료, 방학 돌봄공백 등)은 부모권과 노동권, 그리고 아동권 측면에서 부정의가 전제되어 있다. 부모와 아동이 돌봄이 필요할 때 이용이 모두에게 보장되어 있지 않다. 초등돌봄교실은 부모의 돌봄책임을 상당 부분 전제하고 있다. 초등돌봄을 이용하지 못하는 부모는 시장에서 돌봄서비스를 구매하거나 사교육 기관으로 아이를 보낸다. 돌봄의 질을 알 수 없는 시장 돌봄의 영역에 의존하는 악순환으로 이어진다. 또한 부모 중 한 사람, 특히 모에게(또는 조모에게) 돌봄이 전가되어 돌봄책임의 불균형으로 이어진다. 학교 돌봄교실은 돌봄전담사 1명이 책임지는 구조이다.

초등돌봄과 관련된 정책적인 제언은 다음과 같다. 첫째, 초등돌봄정책이 공급자 중심으로 짜여 있다. 돌봄에 대한 보편적인 패러다임에 기초하여 초등돌봄 이용 자격을 부모의 조건이 아니라 아동의 필요에 따라 보편적으로 제공할 필요가 있다. 초등 자녀가 있는 부모에게 돌봄권(직접 돌봄과 사회적 돌봄 포함)이 제도적으로 보장되어 돌봄책임 여부와 상관없이 동등하게 노동 시장 기회에 참여할 수 있도록 해야 한다. 또한 돌봄이 필요한 아동은 믿고 안심할 만한 돌봄을 가까운 거리에서 받을 수 있도록 하여 아동의 돌봄을 받을 권리를 보장할 필요가 있다. 초등 과정에 있는 아이들은 학습에 대한 배움뿐만 아니라 관계 안에서 인지적·심리적·정서적·사회적인 배움이 필요한 시기이다(Lee Manning, 2002). 아동기 때의 지능 발달, 신체 발달, 정서 발달, 사회 발달이 잘 진행될 수 있도록 세심한 관심과 돌봄이 필요하다. 요컨대, 돌봄민주주의 관점과 아동의 돌봄을 받을 권리 측면에서 봤을 때 초등돌봄에 대한 공적 서비스는 필요한 모든 아동에게 제공될 수 있도록 해야 한다.

둘째, 공식 영역에서는 초등돌봄전담사가, 비공식 영역에서는 모 또는 조모가 주로 담당하는 초등돌봄책임을 다양한 주체가 함께 하도록 해야 한다. 현재 초등돌봄교실에 대한 근거법이 없다. 따라서 초등돌봄전담사와 일반 정규 교사와의 업무 관계, 협조, 역할 규정, 아이들에 대한 돌봄 규정, 부모와의 관계뿐만 아니라 업무 이행이 어려울 시 협조 체계 및 세부 규정이 없다. 업무상 발생하는 문제에 대한 지원 체계와 의사소통이 부족하여 주로 돌봄전담사 혼자 책임지고 관리하는 시스템이다. 비공식 영역에서는 초등돌봄을 가족 내 모와 조모 등에 의존하는 경향이 높다. 초등돌봄이 다양한 주체에 의해 함께 이루어질 수 있도록 설계되어야 한다.

셋째, 키테이(Kittay, 2016)가 언급한 돌봄자를 위한 돌봄정책이 초등돌봄 영역에서도 중요하게 고려될 필요가 있다. 돌봄을 하는 돌봄자, 즉 초등돌봄전담사나 비공식 영역에서 돌봄을 담당하고 있는 부모에 대한 돌봄정책이 필요하다. 돌보는 사람에 대한 지원정책과 돌봄노동에 대한 적절한 가치 부여를 통해 돌봄에 따른 불공정을 최소화해야 한다. 또한 방과 후에 돌봄이 필요한 모든 아동이 국가와 지자체 등 공공의 책임하에 믿고 안심할 만한 돌봄을 적절하게 받을 수 있도록 해야 한다. 예컨대, 초등돌봄교실, 지역아동센터 등에서 초등 아이를 돌볼 경우에는 아동의 발달을 위해 고려해야 하는 것이 무엇인지에 대한 일관된 지침이 필요하다. 따라서 아이들이 어떤 지역에 있는지에 상관없이 평등하게 돌봄을 받으며 성장할 수 있도록 해야 한다.

제8장
초등 공동육아방과후협동조합

 1. 들어가며

초등 자녀가 있는 맞벌이 부모들은 자녀의 돌봄공백을 메우기 위해 자신의 고용 형태를 변경하거나 개별적인 돌봄 자원을 활용한다. 개인적인 돌봄 자원이 부족할수록, 근로 시간에 대한 통제와 자율성이 보장되지 않는 근로자일수록 일과 자녀 돌봄의 양립이 어렵다(송다영, 장수정, 김은지, 2010; 장수정, 송다영, 김은지, 2009; Jang, Park, & Zippay, 2011). 2017년에 서울 시민 중 초등학교 자녀가 있으면서 일을 하는 127명의 부모를 조사한 결과, 아침 시간 충돌이 많고, 여성들이 너 많은 시간 충돌을 경험했다. 충돌 시 조부모의 도움 등 가족이 동원할 수 있는 수단을 이용했다(송다영, 장수정, 백경흔, 2017). 따라서 부모의 근로 여건과 자원에 따라 초등 아이들의 돌봄 여건이 양극화될 수밖에 없다.

부모의 노동 시간과 학교 시간이 충돌하면 돌봄공백이 발생한다. 돌봄공백이 생기면 부모는 일과 돌봄의 병행이 어렵고, 아이는 방치되거나 적절한 돌봄을 받지 못한다. 따라서 정책적인 측면에서 학교 시간과 일하는 부모의 근로 시간 등을 고려해서 등하교 시간과 초등 돌봄 시간을 조정할 필요가 있다. 사회적인 시간 조정과 일-생활 균형 관점에서 비롯된 유럽의 도시 시간 정책에서 정책적 함의를 찾을 수 있다. 인구학적 변화와 글로벌 환경 변화 등에 따라 1980년대에 이탈리아의 여성운동을 시작으로 프랑스, 독일, 캐나다, 오스트리아 등 서유럽 및 동유럽까지 광범위하게 확산되었다(Mückenberger, 2011).

미국, 독일, 프랑스 등의 초등학교 정규 수업 시간은 3시에서 4시에 끝나는 데 비해 우리나라는 상대적으로 이른 시간에 정규 수업이 끝난다. 초등학교 1~2학년의 주당 수업 시수는 OECD 국가에 비해 현저히 적은 편으로, 일부 학자들은 저학년의 경우, 수업 시수를 상향할 필요가 있다고 지적했다(김사훈, 이동엽, 이영아, 백경선, 2014; 박일수, 2014). 예컨대, 미국의 경우에는 주마다, 학교마다 차이가 있지만 대체로 초등학교에 유치원(kindergarden)이 있어서 만 5세부터 다닐 수 있다. 학교 등교 시간은 8시 30분으로 이르다. 학교에는 담임 선생님이 하는 정규 수업 외에 체육, 음악, 미술 등 특별활동 전담 선생님이 있어서 매일 특별활동 시간이 있다. 보통 정규 수업 시작 전에 돌봄(pre-care)이 있고, 방과후(after-care)가 6시까지 운영되는데, 부모의 취업 여부와 상관없이 적은 비용으로 누구나 신청할 수 있다. 방과후 신청을 위해 부모가 꼭 맞벌이어야 하는 조건이 있을 필

요는 없다. 돌봄이 필요한 아이는 누구나 신청할 수 있다. 아침을 못 먹고 오는 아이들은 아침 식사를 신청하여 학교에서 아침을 먹을 수도 있다.

미국을 비롯한 유럽의 많은 나라의 아이들이 상당 시간 학교에 머무르고, 방과후 시간은 학교 내 인력과 지역사회 자원이 동원되어 돌봄이 필요한 아이들을 돌본다(백경선, 2013). 반면에 우리나라는 초등학교 저학년의 하교 시간이 빨라 2018년에 강원도 일부 초등학교에서는 놀이 시간을 늘려 3시 하원을 시범적으로 실시한 바 있다. 초등학교 3시 하원과 관련하여 1학년에서 4학년 자녀를 둔 628명의 부모를 대상으로 한 조사에서 응답자의 67%가 3시 연장에 찬성하였다. 반대의 경우는 늦은 귀가로 인한 아이의 피로도 같은 이유를 높게 꼽았다(어린이동아, 2018. 10. 15.).

초등돌봄 문제를 해결하기 위해 학교 돌봄과 마을 돌봄 등 다양한 주체의 참여와 역할이 확대되고 있지만 초등돌봄정책에 대한 연구는 부족하다. 따라서 이 장에서는 제도권 밖에서 초등 방과후에 참여하는 관계자들을 통해 초등돌봄교실을 선택하기가 어려운 이유를 살펴본다. 또한 마을 돌봄생태계 확대와 협동조합형 돌봄에 대한 관심이 증대하는 시점에서 지역사회 안에서 초등 아이들을 대상으로 협동조합형 돌봄을 해 온 공동육아 방과후에 대한 경험을 드러낸다. 사례를 통해 지역사회 내외 질을 담보한 초등 방과후 돌봄 인프라의 지속적인 확대를 위해 개선할 것이 무엇인지 살펴본다. 이 장에서는 오랜 기간 부모로, 교사로, 초등 방과후 현장활동가로 참여해 온 관계자들의 목소리와 시선(lens)을 통해 초등돌봄 대안을 탐색한다.

2. 초등돌봄과 아동권

초등 시기는 생애주기 과정에서 볼 때 유아기를 지나 아동기에 접어드는 시기이다. 또래 관계가 중요해지고, 학교라는 공간에서 학습을 시작하는 시기이다. 하비거스트(Havighurst)는 생애주기마다 발달 과업을 제시하였는데, 이 시기의 아이들은 인지적·정서적·사회적 발달 과업이 중요하다고 지적했다(Lee Manning, 2002). 돌봄에 있어서도 아동의 생애주기별 돌봄패러다임이 필요하다(송다영, 2013). 그러나 그동안의 돌봄정책은 돌봄 대상자들이 적절하게 돌봄을 받을 권리와 돌봄 환경 측면에 크게 주목하지 않았다. 일과 생활 균형을 위한 정책으로 돌봄이 담론화되다 보니 아동권은 간과되어 왔다(백경흔, 2015). 그로 인해 돌봄의 질은 후순위 과제가 되었다. 특히 초등 시기는 공교육이 이루어지는 시기이다 보니 교육 중심 담론이 우세하고, 초등학교 내 돌봄(돌봄교실)은 주요한 정책 이슈가 되지 못하였다.

그동안 초등돌봄에 대한 연구는 초등돌봄교실 운영 실태와 프로그램에 대한 것에 초점이 맞추어져 있었다(노성향, 2016; 양윤이, 이태연, 2016). 초등돌봄 연구 경향을 분석한 노성향(2016)은 123편의 논문과 학위논문을 분석한 결과, 초등돌봄 운영 실태 및 인식과 돌봄교사의 만족도에 초점이 맞추어져 있었다고 보고했다. 양윤이와 이태연(2016)이 돌봄교실 운영 관리, 운영 프로그램, 인력 관리, 운영 지원과 같은 운영 지표들에 대한 연구를 했지만 아동의 입장에서 인

지적·정서적·사회적 영역이 어떻게 이루어지고 있는지에 대한 부분은 다루지 않았다. 초등돌봄에 대해 아동권과 정책적인 측면의 연구는 매우 부족하다.

드물지만 초등돌봄 관련 연구에서 생애주기와 아동권의 관점에서 살펴본 몇몇 연구가 있다. 김선혜(2015)는 돌봄교실에 참여하는 아동의 입장에서 분석하였는데, 돌봄교실에서 아동의 자율권과 선택권이 부재하므로 아동기에 접어드는 초등 시기 아이들의 발달 단계에 따른 적절한 교육과 돌봄이 수반될 필요가 있다고 지적했다. 또한 초등돌봄과 관련하여 공적 돌봄정책이 확대되고는 있으나 돌봄서비스 안에서 아동의 자기결정권은 제한되어 있다고 지적했다. 예컨대, 돌봄교실의 경우에는 돌봄 스케줄이 정해져 있어서 그 안에서 자신이 선호하는 것을 할 수 없다. "자기 주도의 자기 돌봄을 할 기회가" 아이들에게 없다.

요컨대, 정책적으로 제공되는 돌봄이 아이들의 선택권을 반영하지 못한다(김선혜, 2015). 또한 부모가 아이를 방과후에 보내는 목적에 따라 아이들의 방과후 시간의 의미가 결정된다(김경화, 2013; 신호정, 2016). 종합하면 방과후 돌봄에서 정작 아이들의 관점과 선호가 반영되지 못하는 현실을 보여 준다.

3. 초등돌봄과 법적·제도적 장치의 문제점

취학 아동을 위한 돌봄 기관으로는 지역아동센터, 드림스타트, 청

소년 방과후 아카데미, 돌봄교실, 다함께돌봄센터 등이 있다. 늘봄학교는 방과후와 돌봄교실을 통합하여 운영할 계획이다. 지역아동센터와 드림스타트는 18세 미만을 대상으로 「아동복지법」에 근거하고 있고, 소관 부처는 보건복지부이다. 청소년 방과후아카데미는 9세부터 24세 이하를 대상으로 「청소년기본법」에 근거하고 있으며, 소관 부처는 여성가족부이다. 초등 방과후와 돌봄교실은 「교육기본법」 초·중등 교육과정 총론(교육부 고시 제2015-74호)을 근거로 단위 학교에서 자율적으로 운영하고 있어서 학교 내의 초등돌봄교실 운영에 대한 법적 근거가 미약하다(양윤희, 이태연, 2016; 이재희, 2018). 다양한 초등돌봄서비스가 존재함에도 불구하고 세 부처에서 분절적으로 주관하고 있어서 종류는 많으나 수요에 기초한 보편적인 서비스가 부재하고, 통합적인 서비스를 제공하지 못하고 있다(이재희, 김근진, 엄지원, 2017).

초등돌봄교실 운영 계획을 보면 "여성의 사회 진출로 인한 맞벌이 가정의 증가, 저소득층·한부모가정 등 가정환경의 변화에 따라 돌봄이 꼭 필요한 학생들에게 질 높은 돌봄서비스를 제공"하고자 마련되었다(교육부, 2017). 돌봄교실 정책의 취지는 가정 내에서 방과 후에 아이들을 돌볼 수 없는 공백을 학교라는 공간을 통해 돌본다는 취지이다. 그러나 실제 수요에 맞게 돌봄을 제공하고 있지 못할 뿐만 아니라, 아이들의 욕구를 고려하여 어떤 방식의 돌봄을 제공해야 하는지에 대한 구체적인 운영 목표와 목적이 부재하다.

학교 돌봄교실의 한계와 지역사회 내의 돌봄공백을 최소화하기 위해 지자체나 비영리기관을 중심으로 마을 방과후가 확대되었다

(서울교육소식, 2016. 11. 14.). 돌봄이 필요한 초등 아이이면 누구나 이용할 수 있는 '다함께 돌봄' 사업을 시행했다(보건복지부, 2018a). 여성가족부는 민관 협력으로 그동안 미취학 아동을 중심으로 한 공동육아나눔터를 초등돌봄 공동육아 나눔터 사업으로 확장하고, 2018년 8월에 서대문구를 시작으로 하여 전국적으로 확대했다. 마을 방과후 인프라가 구축되면 방학 중에 돌봄공백이 있는 아동들을 위한 다양한 프로그램도 지역사회 안에서 확대할 수 있다. 우리나라는 초등돌봄 및 방과후에 대한 법적인 근거가 없어서 지역사회 내의 자율적인 돌봄 시스템 구축이 어려운 반면에 해외 커뮤니티 스쿨은 학교와 지역사회가 체계적으로 연계하여 운영 및 관리되고 있고, 지역사회 내의 여러 기관과 주민의 참여가 매우 활발하다(강현주, 2017). 초등돌봄에 대한 법적 근거의 미비는 학교 안과 밖에서 이루어지는 돌봄서비스의 불안정성으로 이어진다.

아동 및 청소년 돌봄과 관련된 정책으로 초등돌봄교실, 방과후 학교, 지역아동센터, 청소년 방과후아카데미 등이 제공되고 있는데, 중첩되기도 하고 여전히 사각지대가 존재하여 체계적인 정책 설계가 필요하다(강지원, 이세미, 2015). 또한 초등 자녀 방과후 돌봄지원 방안으로서 지원을 위한 근거 법과 제도를 명확히 하고, 지자체와 학교-지자체 협력모델을 통해 통합적이고 체계적인 돌봄 구축망이 필요하다(이제회, 김근진, 엄지원, 2017). 특히 아동이 중심이 되는 좋은 돌봄모델이 절실하다.

4. 공동육아 방과후

공동육아 방과후는 1996년에 처음 활동이 시작되어 전국에 17곳이 있다(공동육아와 공동체교육, 2018). 2016년 이 연구 기관 중의 한 곳이 사회적협동조합으로 법인화되었다. 공동육아는 주로 어린이집 위주여서 공동육아 어린이집과 방과후에 대한 연구는 매우 드물지만 연구에 따르면 공동육아 어린이집과 방과후에는 아빠 참여가 활발하다(조윤경, 2011).

공동육아에서 바라보는 아동 관점을 보면 "아이들은 자신 안의 무한한 가능성을 찾고자 하는 욕구를 가진 존재"이다(공동육아와 공동체교육 홈페이지). 아이들을 능동적인 존재로 보기 때문에 아이들의 세계를 이해하고 동시에 실험할 수 있도록 도와주는 것이 육아의 목표이자 보살피는 사람의 책임으로 간주한다(김미영, 2019). 아동 보호가 아니라 아동의 권리를 중요하게 고려한다. 공동육아 방과후는 다양한 사람과 다양한 방법을 통해 배움을 경험하는 장이고, 특히 초등 시기는 살아가는 것을 배우는 단계라고 보고, 관계 교육을 통해 다양한 갈등 상황을 배우고 경험하도록 한다(박혜수, 2019). 그러나 아동들에게 어떤 돌봄이 필요한지에 대한 비전이 초등돌봄정책에 없다(김미영, 2019). 공동육아의 교육방침은 다음과 같다.

> 공동육아 터전에서 아이들은 타고난 성품대로 자연스러운 어울림을 통해 자신의 삶을 펼쳐 갑니다. 처음 공동육아를 만들 때부터 교

육의 지향은 일상생활로 녹아들어 표현하는 것이라고 보았습니다. 생활 리듬을 어른이 아니라 아이들이 주도하는 곳, 자연이나 사람과 만나 배우는 곳, 획일적이지 않고 모든 것을 통합하는 교육을 경험하는 곳, 성별·연령·장애·계층·인종 따위의 차별을 넘어 모두가 더불어 사는 삶을 배우는 곳, 인간만을 생각하는 이기주의를 버리고 자연과 함께하는 생활 문화를 만들어 가는 곳입니다. 이러한 교육 방침이 공동육아 터전에서 펼쳐집니다. 또한 공동육아의 철학은 아이들의 일상생활에 녹아들어 놀이로 이어집니다(공동육아와 공동체교육 홈페이지).

5. 사례 배경

초등 방과후 돌봄에 참여하는 관계자들을 대상으로 초점 면접을 실시하였다. 대상 기관의 선정은 공동육아와 공동체교육 법인 산하 초등 과정에서 학교 내 초등돌봄교실과 유사한 기능을 하는 공동육아 방과후 17곳 중에서 15년 이상 운영된 기관을 1차적으로 선정하였다. 그중 사회적협동조합으로 전환한 1곳과 전환하지 않은 1곳을 선정하였다. 사회적협동조합으로 전환한 방과후 기관이 1곳이 있어 그 기관을 포함하였다. 이 기관은 서울에 위치하고 있다. 전환하지 않은 기관 중 운영 기간이 15년 이상이면서 경기도 소재에 있는 기관을 선택하였다.

기관 A는 공동육아 방과후로 15년 되었으며, 경기도에 있다. 노인 관련 시설 공간을 시에서 승인하여 활용하고 있다. 기관 A는 1학년부터 3학년까지 통합으로 운영하며, 교사 2명과 영양사 1명이 있다. 기관 A의 출자금은 250만 원이다. 기관 B는 서울시에 있고, 16년 된 기관이며, 건물을 임대하여 이용하고 있다. 기관 B에는 1학년부터 6학년까지 있으며, 교사 3명과 영양사 1명이 있다. 기관 B의 출자금은 300만 원이다. 매달 내는 비용은 40만 원 내외이다. 두 기관 모두 교사들은 오전 10~11시에 출근하며, 아이들을 만나는 시간은 오후 1~2시이고, 방과후는 7시까지 운영한다. 방학 때는 오전 9시부터 오후 7시까지 운영한다. 방과후 활동에는 숙제, 독서, 음악, 미술 등 다양한 활동이 포함되고, 실내 활동뿐만 아니라 바깥 활동, 긴 나들이 등이 있다.

　초점 면접은 다양한 구성원을 포함하였고, 핵심 정보를 제공해 줄 수 있는 사람으로 구성하였다. 핵심 정보 제공자는 해당 기관에 오랫동안 재직했던 교사와 현장활동가[1]이다. 2년 이상 참여해 온 조합원과 운영위원도 포함하였다. 초점 면접은 2017년 9월부터 11월까지 이루어졌다. 초점 면접은 1회 이루어졌고, 약 2시간 동안 진행되었다.

　부모조합원, 현장활동가, 교사로 구성된 초점 면접을 통해 연구자의 질문에 대한 참여자들의 공통적인 견해와 각자의 위치(position)에서 바라보는 관점 모두를 살펴보았다. 외부자의 관점(outside in

---

1) 현장활동가는 공동육아 방과후 전체 기관에 대한 현장 지원을 하는 활동가이다. 기관 A의 초점면접 당시 함께 참석하였다. 현장활동가가 특정 기관에 소속되어 있는 것이 아니기 때문에 혼란을 피하기 위해 본문에서는 기관 소속을 기재하지 않고 '현장활동가'라고 표기하였다.

perspective)에서 초등돌봄교실과 같은 정책에 대한 목소리를 드러낼 수 있도록 하였다. 분석 결과는 학교 돌봄을 선택하지 않은 이유, 초등돌봄의 정체성, 아동권, 법적·제도적 정책 과제를 중심으로 기술하였다.

6. 학교 밖 공동육아 방과후를 선택한 이유

공동육아 방과후를 선택한 데에는 개인마다 다른 이유가 있다. 기관 B의 협동이사는 학교 방과후와 초등돌봄교실 이용 시 부모의 일하는 시간과의 충돌 때문에 대안으로 공동육아 방과후를 선택했다고 했다. 인터뷰를 보면 아이들이 방과후에서 7시까지 시간을 보내는데도 재미있게 놀고 있어 만족스럽다고 설명했다.

> 방과후를 당장 보낸다고 하더라도 보통 시간이 1~2시간밖에 안 되잖아요. ……(중략)…… 계속 (학원을) 돌려야 되는 입장인데, 애들이 되게 불안해해요. 우리 애는 이제 여기만 보내 놓으면 퇴근해서 데리러 가면 여기에 다 있으니까. 신나게 뛰어놀고 있으니까요. ……(중략)…… 심지어는 어떨 때는 너무 빨리 왔다고 막 뭐라고 그래요. 그런 게 가장 큰 장점인 것 같아요.
>
> −기관 B의 협동이사

기관 A의 조합원은 첫 아이를 처음에 방과후와 학원을 보냈다고 한다. 맞벌이였기 때문에 학교 귀가 시 아이를 기다렸다가 학원 버스에 태우는 등 공백 시간은 시어머니가 맡아 주었다고 한다. 그러나 가족 모두가 힘든 상황이 되면서 대안으로 공동육아 방과후를 알게 되어 보내게 되었고, 둘째 아이도 보내게 되었다고 설명했다.

> 학교생활을 잘할 거라는 생각에…… 그냥 막연한 생각을 해서 엄청난 빡빡한 스케줄로 내가 퇴근하기 전까지…… 학교 방과후에서 하는 프로그램 있잖아요. 교육 프로그램 그런 것에, 학원에 다 넣어서 했다가 ……(중략)…… 아이가 너무 힘들어하는 거예요. 그리고 중간에 저희 어머님이, 시어머님이 애를 픽업해 주고 이렇게 하셨는데, 이런 것도 힘들고 그래서 ……(중략)…… 애도 힘들고, 어머님도 힘들고…… 너무 서로 힘든 거예요. 그래서 직장을 그만둬야 하나. 막 이런 위기도…….
>
> 기관 A의 조합원

기관 B의 교육이사는 프로그램(교육) 위주의 학교 방과후에 대한 불만과 돌봄교실의 질적인 문제점을 고려할 때 학교 방과후나 돌봄을 이용하기 어렵다는 판단에 공동육아 방과후를 선택했다.

> 저는 아이가 1학년 2학기 때부터 여기를 보냈거든요. 1학년 1학기 때까지는 쉬다가…… 2학기 때부터 일을 해야 돼서 이제 방과후를 어떻게 할까 했는데. 그러니까 한 학기 동안에는 초등학교 돌봄교실이랑 방과후를 이용해 봤던 거예요. 그런데 그것만으로 내가 일을 하면서 시간을 조절할 수 있었어요. 하지만 제가 그걸 선택하지 않았던

것은 학교에 보내 방과후를 해 봤더니 학교 방과후가 그냥 작은 학원들의 모임 같은 거예요. 주입식 교육만 하는 거죠. 그리고 돌봄교실은 선생님 한 명이고. 선생님 한 명이 30~40명을 돌보는? 그냥 있는 그대로. 다치지만 마라. 이런 식으로만 있는 거예요. 아, 내가 아이한테 이 나이 때에 제공하는 게 이런 일방적인 학교 교육이 아니라 아이들과 어울리는 건데, 그게 잘 안 되겠구나 해서 알아본 게 여기였고, 여기에서 뭔가 학원에서 배우는 것보다 서로 같이 어울려 노는 것들이 좋아서 보냈어요"

기관 B의 교육이사

기관 B의 교육이사와 마찬가지로 기관 A의 조합원도 "맞벌이인데 아이를 맡길 수 있는 대안도 없고 해서 왔는데 와서 보니까 가장 좋은 것은 밖에서 그냥 자연에서 논다. 이런저런 것이 되게 마음에 들었다"고 설명했다. 면담자 모두가 초등학교 저학년 자녀들이 충분히 놀 수 있는 공간이라는 점에서 공동육아 방과후를 선호하였다. 외동아들을 두고 있는 기관 B의 협동이사는 형, 동생들 사이에서 "사회생활을 배우는 것 같고" "아이가 안정감을 느끼고" "아이에게 소속감을 심어 주는 것" 같다고 설명했다. 또 연령 통합으로 되어 있어서 그 안에서 자연스럽게 형제자매 같은 관계 맺음을 가질 수 있어 좋다고 설명했다.

기관 B의 교사는 부모들이 공동육아 방과후를 보내는 이유로 단순히 보호차원이 아니라 아이들이 방과후라는 공간에서 성장하고 있다는 것을 느끼기 때문이라고 설명했다.

사실 여기는 그 나름대로 최대의 저희 교사들 입장에서 최적으로 조건을 갖추고 있고, 어쨌든 부모님들의 관심 하에, 교사들의 관심 하에 ……(중략)…… 보호 차원이 아닌 그 나름, 나름 아이들과 소통하면서 지낼 수 있는 공간이라는 게 좋아요

　　　　　　　　　　　　　　　　　　　　　기관 B의 교사

요컨대 연구 참여자들이 공동육아 방과후를 선택한 이유는 학교 방과후나 돌봄교실만으로는 부모의 귀가 시간을 맞추기 어렵다는 점, 아이들이 충분히 놀고 안정적으로 소통할 만한 대안적인 공간으로 선택했다.

7. 초등돌봄교실의 정체성

초등돌봄교실에 대한 교육부의 운영 계획을 살펴보면 돌봄교실은 "질 높은 돌봄서비스를 제공하고자 마련한 것"이라고 기재되어 있다(교육부, 2017). 그러나 이 연구 참여자들은 학교 돌봄교실이 방과후 프로그램을 이용하기 위해 잠시 들르거나 머무르는 '정거장' 역할을 하고 있다고 지적했다.[2] 반면에 공동육아 방과후는 학교에서

---

2) 초등학교 방과후는 정규 수업 이후에 학생들이 선택하여 듣는 수업이며, 초등돌봄교실은 돌봄교실을 신청한 학생들이 정규 수업 후에 이용한다. 그러나 돌봄교실을 신청한 아이들 역시 방과후 수업을 신청하여 돌봄교실에 들렀다가 방과후 수업을 가고, 방과후 수업을 하고 잠시 돌봄교실에 가는 상황을 보고 '정거장'이라고 한 것이다.

하교 후에 부모들이 오기 전인 오후 7시까지 아이들이 교사와 한 장소에서 보낸다. 그 결과 기관 A의 조합원은 부모로서 간과하는 부분을 아이를 장시간 보는 방과후 교사가 알려 준다고 했다. 교사 역시 방과후 교사이지만 아이를 보살피는 핵심 주체로서 아이들의 성장에 책임감을 갖고 있다는 것을 기관 B의 교사 면담에서 알 수 있다. 부모가 아이를 공동육아 방과후에 맡기지만 함께 돌보는 주체임을 명확히 하고 있다. 이는 공동육아 방과후가 협동조합 방식으로 운영되고 있어서 더욱 그러할 것이라고 본다.

> 초등학생도 보육이 중요하지만 이 아이가 유아기에서 이제 커 가는 과정에서 우리가 볼 수 없는 점을 (여기서는 교사가 오랫동안 아이를 지켜보니) 보는 거죠. ……(중략)…… 아이들이 어른이 되는 중간 단계에서 너무 좋은 기회인 거죠. 그래서 저 같은 경우에는 그렇게 와서 생활하면서 우리 아이도 되게 행복해 했고…….
>
> 기관 A의 조합원

> (고학년 아이들을) 혼내다가 어느 날 보니까, 이제 부모님들한테 '얘가 뭐가 뭐가 잘못됐어요. 뭐가 이래요' 하다 보니까…… 걔네들을 제가 1학년 때부터 봐 온 아이들인 거예요. 그래서 어느 순간 이게 내 잘못도 있구나. 정말. 이게 누구의 잘못이 아니고. 정말 내가 잘못 키웠구나. 이 생각이 드니까 그 애들이 하나도 안 미운 거예요.
>
> 기관 B의 교사

공동육아 방과후 전체 기관에 대한 현장 지원을 하는 현장활동가는 그간의 경험을 바탕으로 초등 시기는 "무엇인가 자기가 성취했을 때의 자기 유능감에 대한 자신감, 성취감을 갖는 시기"라고 말한다. 또한 배움이 시작되는 시기인데, 단순히 지식을 알려 줘서 아이들이 수동적으로 배우는 대상이 아니라 다양한 경험을 통해 스스로 할 수 있는 힘을 키우도록 하는 것이 중요하다고 보며, 그렇게 할 수 있도록 도와주는 것이 이 시기의 돌봄 과정에서 필요하다고 지적한다. 이런 부분에 대해 방과후 교사들이 고민하고 성찰하면서 아이들을 돌본다고 설명했다.

> 이제 방과후에서는 지식을 알려 주지 말자. 우리의 원칙은 그것이거든요. 그것을 알려 줄 공간은 무척 많고. 실제로 우리가 알려 주고 싶은 건 애들이 하는 법. 그것을 스스로 할 수 있는 힘. 이것을 키워야 된다는 생각이 있으니까. 그것들을 어떻게 해 줄 것이냐 이런 고민이 있고. 그 속에서 실은 이제 초등학교 1학년부터 4학년까지는 아주 기초적인 자기의 배움에 대한 기쁨? 자기가 해 보는 몰두의 경험? 이런 것이 있으면 자기가 하고 싶은 게 있을 때, 고학년이 되었을 때 스스로 찾을 수가 있어요. 그래서 아이들을 보면 그런 경험을 했던 애들은 커서 자기가 찾거든요. 그런데 이것을 해 보지 않은 아이들은 못 찾아요.
>
> 현장활동가

이 시기 아이들의 성장 속도는 다르고, 기질과 재능, 관계 맺기의

능숙 정도도 모두 다르다. 그렇기 때문에 공동육아 방과후 교사에 따르면, 이곳은 '아이들의 생활 공간'이며, 공동육아 방과후가 추구하는 것은 '자신을 맘껏 표현하는 것'이다. 사회적 관계 안에서 자신의 마음을 정확히 표현할 수 있고, 자신이 할 수 있는 것을 아는 것은 중요하기 때문에 이 시기에 아이들이 그렇게 할 수 있도록 돕는다고 했다.

> 아이들이 이제 초등기 아이들이라. 아이들이 학교에서 종일 의자에 앉아서 공부하고 오잖아요. 그래서 여기가 애들이 좀 쉴 수 있고, 학교에서의 긴장도 풀어 낼 수 있고. ……(중략)…… 아이들이 화내는 것 즐거운 것 같이 노는 것, 하여튼 사회적으로 관계를 표현하는 게 굉장히 서툴러요. ……(중략)…… 누군가 조금만 뭐라 그러면…… 마음이 상해서 그게 신경 쓰이고. 공부도 못하겠고 슬퍼지고 막 이렇게 되거든요. 그래서 저는 아이들이 좀 자기를 표현할 수 있는 공간이었으면 좋겠다. 방과후가. 그래서 좀 쉬면서. 그다음에 아이들이 조그만 활동도 하기는 해요. 활동도 하기는 하는데, 그것을 통해서 아이들이 이제 자기가 무엇을 할 수 있는 존재인지 확인하는 작업들도 하려고 하고 있어요
>
> 기관 A의 교사

초등 시기의 아이들은 규율이 많은 집단생활을 시작한다. 그런 집단생활 안에서 어려움을 겪는 아이들이 있는데, 우리 사회는 그런 아이들에게 너그럽지 않다고 기관 A의 교사는 설명했다.

학교에서 이 아이는 조금 폭력적이야. 그래서 안 받아 주고. 얘는 이래서 안 받아 주고 그러죠. 그런데 누군가에게 받아들여지고 이렇게 편하게 지내는 방과후가 있고, 부모와 교사와 아이의 관계가 참 잘 소통이 잘 되는 관계에서는 어떤 아이도 잘 살 수 있겠구나.

기관 A의 교사

기관 A의 교사는 공동육아 방과후가 다양한 아이를 편견 없이 대하고 받아들임으로써 함께 크는 공간을 제공하고, 그 안에서 아이들은 잘 자란다고 설명했다. 공동육아 방과후 교사는 4년 또는 길게는 6년간 아이와 함께하고, 아이들도 또래 아이 또는 언니 오빠들과 함께 시간을 보낸다. 이 과정에서 교사는 주도적인 책임감을 갖고 아이들의 다양한 정서적·사회적 관계 확장과 성장을 지지하고 도움을 주는 역할을 하고 있다. 또한 부모와 교사는 협력과 의사소통으로 아이의 성장을 도모하는 핵심 역할을 수행한다.

요컨대, 공동육아 방과후는 아이들의 쉼의 장소이기도 하지만 아이들이 정서적·사회적 관계를 확장해 가는 근육을 키우는 데 초점을 두고 있다. 참여자들의 인터뷰에 따르면, 공동육아 방과후는 배움이 일어나는 장소이기도 하고, 다양한 연령의 아이가 서로 어울리며 지내는 장소이기도 하다. 또한 주요한 돌봄의 주체로서 부모와 교사가 아이의 성장에 대해 소통하고 의논하며 함께 돌본다. 트론토(Tronto, 2014)가 말한 함께 돌봄을 실천하는 사례이다.

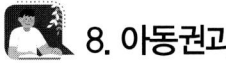 ## 8. 아동권과 돌봄

초등돌봄교실에 다니고 있는 아이들을 인터뷰한 연구에 따르면, 방과 후에 혼자 있어야 하는 아이들은 집에 가면 혼자 있어야 하니 돌봄교실을 다니는 것을 받아들이고, 학원에 안 가도 돌봄교실에서 여러 가지를 배울 수 있는 점을 좋게 생각한다(김선혜, 2015). 그러나 아이들은 자신이 '하고 싶은 것'을 하고 싶다고 표현하지 못하는 것으로 나타났다. 예컨대, 돌봄교실에 가면 "선생님이 숙제 먼저 하라고 하고" "시간표가 정해져 있고"라고 하면서 "조금 쉬었다가 하면 좋겠는데"라는 바람을 제시했다.

본 연구에 참여한 현장전문가는 '실제로 아이들이 그런 학교 안에 있는 것을 좋아하는가?'에 대한 의문을 제기하며 돌봄 환경에 대해 성찰해 볼 필요가 있다고 지적했다. 아이들이 학교 정규 시간 이후에 돌봄이라는 공간에서 본인이 원할 때 자유롭고 편안하게 휴식할 수 있는 시공간이 되어 있는가를 물었다. 현장활동가는 "쉼이 필요한 아이들이 편히 쉬지 못해요. 아이들의 피로도가 꽤 높아요. 막 학교에서 나와서 좀 이렇게 누울 수도 있고 이런 공간이어야 되는데……."라고 말하며 돌봄교실은 그렇지 못하다고 지적했다. 그러면서 "운영의 자율성이라는 측면에서 실은 공동육아 방과후가 되게 장점이 많다"고 덧붙였다.

기관 B의 교사에 따르면, 학교 돌봄교실처럼 공동육아에서도 하루의 정해진 일과의 흐름은 있지만 아이들의 상황에 맞게 유연하게 돌본다고 설명했다.

> 숙제 하다가 피곤하고 그러면 자는 거는. 자는 건 봐 주는데, 노는 건 안 봐 주지. 책 읽다가 조금 피곤하면 자라. 이렇게 해서 잠드는 애들이 있어요. 방도 따뜻하니까. 그리고 또 아픈 경우에는 따로 돌봄이 필요하고, 부모님이 못 오시면 저희가 병원에 데려갔다가 와서 어쨌거나 지내게 하고. 그때 죽을 먹어야 되면 부탁해서 죽을 또 해 주고…….
>
> 기관 B의 교사

초등 아이들의 아동으로서의 권리는 돌봄을 어떻게 받느냐 하는 것과도 연관된다. 돌봄에는 기본 생활에 대한 것뿐만 아니라 정서적 · 사회적 · 학습적인 것에 대한 것도 있다. 놀이의 경우에도 실내뿐만 아니라 실외에서 적당한 햇볕을 쏘이며 놀 수 있는 권리도 있다. 그러나 돌봄교실은 돌봄전담사 외에 보조 인력이 없고, 신체 활동의 중요성은 알고 있지만 아이들의 안전 등의 이유로 바깥 활동 비중이 적다(김중형, 백종수, 2014). 현장활동가에 따르면, "학교에 보안관3)이 있는데, (운동장을) 안 열어요.4) 그리고 심지어는 돌봄교실에 있는 아이들도 30분 정도 나왔다가 다시 들어가야 하는 현실이에

---

3) '학교 보안관'제도는 2011년에 학교 내 폭력과 범죄를 예방하고 외부인 출입 통제 및 학생들의 등하교 안전을 강화하기 위해 국공립 초 · 중 · 고등학교에 도입된 제도이다.
4) 기관 B의 교사에 따르면, "3년 전부터 학교 운동장을 거의 폐쇄하다시피 하고 못 들어가게 했는데, 요즘 다시 개방을 해서" 허락하에 방과후 아이들과 이용한다고 설명했다.

요"라고 말한다. 초등 시기에는 충분한 신체 활동과 놀이가 중요한데 현재 초등돌봄교실은 바깥 활동과 놀이가 부족하다.

공동육아 방과후 대표 교사를 7년 동안 해 온 기관 A의 교사는 초등시기는 성장 과정과 단계에 따라 학년마다 차이가 있고, 그 차이에 따른 경험과 놀이가 필요하다고 설명했다. 현장활동가 역시 교사의 의견에 공감을 표현하고, 기관 A의 부모조합원도 현장활동가의 말에 "백 프로 동의한다"라며 비슷한 견해를 보였다.

> 저는 항상 3학년 부모한테 얘네들 얼치기 학년이라고 해요. 그래요, 얼치기 학년. 유아도 아닌 것이 초등도 아닌 것이 참 애매모호한 경계선에 있어서이지요. 자기 주도를 할 수 있을 것 같지만 교사의 도움이 반은 필요한. 어, 좀 얼치기 학년이고. 4학년이야말로 자기 주도로 뭔가를 해낼 수 있는…….
>
> 기관 A의 교사

> 1, 2학년이 필요로 하는 게 있고, 3, 4학년이 필요로 하는 게 있는데. 3학년까지 하는 경우엔 아이들이 뭔가를 하다 말고 가요 ……(중략)…… 3학년 때는 맛보기를 하고요. 그리고 4학년 형이 하는 걸 보면서 3학년 때 맛보기로 했던 걸 4학년 때 한번 꼭 해 보고 가더라고요. 그래서 이제 5, 6학년끼지 히면 대체적으로 4학년, 5학년들 것을 배워요
>
> 현장활동가

8. 아동권과 돌봄

현장활동가에 따르면, 공동육아 방과후 중 6학년까지 있는 곳이 '절반이 넘고' 나머지는 4학년까지 있다. "5학년, 6학년 시기는 어떠냐?"라는 질문에 교사는 "5, 6학년의 욕구는 또 다르고, 10대는 그들만의 다른 욕구에 반응해 줄 필요가 있다"고 설명했다.

기관 B의 교사 역시 "교사들 입장에서는 사실 4학년까지가 맞아요. 왜냐하면 5, 6학년이 되면 자기 욕구들이 심해져서" 그리고 "5, 6학년이 되면 또 여기 애들은 학원도 가고 싶어 한다"고 설명했다. 이처럼 공동육아 방과후 부모, 교사, 현장활동가가 바라본 초등 시기의 돌봄은 단계별로 다른 욕구가 있고, 그에 따른 돌봄과 놀이가 적절히 필요하다고 지적했다. 그러나 학교 초등돌봄은 성장단계별 돌봄의 목표가 세분화되어 있지도 않고, 돌봄교실은 1, 2학년까지만 있다. 물론 초등학교 전 학년으로 돌봄교실을 확대하겠다는 발표는 고무적이지만 돌봄의 목표와 내용은 빠져 있다.

기관 A는 4학년까지 운영하다가 인터뷰 당시 3학년까지 운영하였는데, 2019년부터 다시 4학년까지 운영하고 있다. 기관 B는 6학년까지 있다. 기관마다 조금씩 다른 공동육아 방과후 상황에 대해 현장활동가가 공동육아를 처음 설립 시 정관과 원칙, 그리고 현재 상황에 대해 부연 설명을 해 주었다.

기본적으로 얘기됐던 건 최소한 4학년까지는 돌보자. 아이들한테 어른의 돌봄이 지속적으로 필요한 것은 4학년까지이다. 실은 공동육아가 처음 만들어졌을 때는 만 10세까지의 돌봄을 원칙으로 했어요. 처음에 이제 정관이나 이런 거는 만 10세까지 이거든요? 그렇게 해

서. 그렇기 때문에 우리가 4학년까지를 원칙으로 하고 5, 6학년만 되어도 욕구들이 많이 달라요. 그래서 아이들이 뭔가 해 보고 싶어 하는 욕구들이 있는데, 그것을 방과후에 계속 붙들어 놓기가 쉽지 않거든요. 그런데 이제 그럼에도 불구하고 5, 6학년까지 하는 곳은 교사가…… 교사와 아이들의 관계가 끈끈하기 때문에 그 아이들을 끌고 갈 수 있는 거예요. 그렇지 않고 6학년 까지 가다가 5학년, 6학년 때 애들이 많이 나가요. 자기 욕구들이 되게 다양하게 많아 가지고……."

현장활동가

요컨대, 초등돌봄이 부모로부터 신뢰를 받고, 지속 가능하기 위해서는 아동의 관점에서 쉴 권리, 선택할 수 있는 권리, 놀 권리, 성장단계에 따라 정서적 · 사회적 · 인지적 발달을 고려하여 적절한 돌봄을 받을 권리가 잘되어 있어야 한다.

9. 초등돌봄에 대한 법적 근거와 책임 부재

초등돌봄교실은 교육부 소관이어서 행정상 담당 교사를 배정하지만 주로 돌봄전담사가 책임을 지며 계약직이다(김현미, 신지원, 2016; 서영숙, 박진옥, 노성향, 2014). 본 연구 초점 면접에 참여한 현장활동가에 따르면, 교사는 돌봄교실에 대해 행정 일만 하고 있어서 교사가 "자기 책임성을 갖는다는 것에 한계가 있다" "지역아동센터하고 청소년 아카데미는 법적으로 규정이 돼 있는데, 학교 돌봄교실은 규정이 전혀 없이 운영되고 있어 법적 근거도 미약하다"라고 지적했다.

공동육아 방과후는 부모가 모든 재정을 부담하고 있어서 유지하기가 어렵다(공동육아와 공동체교육, 2018). 전국적으로 17곳으로 부모가 보내고 싶어도 가까운 거리에 살고 있지 않으면 보낼 수 있는 여건도 되지 않는다. 법적 보호장치도 없어서 기관 A의 교사 인터뷰에서 볼 수 있듯이 공간을 둘러싼 민원이 제기될 때 어딘가에 호소하여 보호받을 장치가 없다는 문제가 있다.[5]

> 방과후 같은 경우에는 아이들이 시끄럽다거나 이제 상가에서 좀 뭐라고 그러면 참 신경이 쓰이거든요
>
> 기관 A의 교사

> 어린이집이나 지역아동센터는 노유자시설[6]로 법적인 어떤 보호나 이런 게 가능하잖아요. 민원이 있어도 노유자시설은 이 지역에 있어야 된다고 그러면 민원이 있어도 시설을 설치할 수 있잖아요. 저희 같은 경우에는 보호받을 수 있는 법적인 조건이 없다 보니까. 그런 것들의 민원이나. 그러니까 조건에 따라서 그냥 방과후 여건에 따라서 공간을 구할 수밖에 없어요. 어떤 시설적인 조건이 없어요, 지금.

---

5) 실제 과천에 있는 두근두근 방과후는 주민들의 반대로 방과후 공간 마련에 어려움을 겪기도 했다(경향신문, 2015. 8. 3.).
6) 노유자시설이란 자구 능력이 약한 사람들이 이용하는 시설로서 아동시설, 노인시설, 기타 다른 용도로 분류되지 아니한 사회복지시설이 여기에 포함된다.

그런데 지역아동센터나 어린이집은 시설을 할 때 어디에서부터 거리
라든지. 이러한 시설을 하는 원칙들이 있잖아요

현장활동가

앞에서 보았듯이, 공동육아 방과후에 대한 규정이 없다 보니 법적·제도적인 보호나 지원 장치가 없다. 협동조합 방식으로 운영하는 공동육아 방과후를 방과후 유형의 하나로 인정하는 법적·제도적 장치가 있다면 안정적으로 유지해 나갈 수 있다고 현장활동가는 말했다.[7] 2025년 3월 13일 공동육아 방과후나 초등 마을 방과후 돌봄(이하 협동돌봄센터)을 지원하는 법적 근거를 담은 「아동복지법」 일부 개정 법률안이 국회 본회의를 통과하였다.

초등 아이들까지 사회적 돌봄을 해야 된다는 사회적 인식, 그다음에 그런 초등 아이들까지 사회적 돌봄을 하는데 그 형태는 조금 다양할 수도 있어요. 왜냐하면 욕구가 다양하니까. 그럴 수 있는 조건들을 만들어 주자. 이런 부분들을 하면서 실제로 그러니까 사회적협동조합의 내용을 보면 방과후도 사업 영역에 들어가 있어요, 이미. 그런데 실제로 방과후에 대한 법적 규정이 없기 때문에 안 되는 거거든요. 그러니까 방과후에 대한 법적 규정만 있으면 이미 제반 여건은 되어 있는 거예요. 사회적협동조합에도 방과후가 하나의 사업으

---

7) 현재 공동육아 방과후는 비공식 인가 시설의 형태를 취하고 있다. 다만 송파구의 파란하늘 방과후의 경우에는 사회적협동조합으로 전환하여 현재 교육부 소관하에 있다.

로 들어가 있거든요. ······(중략)······ 안정성만 있으면 확장성도 보장
할 수 있거든요. 지금 안정성이 없기 때문에 확장성이 안 되는 거잖
아요. 실제로 운영하다가 이런 민원 한 번 있으면 휘청휘청하거든요.
조합들이 그래서 그런 측면에서 안전성만 있으면 이런 조합 형태의
방과후도 좀 확장이 될 수 있겠다.

현장활동가

법적 보호장치가 마련되면 교사들의 고용도 안정되고, 수요가 있는 부모 참여를 통해 지역사회에서의 확장성이 가능하다고 기관 A의 교사는 전망했다.

안정성만 갖춰 주면 조합도 안정적이고, 교사의 인력이라든가 자
기의 미래를 가진 젊은 사람들도 이제 들어와서 교사로 살 때 자기
미래를 그려 볼 수 있는 그런 안정성도 있다고 생각해서 그런 형태로
도 지원을 받을 수 있다면 저는 좋다는 생각을 했어요

기관 A의 교사

현장활동가, 교사, 부모조합원 모두가 '법적인 보호 규정'이 없다 보니 민원이 들어와 조사를 나오면 난감할 때가 많고, 안정성과 지속 가능성이라는 측면에서 늘 불안하다고 설명했다. 사회적 돌봄에 대한 인식이 있으면 "그 유휴시설을 최대한 이용할 수 있는 방법이라든지. 그런데 그것을 이용하기 위해서는 법적인 어떤 보호가 있어야 하니까 그 근거를 만드는 것"이 필요하다고 현장활동가는 설명했

다. 기관 A의 조합원은 "경로당과 아이들이 이렇게 좀 약간 하는 그런 롤 모델"로 되면 좋겠다는 의견을 제시했다.[8] 이에 현장활동가는 실제 대전의 "뿌리와 새싹어린이집"이 그런 사례라고 덧붙였다.

기관 B는 2016년 4월 28일에 사회적협동조합으로 전환한 첫 공동육아사회적협동조합 방과후 기관이다. 사회적협동조합으로 전환한 배경은 다음에서 볼 수 있듯이 기관의 불안정성이 주요한 이유였다.

> 우리가 보육을 담당을 하고 있는데, 이게 어린이집도 아니고, 뭐 유치원도 더욱 더 아니고. 초등학교도 아니고. 이렇게 공식적인 기관이 아닌 거예요. 학원도 아니고. 그러니까 어디에도 속해 있질 않기 때문에 이게 어떻게 보면 법적 테두리에 없는 거잖아요. 없는 기관이니까. 제가 듣기로는 어딘가에 소속이 되어 가지고 우리 기관을 안정적으로 운영을 하자는 취지에서 협동조합으로 만든 걸로 알고 있거든요
>
> 기관 B의 협동이사

사회적협동조합 전환 이후에도 달라진 것 없이 오히려 정보공시 의무로 일과 공증 비용이 늘어나 기관 B의 교사는 "우리가 제대로 온 건가 싶은 회의가 많이 든다"고 말했다. 기관 B의 협동이사는 "지

---

8) 기관 A는 경로당 건물 지하에 위치하고 있으며, 해당 지자체(시)의 유휴 공간을 활용하고 있다. 지원 근거법이 없어 공식적인 절차에 의한 것은 아니고 오랜 기간 경로당과 시의 협조로 이용하고 있다. 따라서 여전히 민원이 생기면 조합원들은 더 불안정 힘을 느낀다고 호소했다.

금 계속 임대하고 있고, 갑자기 이사를 가야 되는 그런 문제가 또 생길 수도 있어서 터전의 안정성이 가장 시급하다"고 했다. 기관 B의 운영이사는 터전의 안정성을 위해 유휴 공간 활용이나 공간 지원이 있었으면 하는 바람을 표현했다.

> 터전만이라도 어느 정도 지원이 되면 이제 훨씬 더 경제적으로 어떻게든 조금 안정이 되니까 더 많은 아이들? 네, 이제 같이할 수 있을 것 같기도 하고. 그런 부분이 있죠. ……(중략)…… 그런데 전반적으로 방과후는 점점 더 없어지는 분위기이고 쇠퇴될 수밖에 없는 것 같아요. 상황들이 다들 그러한데, 제가 봤을 때는 가장 기본적인 것은 경제적인 부분이 되게 큰 것 같아요. 네, 꼭 저희뿐만 아니고 다른 데를 보더라도. 그러니까 그런 식으로 하다못해 공간적인 부분이라도 협동조합을 하고 있고. 그 정도의 지원만이라도 되면 어느 정도의 안정이 좀…….
>
> 기관 B의 운영이사

초등돌봄에 대한 법적 근거와 책임이 부재하여 제도 안의 돌봄교실과 제도 밖의 방과후 기관 모두가 불안정하다. 공동육아 초등 방과후는 지역에서 비영리로 운영을 하고 있는데, 지원 근거가 없어서 어디에서도 공간 활용과 같은 지원을 받을 수 없다. 초등돌봄에 사회적 책임에 대한 담론이 더 필요하고, 법적 근거 마련과 더불어 교육부, 보건복지부, 지자체가 협력하는 초등돌봄지원 모델이 갖추어져야 할 것이다.

 ## 10. 논의

　연구 결과를 살펴보면, 초등돌봄교실을 선택하지 않은 데에는 몇 가지 이유가 있다.

　첫째, 일하는 부모들의 퇴근 시간과 돌봄이 끝나는 시간 사이에 공백이 있거나 돌봄교실의 경우에는 한 명의 돌봄전담사가 많은 아이를 담당하고 있어서 돌봄교실에 대한 신뢰가 높지 않다.

　학교 시간 정책과 돌봄 시간에 대한 세밀한 검토가 필요하다. 초등학교는 돌봄과 교육을 분리하여 운영하고 있다. 초등학교 아이들의 돌봄수요와 욕구는 증가하는데 학교 운영은 돌봄과 교육이 이분화되어 있다. 변화에 맞추어 학교라는 공간에서 돌봄 인력의 확충과 교육과 돌봄의 연계 시스템을 통해 교육과 돌봄을 질적으로 포괄할 수 있어야 한다.

　늘봄학교가 추진 중이지만 돌봄교실을 이용하려면 여전히 추첨을 통해 선발된 사람만 이용할 수 있어서 모든 수요자가 돌봄교실을 이용할 수 없다. 맞벌이 부모의 경우에는 4대보험이 있는 재직증명서가 있어야 한다. 따라서 4대보험이 없는 직장 여성과 전업주부는 돌봄교실을 선택할 수가 없다(이재희, 김근진, 엄지원, 2017). 부모의 조건보다는 학교 돌봄이 필요한 모든 아동이 돌봄교실을 이용할 수 있도록 하는 것이 아동들의 돌봄을 받을 권리를 보장하는 것이다.

　둘째, 현재 돌봄교실이 '정거장'과 같은 역할을 하고 있다는 비판이 있다. 이러한 지적은 돌봄전담사가 아동의 전반적인 사회적 · 인

지적·정서적 관계를 파악하고, 개입하고, 성장하도록 돕는 일과 아이에 관해 부모와의 소통이 학교 안 돌봄교실에서는 이루어지기 어렵다는 것을 의미한다. 초등돌봄정책에 대한 다양한 정책이 나오고 있어서 고무적이지만 왜 초등돌봄이 사회적 돌봄정책으로서 필요한지, 필요하다면 어떤 방식이어야 하는지에 대한 원칙적인 논의가 활발하지 않다. 초등돌봄의 질 제고를 위해 초등돌봄에 대한 정체성을 아동의 관점에서 명확히 할 필요가 있다.

셋째, 공동육아 방과후는 아동의 선택할 권리, 적절히 돌봄을 받을 권리, 발달 단계에 따라 돌봄을 받을 권리 등이 고려된다. 초등돌봄정책도 아동의 관점에서 성찰할 필요가 있다. 아동은 어떤 환경에서 어떤 돌봄을 필요로 하는지, 생애주기 과정에서 초등 시기 아동들의 발달에 필요한 것이 무엇인지, 그런 것을 돌봄에서 어떻게 결합할 것인지에 대한 통찰이 필요하다. 단순히 보호차원의 돌봄이 아니라 아이들의 성장에 도움을 될 수 있는 돌봄 내용에 대한 고민이 필요하다.

넷째, 초등돌봄교실은 초중등 교육과정 총론(교육부 고시 제2015-74호)을 근거로 운영되고 있어서 학교 내의 초등돌봄교실 운영에 대한 법적 근거가 미약하다. 따라서 돌봄교실뿐만 아니라 지역사회 내의 초등돌봄 기관에 대한 법적 근거와 지원이 미약하다. 부모들에 의해 운영되는 공동육아 방과후 기관에 대한 법적 근거와 지원도 전혀 없다. 법적 근거가 있다면 사회적협동조합 방식으로 운영하고자 하는 공동육아 방과후에 유휴 공간 활용 지원과 같은 것을 통해 마을방과후를 활성화할 수도 있을 것이다. '다함께돌봄센터'처럼 '마을 방

과후', 법인화된 사회적협동조합 방식으로 운영하는 사례들이 있기 때문에 이에 대한 지원 근거법 마련이 시급하다. 「초·중등 교육법」 개정을 통한 법적 근거를 마련하는 것도 필요하겠지만, 「아동기본법」 제정과 아동 방과후 돌봄에 대한 국가 지원이 「아동기본법」 안에 포함되어야 할 것이다.

 요컨대, 초등돌봄정책에서 학교 안과 밖 모두의 개선이 필요하다. 학교 안에서 이루어지는 돌봄교실의 정체성 확립, 학교 시간 정책을 통한 학교 교육 시간과 방과후 돌봄 시간 조정, 모든 수요자가 돌봄교실에 참여할 수 있도록 공급 확대와 질적 개선이 필요하다. 또한 학교 밖에서 다양한 형태의 초등돌봄이 법적 보호 안에서 시도될 수 있도록 지원해야 한다. 초등 방과후에 대한 법적·제도적 지원 장치를 통해 안정적이고 지속 가능한 초등 방과후 인프라가 조성될 수 있도록 해야 한다.

제4부

돌봄사회, 지속 가능한 미래

제9장　돌봄생태계 확장과 협동조합

제9장
돌봄생태계 확장과 협동조합

 1. 돌봄윤리와 보편적 돌봄

　모든 사람은 태어나서 죽을 때까지 일정 기간 의존하는 시기가 있고, 의존하는 시기에는 누군가의 돌봄이 필요한 만큼 돌봄은 특수한 대상에게 한정된 문제가 아니라 모든 사람이 살아가는 데 있어서 필수적인 것이다. 돌봄을 주고받는 것은 자연스러운 것이며, 돌봄은 모든 사람의 삶과 직결되는 보편적인 의제이다. 키테이(Kittay, 2016)는 모든 사람은 일생 동안 돌봄을 주고받으며 살아가기 때문에 돌봄 패러다임의 근본적인 전환을 제안했다. 인간 의존의 정당성을 인정하고 돌봄 관계가 보편적이라는 것을 반영하는 제도로의 재구조화를 주장했다. 개인주의와 시장주의 패러다임은 돌봄 문제를 개인과 가정의 문제로 전제하는데, 그러한 패러다임에서 벗어나 공적 기반을 둔 돌봄패러다임의 중요성을 주장했다(Kittay, 2016).

트론토(Tronto, 2014)는 "민주주의 사회에서 추구하는 자유, 평등, 정의를 실현하기 위해서는 돌봄의 민주화를 통해 제도적인 차원의 함께 돌봄이 이루어져야 한다"라고 주장했다. 즉, 돌봄 조건을 평등하게 하는 것이 중요하다고 보았다. 돌봄책임은 성별, 계층, 인종별로 위계화되어 있기 때문에 돌봄의 악순환은 돌봄제공자와 돌봄받는 사람 모두에게서 나타난다고 지적했다(Tronto, 2014). 돌봄으로 인한 악순환의 고리를 끊기 위해서는 누구나 접근할 수 있는 보편적인 차원의 공적 돌봄 구축이 필요하다.

트론토(Tronto, 2014)는 민주주의 제도가 돌봄 중심 관점에서 봤을 때는 불완전한 제도이고, 민주적인 돌봄제도화를 통해 돌봄정의를 구현하고 그 과정을 통해 진정한 의미의 민주주의가 실현될 수 있다고 보았다. 트론토의 문제 인식에 기초하여 기존의 사회제도 및 정책에 대한 성찰과 함께 새로운 돌봄패러다임에 기초하여 돌봄제도와 정책을 재구조화할 필요가 있다는 국내 연구들이 있다(김은정, 장수정, 2020; 김희강, 2020; 장수정, 2020, 2021; 장수정 외, 2021). 아동돌봄 연구를 보면 돌봄으로 인한 부정의가 재생산되고 있고, 진정한 의미의 민주주의 실현을 위해서는 돌봄민주주의에 기초하여 아동돌봄정책의 변화가 필요하다(김은정, 장수정 2020; 백경흔, 송다영, 장수정, 2017; 장수정, 2020). 돌봄정책의 변화에 대한 필요성은 많이 제기되고 있지만 구체적이고 근본적인 변화를 위한 논의는 부재하다. 돌봄정책이 돌봄 중심 관점으로 설계되어야 한다. 그렇게 되기 위해서는 기존 거버넌스에 대한 성찰과 돌봄 중심 거버넌스의 가능성을 모색할 필요가 있다. 이 장에서는 기존 거버넌스 패러다임에 대한 성

찰적 분석과 함께 돌봄민주주의 개념에 기초하여 돌봄을 주변에서 중심으로 이동시키기 위한 돌봄주류화와 돌봄거버넌스 개념을 제시하고 돌봄사회를 위한 대안을 모색해 본다.

 2. 돌봄주류화

1) 돌봄주류화 개념

돌봄주류화는 성주류화 개념을 차용한 것이다. 성주류화(gender mainstreaming)는 1995년 UN이 여성 발전 전략으로 채택하였다. 성주류화는 성을 발전의 한 범주나 부분으로 보는 것에서 벗어나 (women in development) 발전 전 과정에서 젠더와 개발 관점(gender and development)을 반영하여 모든 영역에서 성평등 전략을 이루고자 하는 개념적 정의이다. 한국에서는 성주류화를 위한 노력으로 성별영향평가와 성인지예산 등을 발전시켜 왔다(한정원, 2010). 성인지적 정책을 기획하고 모니터하는 도구를 발전시켜 왔지만 발전과 성장 중심적 패러다임을 젠더 관점에 기초하여 어떻게 변화시켜 나갈 것인지에 대한 근본적인 전략은 부재하였다. 물론, 젠더와 발전이 기존의 발전과 성장에서 여성을 추가한 것에서, 발전 과정에 젠더 관점을 반영한 것으로 한 단계 더 나아가기는 했다. 그러나 발전 과정에 고려되어야 할 핵심적 성평등 의제 중 하나인 돌봄 논의는 정책 설계와 평가에서 부재하였다.

성장·개발 중심 패러다임하에서 성별화되어 온 그림자 노동으로서의 돌봄에 대한 구체적인 비전이 성주류화 중심 논의에서 빠져 있었다. 그로 인해 성주류화를 위한 정책적 노력에도 불구하고 생산과 재생산(돌봄) 관계가 바뀌지 않았으며, 성별 분업과 가부장제 질서가 변형되며 이어지고 있다. 돌봄의 성별화, 계층화, 인종화, 돌봄에 대한 가치 절하, 돌봄의 사적 책임 기조가 지속되고 있다. 허라금(2006)은 성주류화 패러다임을 '발전'에서 '보살핌'으로 이동할 필요가 있다고 지적한 바 있다. 성주류화 과정의 주요한 걸림돌과 장애가 경쟁과 성장, 시장경제 중심 패러다임이라고 볼 때 돌봄주류화로의 패러다임 전환은 중요하다. 성장 중심 패러다임에서 벗어나 젠더 관점을 토대로 성주류화 담론을 확장하기 위해서는 돌봄을 중심으로 한 새로운 기획과 재편이 필요하다. 돌봄주류화를 위해서는 돌봄을 정책의 중심으로 놓아야 하며, 돌봄에 대한 권리를 보장하는 책임성이 있어야 하며, 돌봄을 모든 시민의 권리이자 책무로 바라보는

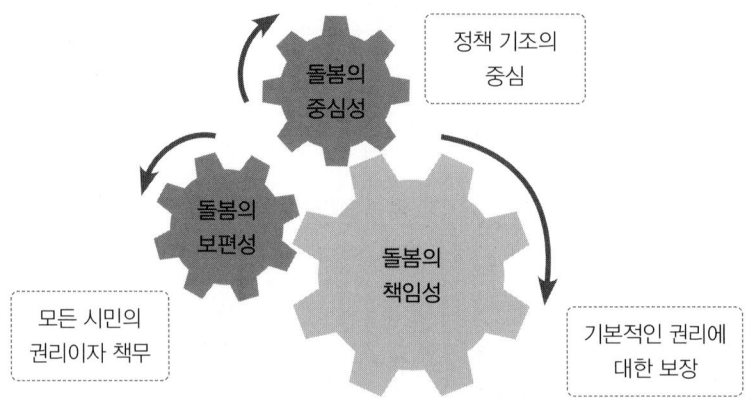

[그림 9-1] 돌봄주류화를 위한 핵심 관점

보편적인 관점을 견지해야 한다([그림 9-1] 참조). 이런 관점에서 국가정책, 사회정책, 복지 정책 전반에서의 돌봄주류화(돌봄중심성)를 위한 재구조화가 필요하다.

한국 정책에서 돌봄은 여성의 일과 돌봄을 지원하기 위한 정책, 부모와 아이가 있는 가족을 지원하는 정책으로 간주되어 왔다. 따라서 돌봄 대상자들을 위해 지원 대상의 범위와 예산을 기존에 해 왔던 것에서 조금씩 확대하고, 돌봄서비스를 추가하는 방식을 넘어서지 못했다. 예컨대, 보육 예산의 경우에도 돌봄 필요에 기초하여 계획하고 분석하기보다는 정치적 역학 속에서 이루어져 왔다(백선희, 2011; 장수정, 2013). 보육뿐만 아니라 한국의 대부분의 복지 정책은 정치적으로 작동되며 발달되어 왔다(김영순, 2021). 경제 성장을 위한 도구로서 출산 정책, 출산 정책의 도구로서 일·가족 양립과 돌봄정책이 정부 정책 담론의 중심이 되었다. 돌봄에 대한 국가 책임

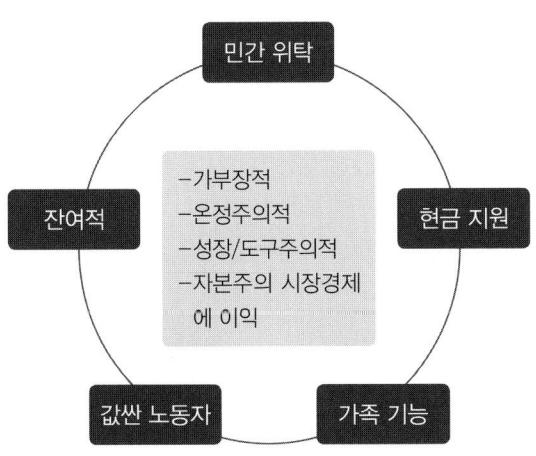

[그림 9-2] 돌봄에 대한 국가 책임의 양상

은 가부장적이고, 온정적이며, 성장중심적이고, 도구주의적이며, 자본주의 시장경제에 이익이 되는 입장을 취해 왔다. 이런 관점에 기초하여 돌봄 복지정책은 잔여적이고, 가족이 기능하도록 현금 지원을 많이 하고, 값싼 돌봄노동자 활용과 민간 위탁 방식을 취해 왔다. 결과적으로, 국가는 가족이 돌봄을 담당하는 전통적인 가족 기능을 유지하도록 보조적 지원 차원의 역할만을 담당해 왔다. 돌봄자에 대한 사회보장이 부족하고 돌봄 차별을 묵인해 왔다([그림 9-2] 참조).

돌봄은 양도하거나 포기할 수 없는 모든 시민이 누려야 하는 권리이자 책무임을 인식하는 근본적인 패러다임 전환이 필요하다. 즉, 돌봄정책은 모든 시민의 삶을 위해 국가 전반의 정책 기조의 중심으로 이동할 필요가 있다. 돌봄 중심 사회에 대한 논의에 기초하여 사회, 경제 등 전반에 돌봄 중심 패러다임이 관통할 수 있도록 재편할 필요가 있다.

〈표 9-1〉에서는 돌봄모델이 어떻게 변화되어 왔는지와 대안모델을 제시한다. 첫째, 정의 중심 윤리에서는 돌봄이 비가시적이다. 현재는 돌봄이 주요 사회 이슈가 되면서 정의윤리만큼 돌봄윤리가 중요해졌다. 노동시장 참여를 위해 육아휴직, 양육수당 등 돌봄의 권리도 강조한다. 그러나 돌봄주류화를 위해서는 돌봄으로 인한 부정의와 불공정에 대한 직시, 돌봄정의를 중심으로 사회 윤리가 재구성되어야 한다.

둘째, 돌봄이 여성의 일이라고 간주했을 때는 여성이 돌봄을 잘할 수 있도록 지원하는 수준이었다면, 현재는 젠더 관점에 기초하여 아버지 휴가 등의 정책 대상의 확대와 돌봄의 사회화를 통해 돌봄이 여

성에게 국한된 것이 아니라는 인식으로 변화하고 있다. 앞으로 돌봄으로 파생된 성·인종·계층 차별 등에 민감하게 반응하며 돌봄으로 파생된 다양한 차별이 발생하지 않도록 하는 정책적 지향이 필요하다.

셋째, 과거에는 돌봄이 성장을 위해 보이지 않는 그림자로 위치해 있었다면, 현재는 성장을 지속시키고 생산 인구를 유지하기 위해 돌봄을 중요하게 고려하는 수준이다. 대표적인 정책이 일·가족양립지원정책이다. 그러나 여전히 경제 성장, 성장을 위한 출생률 향상 등을 위한 도구적인 담론 수준에 머물러 있다. 이런 수준의 관점과 정책으로는 우리 사회가 지속 가능하지 않다는 부정적인 사회 지

표 9-1 돌봄모델의 변화

항목	기존 (돌봄그림자모델)	현재 (돌봄추가모델)	대안 (돌봄중심모델)
1. 윤리	정의 (justice)	돌봄과 정의 (care and justice)	돌봄정의
2. 돌봄과 차별 관계의 인식 변화	돌봄과 여성 (care and women)	돌봄과 젠더 (care and gender)	돌봄과 교차성
3. 돌봄과 생산과의 관계	성장 속의 돌봄 (care in growth)	돌봄과 성장 (care and growth)	돌봄사회
4. 돌봄 권리 변화	사회권 (social right in policy)	사회권과 돌봄권 (social right and care right)	돌봄시민권
5. 복지와 돌봄 관계	복지 안의 돌봄 (care in policy/welfare)	복지와 돌봄 (care and welfare)	보편적 돌봄

2. 돌봄주류화 **217**

표들이 나타나고 있다. 대표적인 것이 저출생, 비혼 1인가구 증가 등이다. 특히 1인가구의 라이프스타일 연구를 보면 재생산 영역에서도 생산적인 것을 해야 경쟁력을 갖추게 되는 신자유주의 경쟁 구조 아래에서 재생산 영역의 삶을 중요하게 간주하지 않고, 외주화하거나 원가족의 모로부터 도움을 받으며 해결한다(김수영, 박준혁, 권하늬, 2022). 생산의 지속 가능을 위해서도 돌봄이 가능한 돌봄사회로의 전환이 필요하다.

넷째, 과거에는 돌봄권이 간과된 사회권만을 강조했다면, 현재는 사회권에 돌봄권이 추가된 형태이다. 앞으로는 돌봄정의에 기초하여 돌보는 시민을 전제로 돌봄이 보장되는 돌봄시민권의 개념이 필요하다.

다섯째, 과거에는 전통적인 패러다임과 사회윤리 토대 위에서 돌봄정책이 복지 정책의 하위 범주에 머물렀다. 따라서 특수한 대상에게 최소한의 돌봄서비스가 제공되는 데 머물렀다면, 현재는 복지 정책에서 돌봄이 중요하게 부상하였다. 그럼에도 불구하고 보편적으로 돌봄을 받을 권리와 돌봄을 제공할 수 있는 권리로 확장되지는 못하고 있다. 복지 담론에서 돌봄을 제공하는 돌봄노동자, 돌봄제공자, 돌봄의존자 등 돌봄을 둘러싼 모두를 포괄해야 한다(마경희, 2021). 돌봄주류화에 기초한 돌봄은 복지 안의 하위 범주나 복지에 돌봄을 부가하는 방식이 아니라, 누구나 돌봄을 주고받는 보편적 돌봄이 이루어지는 방식이어야 한다.

〈표 9-1〉에서는 보편적 돌봄이 이루어지기 위해 뒷받침되어야 하는 패러다임과 변화의 방향을 제시한다. 기존 모델은 돌봄이 비가

시화되고, 여성에 의해 성별 역할로 기대되고 전제되어 돌봄그림자 모델로 명명했고, 현재는 사회 문제를 해결하기 위해 돌봄정책을 보완하는 식이어서 돌봄추가모델로 이름을 붙였다. 대안적인 돌봄모델은 돌봄 중심 관점에 의해 사회 변화를 주도하고, 모두가 돌봄을 주고받을 수 있는 사회를 지향할 필요가 있다는 차원에서 돌봄중심모델로 했다.

북유럽 국가들은 〈표 9-1〉에서 언급한 방향을 취하고 있다. 스웨덴의 경우에는 돌봄노동을 개별적인 정책적 접근으로 보지 않고 국가 전반에 걸친 정책 담론으로 설정하고 있다(김은지 외, 2018). 덴마크에서는 짧은 노동 시간과 충분한 돌봄노동 시간을 모든 개인이 가질 수 있도록 한다. 돌봄을 외주화하는 방식이 아닌 삶에 돌봄이 충만하도록 하는 삶을 정책의 기조로 삼으면서 국가 경쟁력을 유지하려고 노력한다(김은지 외, 2018). 돌봄정책을 정치적이고 일시적인 담론으로 그치지 않기 위해서는 돌봄 중심 담론 확산과 돌봄거버넌스 구축이 수반되어야 한다.

2) 돌봄주류화로서의 돌봄정책

돌봄은 공동체의 몫이었다가 근대 산업화 과정에서 가족 내 여성의 책임이 되었다. 자본주의 발달 과정에서 돌봄 문제를 해결하기 위해 복지제도를 통한 돌봄의 시설화[1])가 확산되었고, 돌봄의 시장화도 가속화되었다. 돌봄은 가족화, 시설화, 시장화 등 여러 경로를 거쳐 왔다. 그러나 여전히 돌봄 자원은 부족하고, 돌봄을 필요로 하는 사람은 돌봄을 제대로 받지 못하고, 돌봄을 수행하는 사람은 온전한 사회권을 보장받고 있지 못하다(장수정 외, 2021). 돌봄을 둘러싼 정책, 제도, 수당 등이 계속 확대되어 왔지만 중복적이고 산발적이어서 근본적인 문제 해결을 위한 방향과 동떨어져 있다.

돌봄을 필요로 하는 사람들의 입장에서 보면 국가와 제도는 멀고, 시장은 고비용이고, 돌봐 줄 가족은 충분하지 않거나 없다. 몇몇 학자는 돌봄의 시장화가 수요자들에게 다양한 선택권을 주고 질 좋은 서비스를 제공해 준다고 설명한다. 반면에 일부 학자들은 빈곤한 사람들의 경우에는 시장 접근성이 어려워서 양극화를 초래한다고 비판한다. 돌봄 연구가들은 돌봄의 시장화, 시설화, 성별화를 비판해 왔다(김희강, 2020; Fraser, 2016). 이런 누적된 문제를 해결하기 위해서는 공적 돌봄 인프라와 재원을 통한 질 좋은 돌봄서비스가 보편적으로 제공되어야 한다(장수정, 송다영, 백경흔, 2023).

우리나라도 공적 재원을 돌봄 분야에 지속적으로 투입해 왔고, 돌봄 시설을 확충해 왔다. 그런 시설들이 초기에는 지역사회 밖에 있었으나 최근에는 지역사회 안에 소규모 시설로 확대되었다. 지역사회 내의 돌봄서비스 제공의 확대는 노인장기요양보험제도와 같은 공적 제도 도입과도 관련이 있다. 그러나 대부분의 노인요양시설과 서비스 기관은 민간 위탁으로 이루어져 있어서 국공립요양시설은 약 3%이고, 국공립가정요양시설은 약 1%로 국공립노인요양시설이

---

1) 시설화는 돌봄을 사회화하고 탈가족화하는 맥락에서 돌봄 문제 해결 방법으로 평가되기도 하고, 동시에 돌봄이 대규모 시설에서 집단적으로 통제된다는 측면에서 비판적으로 평가되기도 한다.

턱없이 부족하다(이경민, 2022). 국공립시설의 부족은 아동 및 장애인 시설의 경우도 마찬가지이다. 또한 대상자에 따라 각기 다른 근거법에 의해 돌봄서비스가 파편적으로 이루어지고 있다(장수정, 송다영, 백경흔, 2023).

돌봄은 양도하거나 포기할 수 없는 모든 시민들이 누려야 하는 권리임을 인식하는 패러다임 전환이 필요하다. 모든 시민의 삶을 위해 돌봄정책이 정책의 중심에 있어야 한다. 돌봄의 중심성뿐만 아니라 돌봄은 돌봄을 주고받는 관계로 이루어지기 때문에 최상의 돌봄이 이루어지는가를 보기 위해서는 돌봄자와 의존인 모두의 측면을 살펴보는 것이 중요하다(Kittay, 1999, 2016).

돌봄은 돌보는 사람, 돌봄을 받는 사람 그리고 돌봄을 수행하는 돌봄 관계자 모두의 입장을 고려한 제도를 포함해야 한다. 따라서 돌봄자를 돌보는 돌봄정책 역시 중요하다(Kittay, 2016). 예컨대, 자녀를 양육하는 부모뿐만 아니라 보육교사의 자녀 돌봄권을 위해 대체 인력 또는 탄력 근무 보장, 돌봄 휴직 시 소득 보장, 휴게 시간 및 최소 보육 인원 보장 등이다. 특히 휴게 시간 및 최소 보육 인원 보장은 아동을 위한 보육의 질을 높이는 것과 직접적으로 연관된다. 돌봄의 보편적인 사회적 책임, 즉 돌봄을 모든 시민의 책무로서 실천할 수 있도록 여건이 마련되어야 한다.

그동안 우리나라의 돌봄정책과 서비스는 복지 영역에서 부수적이었다. 돌봄정책에 대한 국가의 책임과 역할을 보면 복지정책 특히 가족 정책의 한 분야로 간주하고, 돌봄 필요에 최소한으로 대응해 왔다. 한국 사회의 경우에는 1980년에 노인복지와 장애인복지에서 재가복지가 도입되면서 돌봄 대상을 '보호 대상'으로 접근하였다. 1991년 「영유아보육법」을 제정하면서 아동돌봄은 보육의 사회화라는 개념으로 출발했다. 돌봄을 필요로 하는 사람은 증가하는데, 돌볼 수 있는 사람이 적어 돌봄 문제가 심각해질 것이라는 위기 담론이 대두되었다. 돌봄 이슈가 국가적인 차원으로 부상한 것은 2000년 이후 인구 감소 때문이다. 돌봄이 '신사회위험' '돌봄위기' 등의 언설로 등장했다. 돌봄이 국가 정책적 의제로 떠오른 것은 2006년의 1차 저출산고령사회기본계획 전후이다. 이후 무상보육 제도, 초등돌봄교실, 노인장기요양보험제도 등이 국가 책임을 강화한 제도들이다. 그러나 여전히 돌봄을 생애주기 전반에 누구나 돌봄을 주고받는 전제로 보고 있지 않으며, 모든 대상에게 보편적으로 주어져야 하는 하나의 권리로 접근하고 있지 않다.

실제 정책에서 돌봄은 보편적인 정책으로 설계되기보다는 '돌봄 공백' 메우기, '돌봄 사각지대' 발굴 및 지원, '돌봄 취약층' 지원 등의 단어에서 알 수 있듯이 선별적이고 제한적으로 이루어졌다. 모든 잠재적 수요까지 포괄하여 대응하는 선제적·예방적 접근보다는 정책 공급자 관점에서 예산에 맞추어 대상을 정해 지원하는 접근을 벗어나지 못했다. 돌봄을 보편적인 문제로 바라보며 돌봄 자원을 확충하여 보편적인 서비스를 제공하기보다는 한정된 자원으로 꼭 필요한 대상을 선발 또는 추첨하여 제공하는 보수적인 방식을 취해 왔다. 이런 접근으로 장애인, 노인, 정신장애인, 만성질환자, 미취학 아동 등으로 대상 범위를 조금씩 넓히고, 사각지대 발견 시 후속 지원하는 방식이었다. 요컨대, 그동안의 돌봄정책은 돌봄수요에 정부의 예

산과 대상 범위를 점증적으로 확대하는 차원의 보충적인 방식이었다. 메우기식의 정책은 메워지지 못하는 사각지대가 있기 마련이고, 그로 인해 아동들의 방임, 여성들의 경력 단절, 만성적인 질병이나 고령 가족 구성원의 돌봄 문제는 여전히 미해결 과제이다. 한국 사회의 돌봄정책은 돌봄의존자를 특정화하고, 돌봄을 개인이(개별 가족이) 1차적으로 해결하도록 하고 있어서 돌봄으로 인한 부정의가 지속된다(송다영, 2022).

한국 여성의 노동시장 참여율을 보면 2024년 기준 15세에서 64세 경제활동 참가율과 고용률이 56%, 54.8%이다(통계청, 2024). OECD 38개국 나라 중에서 하위권에 속한다. 2023년 기준 OECD 여성 경제활동참가율은 평균 63%에 훨씬 못 미치고, 고용률은 61%에 못 미친다(한국경제인협회, 2025). 2021년 기준 기혼여성 중 30대 경력 단절 경험의 여성은 28.5%이다. 경력 단절 이유 중 육아가 43%로 가장 높았다(통계청, 2022). 맞벌이 여성의 노동시장 참여율과 유지율을 보면 돌봄으로 인한 고용 기회와 참여에서 불평등이 나타났다. 특히 미취학 아동이 있는 여성들의 노동시장 참여율을 보면 6세 이하가 47.5%, 7~12세가 59%, 13~17세가 66.1%로 미취학 아동이 있을수록 고용률이 낮았다(통계청, 2022). 경제협력개발기구 G10에 속할 정도로 경제 선진국에 들어선 우리나라의 성장과 위상을 비교해 볼 때 매우 낮은 수치다. 미취학 아동 및 초등돌봄정책의 중요성이 높아졌지만 여전히 제한점이 많다. 아동돌봄정책은 아동을 책임지고 있는 부모 및 가족 등 보호자 모두의 안정감, 고용안정성과 직결된다. 또한 아동들이 보육 기관에 참여하는 시작 연령이 빨라지고,

표 9-2 보편적 복지로서의 돌봄패러다임

항목	구분	전통적인 돌봄정책 패러다임	돌봄정책 주류화 패러다임
1	이론적 근거 및 관점	가족 중심 이데올로기와 성별 분업 남성생계부양자모델	보편적 돌봄자모델 돌봄민주주의
2	정책 목표와 실천 접근	자본주의로 파생된 돌봄 문제 해결 접근	돌봄 중심 관점으로 돌보는 사회로의 환경 변화 주도
3	국가 책임과 역할	부분(보완) 지원	중심
4	돌봄/서비스 대상	보호 대상자 중심	모든 시민
5	서비스	선별적	보편적
6	목적	약자에 대한 보호 경제활동 지원 저출생 문제 해결	권리와 책무로서 돌봄권
7	예산	공급자 중심의 계획 예산	선제적·예방적 예산

머무르는 시간이 길기 때문에 아동의 행복감을 위해서도 돌봄정책은 중요하다.

따라서 〈표 9-2〉에 제시한 것처럼 자본주의 사회에서 파생되는 돌봄 문제를 사후적으로 해결하는 것이 아니라 돌봄 중심으로 사회 환경 변화를 바꿀 필요가 있다. 국가는 돌봄을 부분적으로 보완하고 보충하는 방식으로 접근하는 것이 아닌 돌봄을 삶의 중심에 놓고 모든 영역에서 돌봄을 가치 있게 평가하도록 해야 한다. 따라서 돌봄은 모든 시민을 대상으로 보편적인 방식으로 이루어져야 한다. 약자에

대한 보호, 경제활동과 저출생 문제를 해결하기 위한 도구적 차원으로서의 돌봄이 아니라 권리와 책무로서 모든 시민의 돌봄권 차원에서 이루어져야 한다. 또한 공급자 중심으로 계획된 예산 설계가 아니라 문제를 예방하는 차원에서 예산 설계가 필요하다. 모든 영역에서 돌봄주류화를 통한 돌봄정의, 돌봄정의를 통한 민주주의 사회가 이루어질 수 있도록 돌봄 관련 전반을 재편성해야 한다.

3. 돌봄정의와 돌봄거버넌스

거버넌스라는 용어는 '정부'로 지칭되는 전통적이고 일방적인 통치 및 관료적인 특성에서 벗어나 변화를 상징하고 다양한 주체에 의한 통치 시스템을 의미한다(이명석, 2002; 김영 외, 2008). 광의의 차원에서의 거버넌스는, 공적인 문제를 다양한 이해관계자 간의 상호작용과 참여로 조정하면서 결정해 가는 방식을 포괄하고, 협의의 차원에서의 거버넌스는, 서비스 공급과 의사결정 과정에 적극적인 시민의 역할을 포함하는 개념이다(이명석, 2002). 국내 사회정책에서 거버넌스는 서비스 공급에서 정부, 지방정부, 시장, 제3섹터 등의 참여와 협력적 운영 및 관리가 강조되면서 담론이 확대되었다.

돌봄거버넌스는 젠더 관점을 담보해야 한다는 측면에서 젠더거버넌스 관점을 포함한다. 젠더거버넌스는 젠더 관점에 기초하여 주체 구성, 가치와 목표, 운영 방식, 성과 등에 책임 있게 대응하는 것이다(안태윤, 2016; 김지성, 2018; Brody, 2009). 젠더거버넌스의 규범적 원리는 비판과 감시가 전제된 성찰적 협력 구조인 참여-민주적 모델이다(이재경, 김경희, 2012). 젠더거버넌스는 모든 정책 기획 및 실천 과정, 의사결정, 기구, 참여 등에 젠더 관점을 반영하는 것이다. 젠더거버넌스를 통해 불평등한 문제를 개선하고, 성평등하게 참여하도록 하고, 성평등하게 분배되도록 하여 궁극적으로 성평등한 사회를 지향한다. 젠더거버넌스는 다양한 이해관계자의 상호작용과 참여로 조정하면서 결정해 가는 방식으로 설계되는 거버넌스 개념에서 이해관계자들의 관계는 성중립적이지 않고 권력관계가 전제되어 있음을 직시하면서 젠더 관점을 반영한다.

정부라는 용어 대신에 거버넌스라는 담론을 통해 전반적인 운영 원리의 변화를 담아내는 지자체의 노력이 있었고, 시민 참여 실천 원리의 적용 및 성과도 있었다(박상필, 2014). 젠더거버넌스라는 개념을 통해 성평등한 사회를 이루기 위한 거버넌스 운영 원리 및 추진 체계에 대한 논의와 실천 노력도 있었다(나성은, 2018; 박선영, 김복태, 2019). 그럼에도 불구하고 돌봄의 사소화, 돌봄의 성별화, 돌봄으로 야기되는 불평등과 부정의가 지속되고 있다. 그것은 기존의 거버넌스 중심 패러다임 안에 돌봄이 중심에 있지 않고, 정책 실행 과정에서 돌봄은 특정 대상의 이슈로 주변화되고, 모든 영역에서 돌봄이 가치 절하되어 있기 때문이다(장수정, 2021).

따라서 이 장에서 돌봄거버넌스의 용어를 다층적인 차원에서 사용하고자 한다.

첫째, 돌봄민주주의 관점에서 제도적 장치를 통해 함께 돌보는 사회를 설계하는 주요한 책임은 정부에 있고, 그러한 차원에서 돌봄윤

리 패러다임에 기초한 돌보는 거버넌스(caring governance)라는 의미가 있다.

둘째, 돌봄의 특성과 관련이 있다. 돌봄 실천은 관계적인 것이고, 돌봄서비스에는 다양한 이해관계자가 있다. 돌봄서비스 공급 역시 정부, 지방정부, 시장, 협동조합과 같은 제3섹터 등이 관련되어 있다. 그러나 현재 돌봄은 정부 예산에 따른 공급자 중심이고, 대부분 시장에 맡기고 있다. 따라서 다양한 이해관계자의 상호작용과 참여로 조정하면서 결정해 가는 방식이라는 거버넌스의 특성을 강조한다. 특히 돌봄민주주의 관점에 기초하여 돌봄이해관계자들이 의제를 발굴하고 의사결정에 참여하는 민주적 돌봄의 제도화라는 측면을 강조한다.

셋째, 거버넌스 구성에 있어 기존 연구자들이 발전시켜 온 젠더 관점이 반영된 젠더거버넌스는 이 연구의 돌봄거버넌스 개념의 중요한 전제이다. 그러나 젠더거버넌스가 기본 거버넌스의 몰성성(gender-blindness)에 대한 비판을 견지하는 데 머무른 반면, 돌봄거버넌스는 한 사회의 근간인 돌봄을 중심으로 하는 패러다임 전환을 담보하고 있기 때문에 성평등을 지향하는 젠더거버넌스 개념을 한 단계 끌어올린 개념이라고 할 수 있다.

돌봄거버넌스의 구성은 거버넌스에서 주변화되어 왔던 '돌봄'을 중심에 놓고 상호 의존과 관계적 특징을 지닌 돌봄의 속성과 다양한 이해관계자가 관련되어 있는 '돌봄 관련 정책외 운영 원리'를 재편하는 것이다. 돌봄거버넌스는 돌봄 중심 가치와 관점에 기초하여 돌봄 가치의 목표와 운영, 성과를 돌봄관련자들의 구성과 민주적인 참여로 조정하고 결정해 가는 방식을 지향한다. 결국, 돌봄거버넌스는 돌봄민주주의 관점에 기초하여 성별 권력관계의 불평등에 대한 인식과 관점에 대한 민감성을 토대로, 돌봄을 중심으로 민주적 돌봄을 제도화하기 위한 틀이다. 따라서 돌봄거버넌스는 돌봄민주주의의 이론적 관점의 토대 위에 있고, 젠더 관점에 기초한 젠더거버넌스 지향성이라는 전제 위에 있다.

돌봄거버넌스의 개념은 구체적인 돌봄서비스 공급에서도 적용할 수 있다. 우리나라 돌봄서비스의 특성은 하향식의 공급자 중심 방식이 대부분이어서 비민주적인 운영으로 수요에 적절히 대응하고 있지 못하다(김은정, 장수정, 2020). 돌봄거버넌스는 서비스 공급에 참여하고 있는 정부, 지방정부, 시장, 제3섹터 등의 참여와 협력 관계 안에서 이루어지도록 하는 것이다. 그 안에 돌봄을 둘러싼 다양한 이해관계자(관련 당사자)의 적극적인 참여가 보장되는 구조라고 할 수 있다. 즉, 돌봄거버넌스는 돌봄이해관계자들의 동등한 참여를 보장하는 구조이다. 돌봄이 주요 의제로 다루어질 수 있도록 하고, 돌봄 관련 주체들이 참여하여 함께 의사결정을 할 수 있도록 하는 체계를 갖추는 것이다. 돌봄이 개인화되고 시장화되면서 복지 정책 차원에서 보면 공공성의 가치가 하락했다. 여기서 공공성이란 공급 주체가 정부냐 지자체이냐 하는 측면에 국한하지 않고 돌봄서비스의 목적이 공적이며 사회적인 목적을 취하느냐 하는 공공성과 서비스의 질 측면에서의 공공성을 포함한다. 기존의 관료 중심의 서비스는 상명하달식 공급 구조의 형태로 서비스가 전달되어서 민주적 절차가 부족하다. 돌봄거버넌스 안에서 서비스 전달은 돌봄복지의 공공성과 절차적 민주성을 지향한다.

돌봄거버넌스는 돌봄정의를 실현하기 위한 제도이기도 하고, 돌봄거버넌스는 돌봄민주주의를 실천하는 운반체라고 할 수 있다. 돌봄거버넌스를 통해 돌봄 주체들의 목소리가 반영되고, 돌봄 가치를 회복하기 위한 돌봄이 의제화되고, 결과적으로 함께 돌봄을 실천하고 돌봄의 주류화를 견인할 수 있다. 돌봄이해관계자들이 권리의 담지자로서 돌봄 관련 욕구를 드러내고, 상호 소통하고, 돌봄책임과 분배를 조정하고, 돌봄노동을 가치화하는 폭넓은 실천이 이루어질 것이다. 돌봄 관련 당사자들의 목소리를 반영하고, 돌봄부정의와 불평등의 문제를 드러내고, 절차를 통해 개선하고, 민주적 돌봄을 실천하는 것이다.

그러나 경계해야 할 것은 개혁적인 돌봄거버넌스 구성이 상대적으로 민주적인 것처럼 보일 수 있지만, 거버넌스 구성과 기능 역할이 정부 주도의 거버넌스 형태로 통제, 관리, 편입될 수 있는 위험도 있다(정인경, 2013). 대안적인 돌봄거버넌스가 관료 중심으로 관리되는 형태로 흐르지 않도록 하는 민주적 장치가 필요하다. 돌봄민주주의에 기초한 돌봄거버넌스 구성에서 중요한 것은 조건과 절차가 민주적으로 작동하도록 하는 것이다. 궁극적으로, 돌봄거버넌스의 구성과 운영을 통해 돌봄정의를 구현하고, 돌봄민주주의로 나아가는 것이다. 따라서 돌봄거버넌스를 통해 돌봄관계자들이 참여하여 의제를 발굴하고 의사결정이 이루어질 수 있도록 하는 것이 중요하다. 다양한 돌봄이해관계자의 참여를 통해 돌봄의 가치화와 인정, 공정한 분배, 함께 돌봄 등 돌봄의제가 중요하게 다루어지고, 평가되고, 소통 되는 긍정적인 선순환이 이루어질 수 있다.

돌봄거버넌스의 방향은 다음과 같다. 첫째, 돌봄책임이 많은 사람의 경우, 노동시장 기회에서의 차별과 돌봄책임으로 인한 차별을 받지 않도록 하는 정책 방향이어야 한다. 둘째, 공평하게 돌봄책임을 질 수 있도록 하는 방향이어야 한다. 셋째, 노동시장에서 돌봄을 수행하는 돌봄노동자에 대한 돌봄정의가 돌봄이 수행되는 모든 과정에서 설계되어야 할 것이다.

돌봄 중심 관점에 기초한 제도 설계를 위해 돌봄거버넌스 구성은 필수적이다. 돌봄거버넌스의 핵심은 돌봄정의 패러다임에 기초하여 돌봄을 주류화하는 것이다. 보편적 돌봄을 실천하는 방향으로 전환하는 것도 중요한 것 중 하나이다. 또한 다양한 돌봄 주체의 협력과 네트워크를 포괄하는 것도 중요하다. 그 안에서 돌봄종사자를 비롯한 다양한 돌봄이해관계가 의제 발굴과 의사결정 과정 참여 여부뿐만 아니라 참여 과정에서 동일 주체들 간에 소통이 민주적으로 이루어지는 제도적 장치가 마련되도록 해야 한다. 특히 돌봄주류화 과정에서 나타날 수 있는 관료화, 돌봄을 둘러싼 젠더 관점의 탈정치화, 성평등과 맞물리는 돌봄정의라는 좌표를 상실할 위험성을 경계해야 한다(마경희, 2011).

4. 협동조합하며 사는 것이 가능한 사회를 위하여

여성주의 학자들은 돌봄을 둘러싼 부정의의 지속에 자본주의와 가부장제를 지속적으로 문제 제기해 왔다. 돌봄은 자본주의 발달 과

정에서 자본주의를 떠받치는 재생산 영역의 하나로 위치해 왔으며, 자본주의 생산 경제 중심에서 주변화되어 가족화, 개인화, 젠더화, 계층화되며 평가 절하되어 왔다(Fraser, 2016). 자본주의의 수탈과 착취를 통해 재생산 영역이 유지되어 왔고, 국가의 제도와 법은 그러한 것이 가능하도록 공모하며 떠받쳐 왔다(Fraser, 2022). 자본주의뿐만 아니라 역사적으로 이어져 온 가부장제를 통해 돌봄의 부정의가 진화해 왔다고 지적했다(Folbre, 2023). 소가족화 및 고령화로 돌봄을 필요로 하는 인구비중이 점점 커지고, 생애 과정 중에 누구나 돌봄을 받고 돌봄을 수행해야 함에도 불구하고 돌봄수행의 성별화와 가치 절하는 크게 변화하지 않았다. 여성의 평균 가사 노동은 남성에 비해 일 평균 2시간 20분시간가량 여전히 더 많다(통계청, 2020). 성장과 경쟁 중심의 자본주의 시장경제 안에서 돌봄자, 주로 돌봄을 책임지는 여성은 주변화되기 마련이다.

돌봄의 시장화와 외주화도 가속화되고 있다. 시장 노동에서 돌봄의 성별화와 계층화는 더욱 뚜렷하다. 빈곤 국가에서 부유한 국가로 이동하는 돌봄노동자의 이주화·인종화 현상도 강화되고 있다(김현미, 2022). 돌봄의 성별화, 계층화, 인종화는 가부장제 질서의 역사와 자본주의 사회가 교차되고 중첩적인 집단 권력의 위계 구조화와 함께 진화되어 왔다(Folbre, 2023). 따라서 성장·시장·남성 중심 노동에 대한 성찰 없이는 돌봄의 성별화는 변화하기 어렵다. 돌봄을 하면서 일을 할 수 있는 일상생활 세계가 불가능한 사회적인 환경과 조건에서는 연령, 결혼 여부 등과 상관없이 돌봄책임자의 상황을 '취약'하게 만들고, 돌봄으로 인한 차별적인 경험을 할 수밖에 없다.

돌봄을 받는 사람 역시 적절하고 충분한 좋은 돌봄을 받기보다는 상황에 따라 주어진 돌봄을 받게 된다.

자본주의와 가부장제로 축적된 돌봄부정의를 개선하기 위해서는 돌봄윤리에 기초한 법, 문화, 교육을 포함하여 정치, 사회, 경제 전반에 대한 성찰과 총체적인 개선이 필요하다. 사회제도적인 측면에서 돌봄을 기본권으로 보장하여 돌봄의 책임성과 돌봄으로 인한 차별을 금지하는 등 법적·제도적 장치가 필요하다. 돌봄을 둘러싼 다양한 요소(성, 계층, 인종 등)와의 통합적·교차적 관점에 대한 통찰이 필요하다. 이를 위해 제도교육에서의 돌봄교육과 사회운동 차원에서 돌봄운동이 필요하다. 정치적으로는 돌봄을 중심 의제화 해야 하고, 돌봄당사자들과 의제 테이블에서 의사결정을 함께할 수 있어야 한다. 단순히 대표자 몇 명이나 아니라 당사자의 목소리가 반영될 수 있어야 할 것이다(Ueno, 2024). 경제 부문에서는 돌봄노동의 가치화, 돌봄노동이 가능한 노동 시간 정책의 변화, 돌봄노동자를 돌보는 정책이 필요하다. 또한 돌봄거버넌스 구성을 통한 돌봄국가로의 운영 방향과 설계가 필요하다. 민주적인 돌봄거버넌스 구조 안에서 돌봄의 공공성과 보편성을 전제로 서비스가 전달되어야 한다. 예산이 돌봄 중심으로 잘 설계되었는지, 돌봄 예산이 실제 돌봄 문제를 개선하는 방향으로 잘 쓰였는지에 대한 평가도 수반되어야 한다([그림 9-3] 참조). 궁극적으로, 우리 사회에서 돌봄이 주류화되고, 돌봄사회로 이동할 수 있도록 정치, 경제, 사회, 문화 등에서 전반적인 개선이 이루어져야 한다.

자본주의의 경제 성장 중심 가치와 그로 인해 발생하는 문제를

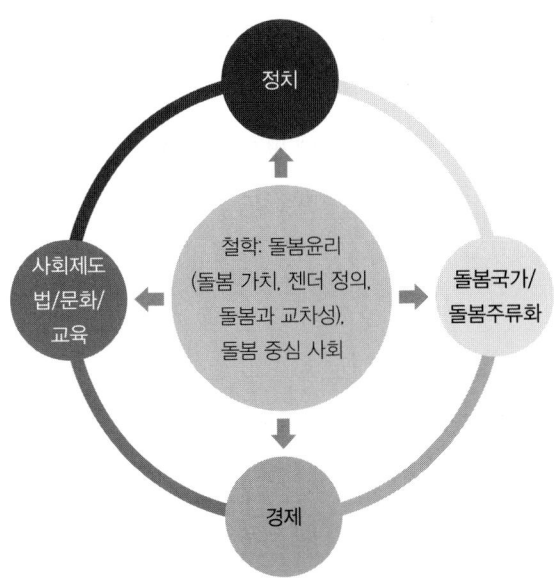

[그림 9-3] 돌봄사회로의 전환

지적하며 대안으로 탈성장, 협동, 공유, 생태, 돌봄사회로의 전환이 필요하다는 일련의 논의가 있다(백영경, 2020; 채효정, 2020; Mies & Shiva, 2013). 돌봄연구가들은 자본주의의 성장 제일, 약탈적 체계에서는 돌봄 가치가 회복되기 어렵고, 함께 돌보는 사회가 어렵다고 진단한다. 돌봄이 가능한 사회로 전환되기 위해서는 돌봄이 '뉴노멀'이 되고, '돌봄 경제'가 중심이 되어야 한다고 지적한다(채효정, 2021).

고르츠(Gorz, 2008, 2015)에 따르면, 현재의 자본주의 체제는 타인을 위해 일하고 임금을 받는 '타율노동'의 시간이 너무 긴 타율노동 중심 사회이다. 이는 커뮤니티를 위해 자신이 하고픈 일, 돈과 무관한 일인 '자율노동'을 할 수 있는 조건을 갖추지 못하였음을 의미한다. 음식을 만들고 치우고, 청소하는 등 생존을 위해 필요한 '자활노동' 역시 성별화되어 여성은 지속적으로 자신과 누군가를 위해 일해 왔다. 타율노동에 의해 잠식된 자율노동과 자활노동을 위한 시간을 회복하는 것이 필요하다. 성별에 따라 불균형화된 타율노동, 자활노동, 자율노동에 대해서도 성찰할 필요가 있다. 이러한 것이 가능하기 위해서는 노동 시간 단축 등 사회·제도적인 환경이 우선 뒷받침되어야 한다. '그림자 노동'(Illich, 2015)에 대한 대전환적 사유가 필요하다. 보이지 않는 가사, 양육 등의 일이 생산의 부수적인 것, 생산을 위해 수반되는 것이 아니라 삶에 주요한 자리에 놓이도록 재구조화할 필요가 있다.

이 책에서 소개된 공동육아협동조합 어린이집, 방과후 등과 같이 시민들이 협동조합하며 살아가기 위해서는 그것을 뒷받침하는 제도와 시간이 뒷받침되어야 한다. 지역사회에서 서로 협동하며 돌보는 사회가 되기 위해서는 자율노동을 할 수 있는 시간이 허락되어야 하고, 그러한 활동을 뒷받침하는 사회적 조건이 필요하다. 따라서 모두가 함께 돌보는 돌봄생태계를 만들고 유지하기 위해서 실천할 수 있는 것 중에 하나는 협동조합하기에 좋은 법적·제도적 개선이다. 많은 시민이 협동조합을 경험하면서 돌보는 시민으로 성장할 수 있다. 따라서 누구나 원하면 협동조합에 참여하며 사는 것이 가능한 사회가 돌봄사회 환경 조성의 바로미터가 될 것이다.

참고문헌

국내 참고문헌

강수돌(2002). 이윤과 권력을 넘어서는 레츠 운동, 문화과학, 32, 291-309.

강지원(2009). 국제비교를 통해서 본 한국의 한부모가족정책, 보건사회연구, 29(2), 30-54.

강지원, 이세미(2015). 아동청소년 돌봄 정책 현황 분석, 보건복지포럼, 225(7), 60-70.

강현주(2017). 돌봄 및 방과후학교 마을협력 연계방안, 희망이슈, 32(7), 희망제작소.

공동육아와 공동체교육 홈페이지. https://www.gongdong.or.kr/

공동육아와 공동체교육(2010). 미래보고서 공동육아 2020.

공동육아와 공동체교육(2018). 2018 초등 방과후 (사회적협동)조합 전체 운영진 교육 자료집.

과천품앗이 내부자료(n. d.). 과천품앗이와 품앗이 공동육아.

교육부(2017). 2017년 초등돌봄교실 운영 계획, 교육부.

교육부(2018). 생생교육정보, 엄마 아빠를 안심시켜 줄 온종일 돌봄정책. https://m.post.naver.com/viewer/postView.nhn?vol umeNo=16671612&memberNo=15194331&vType=VERTICAL, 2018. 9. 10.

구본영(2003). 지역화폐의 유용성에 관한 연구, 성결대학교 논문집, 32, 215-

228.

국제협동조합연맹(ICA) 홈페이지. https://www.ica.coop/en

김경화(2013). 영유아와 초등학생 자녀를 둔 남녀취업자의 일·가족 갈등 인식. 가족과 문화, 25(4), 60-90.

김기영(2016). 마을공동체 운동에서 공동육아의 실천사례. 교육비평, 37, 208-229.

김동배, 김형용(2001). 지역통화운동이 지역사회 공동체의식 강화에 미치는 영향. 한국사회복지학, 45, 40-71.

김미란(2008). '육아공동체'에서 부모참여의 가능성과 한계-가족에 의한 공동체의 형성과 경계들. 교육사회학연구, 18(3), 19-60.

김미영(2019). 자기 삶을 걸어가는 아이들: 공동육아의 아동관과 아동 권리를 중심으로, 제12회 공동육아 포럼: 공동육아 초등 방과후 초등아이들이 자라는 삶터 만들기. 공동육아와 공동체교육.

김미정, 한서연(2013). 경기도 부모협동어린이집의 현황 및 정책적 활용방안. 경기도가족여성연구원.

김미진, 홍우조(2019). 초등 저학년 하교시간에 관한 비교와 조사 연구. 비교교육연구, 29(1), 77-109.

김병수, 김보영(2014). 국공립어린이집의 성공적인 민간 위탁을 위한 영향요인분석, 미래유아교육학회지, 21(4), 1-20.

김사훈, 이동엽, 이영아, 백경선(2014). 초등학교 교육과정 편제 국제비교 연구: 우리나라와 캐나다, 프랑스, 핀란드, 일본을 중심으로, 비교교육연구, 24(4), 157-179.

김상민(2005). 주민환경운동과 사회적 자본의 상호작용에 관한 연구: 서울시 마포구 '성미산배수지건설반대운동'을 사례로. 한양대학교, 시민사회와 NGO, 3(2), 155-192.

김상민(2005). 주민환경운동과 사회적 자본의 상호작용에 관한 연구: 서울시 마포구 '성미산배수지건설반대운동'을 사례로, 시민사회와 NGO, 3(2), 155-194.

김선혜(2015). 초등학교 돌봄서비스의 목적 논의: 공공성과 아동 자기결정의 자유에 근거하여, 한국초등교육, 26(4), 515-535.

김성훈(2007). 지역통화와 의료생협 통해 본 주민공동체 운동. 한밭레츠.

김성훈(2010). 지역통화운동의 의의와 실제. http://www.tjlets.or.kr/.

김송이, 류임량, 장수정, 이혜숙, 조수진(2021). 돌봄민주주의와 서울시 돌봄정책(Ⅱ): 초등 온마을 돌봄 거버넌스 강화 방안. 서울시 여성가족재단.

김수영, 박준혁, 권하늬(2022). 1인 가구 노동자의 생산-재생산 활동에 대한 사례분석: 개인화된 사회의 자기중심적 생산-재생산 메커니즘에 관한 시론적 탐색. 한국사회정책, 29(4), 105-150.

김수정(2015). 보육서비스의 트릴레마 구조와 한국 보육정책의 선택. 경제와 사회, 105, 64-93.

김신양(2012). 지역사회와 함께하는 열린협동조합-사회적 협동조합. 생협평론, 12, 1-12.

김영, 이필용, 김남룡, 정규식(2008). 마을 만들기 거버넌스 특성과 평가에 관한 연구. 도시행정학보, 21(3), 87-108.

김영란, 조선주, 선보영, 배호중, 김진석, 정영모(2018). 초등학생 돌봄 실태 파악 및 수요 분석 연구. 한국여성정책연구원.

김영순(2021). 한국 복지국가는 어떻게 만들어졌나?: 민주화 이후 복지정치와 복지정책. 학고재.

김영정, 김성희(2017). 서울시 한부모 가구의 일·가족 양립 지원방안. 서울시 여성가족재단 연구사업보고서, 1-281.

김원식 역(2011). 지구화 시대의 정의: 정치적 공간에 대한 새로운 상상. 그린비.

김은남(2014). 서민도 이용 가능한 '공동육아 어린이집'을 꿈꾸다. 생협평론, 17, 133-143.

김은정, 장수정(2020). 초등 대상의 공적 돌봄 서비스 이용 분석-보편적 서비스 관점에서, 한국가족복지학, 67(2), 31-59.

김은정, 장수정(2020). 초등 대상의 공적 돌봄 서비스 이용 분석-보편적 서비스 관점에서, 한국가족복지학, 67(2), 31-59.

김은지, 최인희, 송효진, 배호중, 최진희. 배주현, 성경(2018). 2018년 한부모가족 실태조사. 여성가족부.

김재중(2003). 지역품앗이. 한밭레츠.

김재희, 김근진, 엄지원(2017), 초등학교 양육지원 방안. 육아정책 연구소.

김정희(2000). 핵가족 어머니 육아와 품앗이 공동육아: 중간계층 어머니와 아이의 체험을 중심으로, 한국여성학. 16(1), 95-129.

김중형, 백종수(2014). 초등돌봄 교실의 신체활동 적용 실태 및 교사 인식. 한국체육교육학회지, 19(2), 79-91.

김지성(2018). 젠더 거버넌스의 규범적 조건에 대한 소고: 한국 저출산 대응정책을 중심으로. 한국거버넌스학회보, 25(3), 1-24.

김학중(2013). 이탈리아 볼로냐의 '착한 보육-카라박 프로젝트' 정부 부담 덜면서 주민참여 통한 양질의 복지서비스 시스템 구축. 월간 주민자치, 21, 84-87.

김현(2002). 시민의 힘으로 조례를 바꾸다!!: 과천시 보육조례 개정운동의 진행과정 및 의의: 과천시 보육조례 개정운동의 진행과정 및 의의. 월간 복지동향, 43, 14-17.

김현미, 신지원(2016). 초등돌봄교사의 고용형태와 노동경험에 관한 연구. 한국사회정책, 23(2), 141-172.

김희강(2016). 규범적 정책분석. 박영사.

김희강(2020). 돌봄민주주의: 자유민주주의와 사회민주주의를 넘어. 한국여성학, 36(1), 59-93.

김희연(2013). 영유아보육, 교육에서의 공공성의 의미 탐색. 생태유아교육연구, 12(4), 215-243.

나성은, 황은정(2018). 서울지역의 '젠더거버넌스 운영'으로 본 주민주도형 거버넌스의 의의와 발전방안. 서울시 여성가족재단 연구사업보고서, 1-127.

남승연, 강신혜(2022). 경기도 아동돌봄 사회적경제조직의 사회적 가치 평가지표 개발. 경기도여성가족재단.

남찬섭(2012). 공공성과 인정의 정치, 그리고 돌봄의 윤리. 한국사회, 13(1), 87-122.

노성향(2016). 초등돌봄 연구 경향 분석. 방과후아동지도연구, 13(1), 55-74.

류경희(2004). 공동육아, 이웃이 있는 가족이야기. 또 하나의 문화.

류경희, 김순옥(2000). 공동육아협동조합의 대안적 가족형태로서의 가능성 탐색. 한국가족관계학회지, 5(2), 119-152.

류경희, 김순옥(2001). 공동육아협동조합 가족의 공동체성 형성 과정-조합형 어린이집 한 사례 분석을 통하여. 대한가정학회지, 157(3), 1-27.

마경희(2011). 보편주의 복지국가와 돌봄-여성주의 복지정치를 위한 시론-, 페미니즘연구, 11(2), 85-116.

마경희(2021). 코로나 19 이후 젠더 정의를 위한 돌봄 정책의 재설계. 한국여성정책연구원 세미나자료, 2021(3), 42-61.

박상필(2014). 서울시 사회적 경제 정책의 시민참여행정 평가. NGO 연구, 9(1), 33-74.

박선영, 김복태, 윤지소(2019). 성평등정책 추진체계 실질화를 위한 젠더 거버넌스 강화방안: 양성평등정책담당관을 중심으로. 한국여성정책연구원 연구보고서.

박원순(2010). 마을이 학교다. 검둥소.

박일수(2014). 초등학교 수업일수 및 수업시수 국제 비교: '2014 교육체제'

박현희(2008). 한국의 참여민주주의 정치과정과 효과-'과천시보육조례개정운동'과 '전남학교급식조례제정운동' 사례 비교 연구, 기억과 전망, 18(18), 307-347.

박혜수(2019). 우리가 꿈꾸는 방과후. 제12회 공동육아 포럼: 공동육아 초등방과후 초등아이들이 자라는 삶터 만들기. 공동육아와 공동체교육.

백경선(2013). 교육과정 편제 및 수업시수에 대한 국제비교 연구. 교육부.

백경흔(2015). 여성주의 논의 확장을 통한 '아동중심적' 아동돌봄 제도로의 패러다임 전환 모색. 아동권리연구, 19(1), 1-25,

백경흔, 송다영, 장수정(2017). '돌봄민주주의' 관점에서 본 보육정책. 한국가족복지학, 57, 183-215.

백경흔, 송다영, 장수정(2018). 이중돌봄 맥락에서 본 부정의한 세대 간 돌봄책임 재분배. 한국여성학, 34(2), 33-70.

백선희(2011). 보육의 공공성 강화를 위한 정책 방안. 한국보건사회연구원.

백영경(2020). 탈성장 전환의 요구와 돌봄이라는 화두. 창작과비평, 48(3), 36-48.

보건복지부(2015). 보육실태조사. 보건복지부.

보건복지부(2017). 보육통계. 보건복지부.

보건복지부(2018a). 다함께 돌봄 사업 사례집.

보건복지부(2018b). 지역아동센터 지원 사업안내.

보건복지부(2024). 보육통계. 보건복지부.

보건복지부, 국민건강보험공단(2017). 경력단절 여성 실태조사. 보건복지부, 상위 10개 국가를 중심으로. 초등교육연구, 27(3), 75-95.

서영숙, 박진옥, 노성향(2014). 초등돌봄강사의 근무 현황과 요구분석. 아동중심실천연구, 11(1), 71-92.

서울시사회적경제지원센터(2015). 사회적경제가 운영하는 국공립어린이집 운영 안내서. 서울시 사회적경제지원센터 사회적경제민관정책협의체 아이돌봄분과.

서울시(2018). 사회적경제체제 위탁 어린이집 목록. 서울특별시 내부자료.

서울시건강가정지원센터(2016). 서울가족보고서. 서울특별시.

서울시건강가정지원센터(2017). 서울가족보고서. 서울특별시.

석재은(2020). 비혼 딸의 부모돌봄 경험이 말하는 것들: 부정의한 독박 돌봄으로부터 돌봄 민주주의를 향하여. 노인복지연구, 75(4), 117-141.

성남시(2017). 성남시 홈페이지.

성남시(2024). 성남시 홈페이지.

송다영(2013). 여성주의 관점에서 본 생애주기별 복지와 돌봄 패러다임. 페미니즘연구, 13(1), 93-129.

송다영(2014). 돌봄의 사회화와 복지국가의 지연. 한국여성학, 30(4), 119-

152.

송다영(2022). 돌봄정책의 새판짜기는 어떻게 가능한가?: 돌봄윤리 관점에서의 돌봄정책에 관한 비판적 고찰. 비판사회정책, 77, 197-226.

송다영, 백경흔, 장수정(2017). '민주적 돌봄' 관점에서 본 지방자치단체의 가족정책에 대한 고찰: 서울시 사례를 중심으로, 젠더와 문화, 10(1), 121-152.

송다영, 장수정, 김은지(2010). 일가족양립갈등에 영향을 미치는 요인 분석: 직장 내 지원과 가족지원의 영향력을 중심으로, 사회복지정책, 37(3), 27-52.

송다영, 장수정, 백경흔(2017). 서울가족보고서. 서울시건강가정지원센터.

송재일(2015). 「협동조합법」제에서 협동조합 간 협동과 연대, 한국협동조합연구, 3(3), 63-89.

신순예(2014). 프랑스 사회연대경제법의 제정 동향과 시사점. 협동조합네트워크, 67, 31-66.

신영민, 김희강(2019). 돌봄 관점에서 본 이중빈곤연구의 의의와 한계. 한국사회정책, 26(1), 35-59.

신진욱(2007). 공공성과 한국사회. 시민과세계, 11, 18-39.

신창환(2015). 사회적경제의 실천 조건과 정책을 통해 본 사회적 협동조합의 과제. 사회과학 담론과 정책, 8(2), 91-119.

신호정(2016). 초등학생 자녀의 방과후 시간이 가지는 의미, 방과후아동지도연구, 13(2), 25-43.

안태윤(2016). 젠더 거버넌스 운영에서 여성의 성과와 과제: 일본 아즈기시 사례를 중심으로. 이화젠더법학, 8(2), 113-143.

양수진, 김현진, 박종석, 심혜선, 장수정(2019). 인천 한부모 가족의 일·생활 실태 및 지원방안 연구. 인천여성가족재단.

양윤이, 이태연(2016). 초등돌봄교실의 운영 영역별 지향 분석을 통한 활성화 방안 연구, 초등교육, 25(3), 211-228.

어린이집정보공개포털(2018). https://info.childcare.go.kr

여성가족부(2015). 가족실태조사. 여성가족부.

오정수, 류진석(2004). 지역사회복지론, 학지사.

오정진(2007). 여성주의 경제의 비전과 대안적 경제활동: 공정무역, 소액 대출, 사회적 기업을 중심으로, 여성연구논집. 17(1), 1-19.

우민정, 주봉관(2011). 영·유아기 자녀를 둔 어머니들이 품앗이육아공동체 참여. 유아교육보육복지연구, 15(3), 145-168.

우진경, 서경숙(2015). 초등 교사의 방과후 돌봄 교사와의 의사소통과 협력에 대한 의미, 아동학회지, 4, 95-110.

우필호(2005). 새로운 주민자치 실험, 우리가 만드는 과천의 미래. 월간 참여사회.

위성남(2013). 도시 속에서 함께 살아남기, 황해문화, 80, 61-78.

유석춘, 장미혜, 정병은, 배영(2006). 사회자본 이론과 쟁점. 그린.

유해미, 김문정(2013). 지역사회 공동육아 활성화 방안. 육아정책 연구소.

윤길순, 최우석(2015). 사회 돌봄 서비스를 제공하는 사회적 협동조합의 거버넌스에 관한 탐색적 연구. 사회경제평론, 47, 279-340.

윤대석, 류수연, 윤미란 공역(2009). 민주적 공공성: 하버마스와 아렌트를 넘어서. 이음.

윤이현희(2004). 생협운동, 여성에게도 대안인가?- 한살림 생협과 여성민우회 생협.

윤향미, 조문석, 오재록(2013). 방과후 돌봄서비스사업의 문제점과 정책과제-지역아동센터를 중심으로-. 한국자치행정학보, 27(1), 181-203.

이경란(2015). 사회적협동조합인가, 그 이후로 상상하다. 공동육아, 110, 12-19.

이경란(2018). 성남시 국공립어린이집 사회적 협동조합 위탁의 성과와 과제. 성남보육협동조합네트워크 성남시 협동조합 활성화 포럼 자료집.

이경민(2022). 노인요양시설 관련 예산 대폭 "줄였다." 월간참여사회, 300, 320.

이명석(2002). 거버넌스의 개념화: "사회적 조정"으로서의 거버넌스. 한국

행정학보, 36(4), 321-339.
이보람, 김현정, 김태종, 김부열, 박혜준(2018). 지역아동센터 종사자가 인식하는 이용아동의 발달특성과 운영현황 및 개선방안에 관한 고찰. 한국아동복지학, 62, 165-205.
이봉주(2012). 아동이 행복한 도시, 서울을 위한 아동돌봄기준선, 비판과 대안을 위한 사회복지학회 학술대회. 45-80.
이봉주, 조아라(2011). 방과후 방치가 아동발달에 미치는 영향, 한국아동복지학, 36, 7-33.
이상봉(2016). 이탈리아 사회적 협동조합의 이론적·실천적 의미. 로컬리티 인문학, 16, 257-292.
이송지(2013). 공동육아 협동조합 어떻게 볼 것인가? 공동육아, 110, 12-19
이송지, 김혜장, 이영란, 곽영선, 정영화(2009). 가족친화마을과 돌봄공동체. 부산광역시 건강가정지원센터.
이수안(2009). 지속 가능 공동체의 사회적 가치로서 '상호관용'과 '상호보살핌'. 문화와 사회, 7(1), 87-114,
이숙진(2011). 돌봄노동의 제도화와 여성들의 차이, 페미니즘연구, 11(2), 49-83.
이예진, 백경흔, 이건학, 장수정, 이지현(2022). 인천광역시 돌봄정책의 진단과 과제 1-2. 인천여성가족재단.
이은애(2017). 사회적경제: 경쟁을 넘어 협동으로 함께 꾸는 꿈. 서울연구원.
이재경, 김경희(2012). 여성주의 정책 패러다임 모색과 '성평등'. 한국여성학, 28(3), 1-33.
이재희(2018). 초등 자녀 방과후 돌봄 지원방안. 이슈페이퍼 2. 육아정책.
이재희, 김근진, 엄지원(2017). 초등자녀 양육지원방안. 육아정책연구소.
이창우(2000). 지역통화운동의 세계적 현황, 미내사클럽. 한국불교환경교육원 주
이해진, 김철규(2014). 지역사회복지의 실천주체로서 사회적 협동조합의 의의. 한국지역사회복지학, 51, 155-189.

임혜정(2017a). 초등학교 저학년 아동의 방과후 돌봄공백이 학교 학습활동적응에 미치는 영향, 육아정책연구, 11(3), 65-86.

임혜정(2017b). 패널순서형로짓모형을 이용한 초등학교 저학년 학생의 방과후 돌봄 공백 영향 요인분석. 보건사회연구, 37(4), 510-534,

장수정(2012). 과천지역 공동체에 관한 연구, 페미니즘 연구, 12(2), 31-68,

장수정(2013). 영유아 무상보육정책 담론에 대한 분석. 한국사회복지학, 65(4), 33-59.

장수정(2018). 공동육아사회적 협동조합에 대한 연구: 공동육아어린이집의 전환사례를 중심으로, 비판사회정책, 60, 301-341.

장수정(2019). 초등돌봄 정책에 대한 비판적 분석. 비판사회정책, 62(2), 241-273.

장수정(2020). 초등 돌봄 서비스에 대한 분석–돌봄 민주주의 관점을 중심으로. 한국가족복지학, 67(1), 125-152.

장수정(2021). 한부모 정책 패러다임 전환에 대한 연구. 한국여성학, 37(2), 1-34.

장수정(2023). 돌봄주류화를 위한 돌봄거버넌스 구성에 관한 연구, 한국여성학, 39(2), 1-30.

장수정, 백경흔, 김병인, 이혜정, 오진방(2021). 한부모여성의 빈곤과 사회권 연구: 노동권과 돌봄권을 중심으로. 한국여성학, 37(1), 75-115.

장수정, 송다영, 김은지(2009). 일가족 양립 정도에 대한 인식, 한국사회복지학, 61(2), 349-370.

장수정, 송다영, 백경흔(2019). 초등돌봄 정책에 대한 비판적 분석: 공동육아 방과후 참여자들의 경험을 중심으로, 비판사회정책, 62(2), 251-285.

장수정, 송다영, 백경흔(2023). 돌봄주류화를 위한 돌봄거버넌스 구성에 관한 연구. 한국여성학, 39(2), 1-30.

장수정, 송다영, 백경흔(2024). 돌봄주류화를 위한 돌봄거버넌스 구성에 관한 연구. 한국여성학, 39(2), 1-30.

장수정, 황경란(2018). 협동조합 조직과 보육: 공동육아사회적협동조합,

협동조합에 위탁한 어린이집, 국공립사회적협동조합의 비교를 중심으로: 공동육아사회적협동조합, 협동조합에 위탁한 어린이집, 국공립사회적협동조합의 비교를 중심으로. 비판사회정책, 61, 253-303.

장지연(2011). 돌봄노동의 사회화 유형과 여성노동권. 페미니즘연구, 11(2), 1-47.

저출산고령사회위원회(2019). 제3차(2016~2020) 저출산·고령사회 기본계획 수정(안).

정성훈(2014). 공동육아 협동조합과 사회적 돌봄. 여성이론, 31, 77-91.

정인경(2013). 신자유주의 시대 젠더 거버넌스. 국제정치논총, 53(4), 333-368.

정혜선(2010). 영유아기 자녀를 둔 전업주부의 품앗이육아공동체 참여경험에 관한 질적연구. 한국생활과학학회지, 19(3), 429-441.

조옥(2012). 지역화폐운동 대안성에 관한 여성주의적 연구-한밭레츠 참여자들의 경험을 중심으로, 이화여자대학교 석사학위 논문.

조윤경(2011). 한국 사회의 아버지들의 자녀 양육: 공동육아어린이집/방과후의 참여 사례를 중심으로, 민족문화총론, 47, 149-191.

조한혜정(2007). 다시 마을이다. 또하나의문화.

주창복(2005). 공동육아조합에서, 성미산학교가 되기까지. 우리교육.

지규옥(2015). 지역사회복지 실천모델로서의 협동조합운동. 사회복지정책, 42(1), 187-210.

채효정(2020). 누가 이 세계를 돌보는가?-코로나 이후 돌봄의 의미와 가치의 재구성을 위한 단상. 오늘의 문예비평, 119, 32-50.

채효정(2021). 다음 사회에 대한 정치적 상상력-그린 뉴딜이냐, 탈성장이냐, 포스트성장사회와 페미니즘 돌봄 전환. 한국여성학회 춘계 학술대회 발표문.

천경희, 이기춘(2005). 지역화폐운동의 소비문화적 의미 연구: 참여자의 소비행동을 중심으로, 한국생활과학회지, 14(4), 593-611.

최옥채, 박미은, 서미경, 전식균(2015). 인간행동과 사회환경. 양서원.

최중석, 성상현(2015). 사회적 협동조합의 국공립어린이집 위탁사업 추진 방안 연구, 한국협동조합연구, 33(2), 55-77.

최진희, 송효진, 배호중, 김은지, 배주현, 성경, 최인희(2018). 2018년 한부모가족 실태조사. 여성가족부

최희경(2009). 노인에 대한 사회적 돌봄과 돌봄 서비스의 질 보장. 집문당.

통계청 홈페이지. https://kostat.go.kr

통계청(2011). 시군구별 주민등록인구. 통계청.

통계청(2020). 생활시간 조사.

통계청(2022). 통계청 홈페이지.

통계청(2024). 통계청 홈페이지.

표경흠(2010). 네트워크 시대의 새로운 사회복지 실천 전략과 패러다임. 단국대학교 보건복지대학원 사회복지학과 학술대회 발표자료.

한국경제인협회(2025). 여성 고용지표 국제 비교 및 시사점. 한국경제인협회 홈페이지.

한정원(2010). 성주류화 제도 논의와 발전방향 연구. 여성학연구, 20(1), 161-192.

허라금(2006). 보살핌의 사회화를 위한 여성주의의 사유, 한국여성학, 22(1), 115-145.

허란주(1994). 다른 목소리로: 심리 이론과 여성의 발달. 동녘.

홍승아, 김혜영, 류연규(2007). 가족친화적 사회환경 구축방안 연구-직장 지역사회의 모형개발을 중심으로, 한국여성정책연구원.

홍찬숙(2016). 개인화. 서울대학교출판문화원.

황윤옥(2008). 공동육아운동 제도화의 경로와 과정, 성격에 관한 연구. 성공회대학교 NGO 대학원 석사학위 청구논문.

국외 참고문헌

Borzaga, C., & Fazzi, L. (2014). Civil society, third sector, and healthcare:

The case of social cooperatives in Italy. *Social science & Medicine, 123*, 234-241.

Braun, V., & Clarke, V. (2006). Using thematic analysis in psychology. *Qualitative Research in Psychology, 3*(2), 77-101.

Brody, A. (2009). *Gender and governance*. Institute of Development Studies.

Coleman, J. (1988). Social capital in the creation of human capital. The Contemporary Welfare States, *British Journal of Sociology 51*(2), 281-298.

Daly, M., & Lewis, J. (2000). *The concept of social care and the analysis of development*. Harvard University Press.

Engster, D. (2007). The heart of justice: Care ethics and political theory. 김희강, 나상원 공역. 2017. 돌봄: 정의의 심장. 박영사.

Folbre, N. (2013). The rise and decline of patriarchal capitalism. *Capitalism on trial: Explorations in the tradition of Thomas E. Weisskopf*. 윤자영 역. 2023. 돌봄과 연대의 경제학: 가부장제 체제의 부상과 쇠락. 이후의 새로운 질서. 에디토리얼.

Fraser, N. (2000). Rethinking recognition. *New left review, 3*, 107.

Fraser, N. (2009). *Scales of justice: Reimagining political space in a globalizing world*. 김원식 역. 2011. 지구화 시대의 정의: 정치적 공간에 대한 새로운 상상. 그린비.

Fraser, N. (2016). Contradictions of Capital and Care. *New Left Review, 100*, 99-117.

Fraser, N. (2023). *Cannibal Capitalism: How our System is Devouring Democracy, Care, and the Planet and What We Can Do About It*. 장석준 역. 2023. 좌파의 길: 식인자본주의에 반대한다. 박영사.

Gilligan, C. (1993). *In a different voice: Psychological theory and women's development*. Harvard university press.

Gordon, M. (2002). The contribution of the community cooperatives of the highlands and islands of scotland to the development of the socialeconomy. *Journal of Rural Cooperation, 30*(2), 95-118.

Gorz, A. (2009). *Ecologica*. 임희근, 정혜용 공역. 2015. 에콜로지카. 갈라파고스.

Held, V. (2005). *The ethics of care: Personal, political, and global*. 김희강, 나상원 공역. 2017. 돌봄: 돌봄윤리. 박영사.

Henry-Castelbou, A. (2014). Entreprise colline acepp crée unecrèche coopérative à euratechnologies. actu,fr(Lilleactu).

Illich, I. (1980). Shadow-Works. *Philosophica, 26*. 노승역 역. 2015. 그림자 노동. 사월의 책.

Jang, S. J., Park, R, K., & Zippay, A. (2011). The interaction effects of scheduling control and work-life balance programs on job satisfaction and mental health. *International Journal of Social Welfare, 20*(2), 135-143.

Jensen, E. (2005). *Teaching with the brain in mind* (2nd ed.). ASCD.

Kittay, E. (1999). *Lover's labor: Essays on women, equality, and dependency*. 김희강, 나상원 공역. 2016. 돌봄: 사랑의 노동. 박영사.

Kohlberg, L. (1981). *The philosophy of moral development: Moral stages and the idea of justice*. 김민남, 김봉소, 전미숙 공역. 2000. 도덕발달의 철학. 교육과학사.

Larson, R., & Verna, S. (1999). How children and adolescents spend time across the world: Work, play, and development opportunities. *Psychological Bulletin, 125*, 701-736.

Lee Manning, M. (2002). Havighurst's developmental tasks, young adolescents, and diversity. *The Clearing House, 76*(2), 75-78.

Lister, R. (2010), *Understanding Theories and Concepts in Social Policy*. Policy Press.

Lister, R., Patrick, R., & Brown, K. (2024). Understanding theories and concepts in social policy. Policy Press.

Little, P. M. (2007). *The quality of school-age child care in after-school settings (Research-To-Policy Connections No, 7)*. Child Care & Early Education Research Connections.

Maslow, A. H. (1967). A theory of metamotivation: The biological rooting of the value life. *Journal of Humanistic Psychology, 7*(2), 93-127.

Mückenberger, U. (2011). *Local time policies in Europe*. Time and Society,

Putnam, R. (1993). *The prosperous community: Social capital and public life*.

Rogers, C. R. (1995). *On becoming a person: A therapist's view of psychotherapy*. 주은선 역. 2009. 진정한 사람되기: 칼 로저스 상담의 원리와 실제. 학지사.

Saito, J. (2000). 公共性. 윤대석, 류수연, 윤미란 공역. 2009. 민주적 공공성: 하버마스와 아렌트를 넘어서. 이음.

Sätre-Åhilander, A. M. (2001). The social economy: new co-operatives and public sector. *Annals of Public & Cooperative Economics, 72*(3), 413-433.

Schunk, D. H. (2016), *Learning theories: an educational perspective* (7rd ed.), Pearson Group.

SCIC(프랑스 공익협동조합) 홈페이지.

Shiva, V., & Mies, M. (2014). Ecofeminism. 손덕수, 이난아 공역. 2020. 에코페미니즘. 창비.

Stake, R. E. (1995). The art of case study research, Sage, *The American Prospect 12*, 35-42.

Tronto, J. C. (2013). Caring democracy: Markets, equality, and justice. In

Caring Democracy. 김희강, 나상원 공역. 2014. 돌봄민주주의. 박영사.

Ueno, C. (2011). ケアの社会学: 当事者主権の福祉社会へ. 조승미, 이혜진, 공영주 공역. 2024. 돌봄의 사회학: 당사자 주권의 복지사회로. 오월의 봄.

Vamstad, J. (2012). Co-production and service quality: The case of cooperative childcare in Sweden. *International Journal of Voluntary and Nonprofit Organizations, 23*(4), 1173-1188.

Vamstad, J. (2016). Bottom-up childcare in a top-down welfare state: Explaining cooperative organization among Swedish parents. *International Review of Sociology, 26*(1), 69-81.

Vincent, J. F. (2006). La pédagogie coopérative ou La coopération au coeur des apprentissages: Eléments historiques et questions en débats. ätre-Åhilander, A, M., 2001, The social economy: new co-operatives and public sector, *Annals of Public and Cooperative Economics, 72*(3), Wiley-Blackwell, 413-433.

신문기사

경향신문(2015. 8. 3.). 집값 떨어져'… 방과후학교 막아선 주민들.

경향신문(2023. 5. 18.). "초등학교 '돌봄' 전담하는 '늘봄교사' 만든다는 데… 실효성 미지수".

기본소득당(2024. 12. 26.). 기본소득당 용혜인, '협동조합 차별 해소법' 발의… 지방세법·지방세특별제한법 개정안 대표발의.

머니투데이(2019. 1. 29.). "신한희망재단, 울주·영월에 공동육아나눔터 개소".

민주화운동기념사업회. "전남학교급식조례제정운동" 사례 비교 연구".

베이비뉴스(2020. 4. 3.). "지독한 가난을 증명해야 하는 '선' 밖의 학부모".

서울시(2015. 3. 5.). 마을 돌보는 여성활동, 일자리로 만든다.

서울시교육청 서울교육소식(2016. 11. 14.). "마을과 함께하는 방과후학교

운영한다!".

성남시청 보도 자료(2017. 2. 23.). "부모·교사·보육시설 협력체계 '성남형 어린이집' 늘어".

어린이동아(2018. 10. 15.). "초등 저학년 3시 하교 정책, 학부모들의 의견은?".

이영(2010. 5. 12.). "맡길 곳 없어 아이 못 낳아서야". 국민일보.

중앙일보(2017. 12. 11.). "구멍난 돌봄에… 올 신학기만 초등생 엄마 1만 5000명 퇴사했다".

한겨레신문(2018. 2. 6.). "초등 1학년 부모 '10시 출근' 활성화한다".

한국일보(2018. 9. 6.). '초등돌봄 절벽'이 앞에 있는데.

한국일보(2018. 12. 7.). '삶의 질 개선' 패러다임 바꿨지만… 알맹이 부족한 저출산 대책.

찾아보기

1인 생계부양자모델 15
2인 생계부양자모델 15

ㄱ

가부장적 216
가부장제 230, 231
가부장제 질서 214, 231
가족 자원 163, 171
가족 정책 15, 221
가족 중심 이데올로기 224
가족 친화 마을 63
가족화 219, 231
가치 절하 25, 214
가치의 공유 136
개방과 공개성 42

개별적인 돌봄 자원 177
개인주의 모델 17
개인화 231
거버넌스 225
경력 단절 223
경쟁과 성장 214
경제 선진국 223
경제 성장 217
경제 성장 중심 232
경제적 빈곤 21
경제활동의 불안정화 19
계층화 153, 214, 231
계층화 현상 67
고령화 231
고용 기회 223

고용 안정 117
고용안정성 223
공간 지원 204
공간 활용 204
공공 보육시설 138
공공성 47, 228
공공성 확대 86
공공적 목적 139
공급 주체 228
공급자 중심 방식 228
공동 돌봄 40
공동 자산화 114
공동육아 35
공동육아 가치 39, 86
공동육아 방과후 155, 179, 184
공동육아 어린이집 45, 184
공동육아 철학 36
공동육아나눔터 183
공동육아사회적협동조합 45
공동육아사회적협동조합 연합회 51
공동육아와 공동체교육 36
공동육아협동조합 35, 36
공동육아협동조합의 정체성 57

공동체 35
공동체 문화 64
공동체 방식 75
공동체 활성화 69
공동체의식 40, 42
공유 233
공익 기관 52
공익 재단 138
공익법인 58
공익협동조합 38
공익협동조합법 38
공적 기반 211
공적 돌봄 구축 212
공적 돌봄 인프라 220
공적 돌봄지원 84
공적 서비스 157
공적 의제화 165
공적 재원 220
공적 제도 220
공적 책임 149
공적 초등 방과후 170
공적 초등돌봄서비스 170
공적인 의제 148

공정한 돌봄 149
공정한 분배 229
공중 비용 109, 203
관계 교육 184
관계 맺기 192
관계적 특징 227
관계지향성 80
관료 중심 229
관료화 230
교사 인건비 56
교사 참여 132
교사의 교육권 133
교사조합원 48
교육 빈곤 21
교육공동체 64, 68
교차적 관점 232
국가 책임 215, 222
국가지원금 59
국고 귀속 52
국공립 어린이집 35
국공립시설 221
국공립요양시설 220
권력관계 26, 226

규범적 가치 42
그림자 노동 214, 234
근거법 221
근로 여건 177
근로 여건 개선 168
긍정적인 선순환 229
기관의 불안정성 203
기본권 232

ㄴ

나들이 40
날적이 40
남성생계부양자모델 224
내부 보조금 59
노동 시간 219
노동 시간 단축 234
노동 시간 정책 232
노동권 20, 149
노동시장 230
노동시장 참여율 223
노인요양시설 220
노인장기요양보험제도 220, 222
놀 권리 199

늘봄학교 145, 205
능동적인 존재 184

ㄷ

다양한 이해관계자 227
다중 이해관계자 34
다함께돌봄센터 144
대안 가족 65
대안모델 216
대안적인 거버넌스 33
대안적인 공간 190
대안적인 돌봄거버넌스 229
대안적인 돌봄모델 219
대안학교 64
대체 인력 221
대체 인력 확충 168
대표 정의 33
도구적인 담론 217
도구주의 216
돌보는 거버넌스 227
돌보는 사회 224
돌보는 시민 234
돌봄 13, 145, 195, 214

돌봄 가치 66,,229, 233
돌봄 경제 233
돌봄 관계 146, 211
돌봄 관계망 83
돌봄 관계자 221
돌봄 구축망 183
돌봄 권리 217
돌봄 기본선 148
돌봄 문제 219, 222
돌봄받을 권리의 양극화 163
돌봄 불평등 148
돌봄 불평등 구조 172
돌봄 빈곤 21
돌봄 사각지대 222
돌봄 시간 205
돌봄 시간 조정 207
돌봄 시장 의존 현상 172
돌봄 실천 69, 227
돌봄 여건 177
돌봄 예산 232
돌봄 인력의 주변화 172
돌봄 인력의 확충 205
돌봄 인프라 144, 179

돌봄 자원 219, 222
돌봄 조건 24, 212
돌봄 주체 83, 229
돌봄 중심 224, 232
돌봄 중심 가치 227
돌봄 중심 거버넌스 212
돌봄 중심 관점 212, 219, 224, 230
돌봄 중심 담론 219
돌봄 중심 사회 216
돌봄 중심 패러다임 216
돌봄 차별 216
돌봄 취약층 222
돌봄 환경 169, 195
돌봄 휴직 221
돌봄가치 229
돌봄거버넌스 23, 30, 213, 225, 226, 227, 232
돌봄거버넌스 구축 219
돌봄공동체 66
돌봄공동체 활성화 84
돌봄공백 162, 166, 178, 182, 222
돌봄과 교차성 217
돌봄과 차별 217

돌봄관계자 229
돌봄교실 180, 182, 205
돌봄교실의 정체성 207
돌봄교육 232
돌봄국가 148, 232
돌봄권 20, 26, 28, 149, 218, 224, 225
돌봄그림자모델 217, 219
돌봄노동 24, 25, 147, 153, 219, 232
돌봄노동의 가치화 232
돌봄노동자 26, 29, 216, 218, 230, 231
돌봄노동자를 돌보는 정책 232
돌봄당사자 232
돌봄대체자 17
돌봄모델 183
돌봄민주주의 21, 23, 25, 148, 224
돌봄복지의 공공성 228
돌봄부정의 66, 152, 229
돌봄사회 213, 217, 218, 232, 233
돌봄사회 환경 조성 234
돌봄생태계 35, 60, 139, 234
돌봄서비스 30, 67, 157, 215, 221

돌봄서비스의 목적 228
돌봄수행의 성별화 231
돌봄시민권 217, 218
돌봄운동 232
돌봄위기 15, 222
돌봄윤리 21, 145, 211, 216, 232
돌봄윤리 패러다임 226
돌봄으로 인한 차별 232
돌봄을 받으라고 강요당하지 않을 권리 157
돌봄을 받을 권리 150, 157, 206
돌봄을 하라고 강요당하지 않을 권리 157
돌봄을 할 권리 157
돌봄의 가족화 67
돌봄의 가치 229
돌봄의 가치화 84
돌봄의 공공성 232
돌봄의 권리 216
돌봄의 민주화 29, 33, 212
돌봄의 보편성 19
돌봄의 사소화 226
돌봄의 사회화 41, 216

돌봄의 성별화 25, 28, 39, 66, 166, 214, 226, 231
돌봄의 속성 227
돌봄의 시설화 219
돌봄의 시장화 41, 67, 219, 220, 231
돌봄의 악순환 24, 152, 212
돌봄의 주류화 67, 229
돌봄의 질 169
돌봄의 책임성 232
돌봄의 탈성별화 84
돌봄의제 30
돌봄의존자 218, 223
돌봄이해관계자 26, 227
돌봄이해당사자 26
돌봄자 221, 231
돌봄자를 돌보는 돌봄정책 18, 221
돌봄전담사 164, 196, 205
돌봄정의 30, 32, 84, 212, 216, 217, 218, 225
돌봄정의 패러다임 230
돌봄정책 14, 25, 180, 216, 219, 221
돌봄정책 주류화 패러다임 224
돌봄정치거버넌스 33

돌봄제공자 218
돌봄제도 156
돌봄제도화 30, 212
돌봄종사자 33
돌봄주류화 213, 215, 218, 225
돌봄중심모델 217, 219
돌봄중심성 215
돌봄지원 183
돌봄지원정책 19
돌봄책임 13, 212, 230
돌봄책임의 민주화 148
돌봄책임의 보편화 68
돌봄책임의 불균형 25, 28, 152, 172
돌봄책임의 성별화 153
돌봄책임의 악순환 18
돌봄책임의 여성화 74
돌봄책임의 재분배 28
돌봄책임자 26, 171, 231
돌봄추가모델 217, 219
돌봄패러다임 147, 211, 212, 224
동등한 참여 228
둘리아 18

ㅁ
마실 문화 72
마을 돌봄 179
마을 돌봄생태계 179
마을 방과후 182, 206
마을공동체 43, 59
마을공동체 활성화 89
맞벌이 부모 177
명예조합원 48
몰성성 227
무상보육 222
무임승차 30
무지개교육마을 64
물리적 접근성 170
민간 보육시설 35
민간 위탁 216, 220
민주성 76
민주적 가치 156
민주적 관계 42
민주적 돌봄 228, 229
민주적 돌봄의 제도화 227
민주적 시민 78
민주적 운영 42

민주적 운영 원리 43
민주적 장치 229
민주적 절차 228
민주적 조건 31
민주적 참여 58
민주적 통제 42
민주적인 관계 125
민주적인 돌봄거버넌스 232
민주적인 의사결정 89
민주주의 25
민주주의 사회 212, 225

ㅂ

바깥 활동 196
방과후 인프라 183
방과후 학교 183
방과후협동조합 47
방모임 121
배려의 윤리 146
법인화 46
법적 규정 201
법적 근거 199, 204, 206
법적 보호장치 200, 202
법적 테두리 203
보살핌 42
보육 담론 143
보육 사회적협동조합 38
보육 생태계 42, 43
보육 정책 152
보육과정 134
보육교사 221
보육의 공공성 41, 42, 86
보육정책 15, 36
보육조례 제정 82
보조적 지원 216
보충적인 방식 223
보편적 224
보편적 돌봄 211, 217, 218, 230
보편적 돌봄자모델 16, 224
보편적 복지 224
보편적 시민권모델 17
보편적인 관점 215
보편적인 돌봄지원 18
보편적인 문제 222
보편적인 방식 224
보편적인 서비스 170, 222

보편적인 의제 211
보편적인 정책 222
보편적인 패러다임 174
보편주의 복지국가 67
보편주의적인 방식 164
보호 대상 222
보호차원 206
복지 13
복지정책 221
복지제도 219
부모 221
부모 조합원 37
부모 참여 40, 126
부모권 149
부모의 취업 여부 178
부모조합원 137, 186
부모협동 어린이집 36
부유한 국가 231
부정의 24, 226
부정의의 악순환 153
불평등 226, 229
비공식 자원 166
비민주적인 운영 228

빈곤 국가 231

ㅅ

사각지대 222
사회 변화 219
사회 윤리 216
사회경제 조직 43, 85, 93
사회경제적 자원 172
사회구조적 불평등 148
사회권 218, 220
사회연대경제법 90, 138
사회운동 232
사회윤리 218
사회자본 76
사회적 47
사회적 관계 193
사회적 관계 확장 194
사회적 기업 109
사회적 돌봄 89, 150, 174, 201, 202
사회적 목적 47, 139
사회적 부모 132
사회적 연대경제 38
사회적 의미 41

사회적 자본 39
사회적 재생산 14
사회적 조건 234
사회적 책임 65, 204, 221
사회적경제지원센터 49, 119
사회적협동조합 36, 184, 203
사회적협동조합 국공립 어린이집 86
사회적협동조합 어린이집 42
상명하달식 228
상품화 14
상향식 87
상호 돌봄 68
상호 돌봄문화 39
상호 돌봄의 확장 41
상호 의존 147, 227
상호 호혜 68
상호 호혜적 관계 43
생산 경제 중심 231
생애 과정 231
생애주기 과정 206
생애주기별 돌봄패러다임 180
생태 233
생태계 85

생태여성주의자 66
생활협동조합 101
서비스 221
서비스 기관 220
서비스 전달 체계 168
서비스의 접근성 170
선별적 222, 224
선별적인 방식 164
선제적 222, 224
선택권 181, 220
선택할 권리 168, 206
선택할 수 있는 권리 199
성미산 마을 63
성별 권력관계 228
성별 분업 66, 214, 224
성별 역할 219
성별화 28, 153, 220, 231, 234
성장 제일 233
성장 중심적 패러다임 213
성장·개발 중심 패러다임 214
성장과 경쟁 중심 231
성장단계별 198
성장중심적 216

성주류화 213
성찰적 협력 구조 226
성평등 227
성평등 의제 213
성평등 전략 213
성평등한 사회 226
세금 감면 52, 59
세대 간 연대 42
소가족화 231
소규모 시설 220
소득 보장 19, 221
소득대체자 17
소비자조합 46
수탈 231
수평적인 거버넌스 33
쉴 권리 199
시간 빈곤 18
시간에 대한 통제 177
시민 주도 81
시민교육 38
시민권 22
시민의 책무 221
시민자치형 76

시설화 219, 220
시장 접근성 220
시장경제 중심 패러다임 214
시장화 219, 220
시혜적 방식 83
신뢰 관계 42
신사회위험 222
신입조합원 58
심리적 스키마 151

ㅇ

아동 보호 184
아동권 29, 149, 180, 181, 187, 195
아동기본법 207
아동돌봄 20, 30, 35, 222
아동돌봄정책 223
아동의 관점 168, 206
아동의 권리 184
아동의 행복감 224
아마 문화 72
아버지 휴가 216
안정성 52
약탈적 체계 233

양극화 177, 220
양육수당 216
여성주의 돌봄윤리 80
여성주의적 돌봄공동체 70
연대 42
연령 통합 189
열린 어린이집 120, 121
열린 참여 121
영구 터전 57
영유아보육법 35
예방적 222, 224
온정적 216
외부자의 관점 186
외주화 15, 218, 231
운영비 지원 138
운영의 자율성 195
위계 구조화 231
위기 담론 222
유지율 223
유휴 공간 56, 204, 206
육아휴직 17, 216
의사결정 27, 229, 230
의사소통 40

의제 229
의제 발굴 34, 230
의제화 232
의존노동자 32, 147
의존인 221
이주화 231
인권 42
인정 229
인종 231
인종화 214, 231
일·가족 양립 215
일과 자녀 돌봄 177
일-생활 균형 관점 178
임의단체 52
입소 순위 111

ㅈ

자기 돌봄 181
자기 돌봄의 빈곤화 19
자기 주도 181, 197
자기결정권 181
자녀 돌봄권 221
자녀돌봄휴가제도 17

자발성 42
자발적 선택 137
자발적 참여 135
자발적인 결사체 135
자본주의 13, 219, 224, 230, 233
자본주의 시장경제 216, 231
자생적 협동조합 86
자유 23
자유민주주의 25
자율권 181
자율노동 233
자활노동 233, 234
재생산 13
재생산 영역 218
저출산고령사회기본계획 222
적절한 돌봄 199, 206
전일제 돌봄자 162
전통적인 가족 기능 216
전통적인 돌봄정책 패러다임 224
전통적인 패러다임 218
전환총회 126
절차적 민주성 228
정규 교사 175

정규 수업 시간 178
정보공시 54, 203
정보와 재정 공시 58
정부 주도의 거버넌스 229
정의 23, 42
정의 중심 윤리 216
정의론 146
정의윤리 146, 216
정책 담론 219
정책적 의제 222
정체성 52, 113, 165
정치적 역학 215
제3의 공공형 어린이집 42
제도적 장치 230
제도적 지원 52
젠더 관점 31, 213, 214, 216, 225
젠더 관점의 탈정치화 230
젠더거버넌스 225, 227
젠더와 발전 213
젠더화 231
조부모의 돌봄 171
조직외 자율성 136
조합원 37

조합원 교육 39
조합의 안정성 49
조합의 지속성 117
조합이사 111
조합총회 128
조합형 어린이집 110
졸업조합원 48
좋은 돌봄 32, 232
주도적인 책임감 194
주류화 31, 232
주변화 231
중간 지원 조직 49
중첩적인 집단 권력 231
지속 가능성 57
지속 가능한 발전 57
지역 공동체 74
지역 자산 114
지역사회 220
지역사회 공동체 43, 63
지역아동센터 82, 144
지역화폐 80
지역화폐 운동 64
직접 돌봄 174

질 좋은 돌봄 170
질 좋은 돌봄서비스 220
질 좋은 서비스 220

ㅊ

차별적인 경험 231
착취 231
참여 42
참여 보육 127
참여 어린이집 121
참여-민주적 모델 226
참여와 협력 228
창립총회 115
책임 부재 199
책임과 분배 34
책임성 42
초·중등 교육법 207
초기 교육 138
초등 공동육아 방과후협동조합 155
초등 방과후 182
초등 방과후 인프라 207
초등늘봄학교 144
초등돌봄 20, 29, 143, 180

초등돌봄 문제 179
초등돌봄공백 21
초등돌봄교실 21, 143, 144, 179,
　　180, 182, 183, 190, 222
초등돌봄서비스 144, 182
초등돌봄의 정체성 187
초등돌봄전담사 175
초등돌봄정책 156, 179, 184
초등돌봄지원 모델 204
초점 면접 186
총체적인 개선 232
최상의 돌봄 221
최소 보육 인원 보장 221
최소한의 돌봄서비스 218
출산 정책 215
출자금 54

탈성장 233
터전의 안정성 204
통합적인 돌봄 168
통합적인 사고 172
통합적인 서비스 182
투명성 76
투명한 회계 54
특권적 무책임 149
특권적 지위 26, 27

ㅋ

컨설팅 지원 138

ㅌ

타율노동 233
탄력 근무 보장 221

ㅍ

패러다임 19
패러다임 전환 170, 216, 221, 227
평가 인증 112
평가 절하 231
평등 23
품앗이 83

ㅎ

하향식 228
하향식 협동조합 87
학교 돌봄 179
학교 방과후 187

학교 시간 정책 205, 207
학교-지자체 협력모델 183
한부모 17
함께 돌보는 문화 40, 41
함께 돌보는 사회 149, 226, 233
함께 돌보는 주체 191
함께 돌봄 23, 29, 194, 229
함께 크는 공간 194
현장활동가 186, 192
협동 42, 233
협동 어린이집 36, 52
협동보육 91
협동조합 34, 35, 234

협동조합 기본법 36, 45
협동조합 방식 191, 201
협동조합 법인에 위탁한 국공립
  어린이집 86
협동조합 어린이집 42
협동조합 운영 원리 125
협동조합형 돌봄 179
호혜적인 관계망 136
확장성 52, 53
환경 변화 주도 224
후원조합원 48
휴가 정책 17
휴게 시간 221

저자 소개

장수정(Jang Soo Jung)

미국 럿거스대학교에서 여성학 석사와 사회복지학 박사 학위를 취득하였다. 2009년부터 단국대학교 사회복지학과 교수로 재직하며 학생들을 가르치고 연구하고 있다. 일과 돌봄, 공동육아사회적협동조합, 공동체, 여성, 가족 등을 연구한다. 서울시 성평등위원회 위원으로 활동했고, 2024년에 한국가족사회복지학회 회장을 역임했다. 현재는 한국여성정책연구원 연구자문위원으로 활동하고 있다. 저서로는 『새로 쓰는 여성복지론』(공저, 양서원, 2019)이 있다. 최근 논문으로는 「돌봄주류화를 위한 돌봄거버넌스 구성에 관한 연구」(공동, 2023), 「Double child and elder care responsibilities and emotional exhaustion of an older sandwiched generation: The mediating effect of self-care」(공동, 2021) 등이 있다.

함께 돌보는 사회는 어떻게 가능한가
How is a Together-Caring Society Possible

2025년 4월 15일 1판 1쇄 인쇄
2025년 4월 25일 1판 1쇄 발행

지은이 • 장수정
펴낸이 • 김진환
펴낸곳 • (주)**학지사**

04031 서울특별시 마포구 양화로 15길 20 마인드월드빌딩
대표전화 • 02-330-5114   팩스 • 02-324-2345
등록번호 • 제313-2006-000265호

홈페이지 • http://www.hakjisa.co.kr
인스타그램 • https://www.instagram.com/hakjisabook

ISBN 978-89-997-3404-5 03330

정가 16,000원

저자와의 협약으로 인지는 생략합니다.
파본은 구입처에서 교환해 드립니다.

이 책을 무단으로 전재하거나 복제할 경우 저작권법에 따라 처벌을 받게 됩니다.

출판미디어기업 **학지사**
간호보건의학 출판 **학지시메디컬** www.hakjisamd.co.kr
심리검사연구소 **인싸이트** www.inpsyt.co.kr
학술논문서비스 **뉴논문** www.newnonmun.com
교육연수원 **카운피아** www.counpia.com
대학교재전자책플랫폼 **캠퍼스북** www.campusbook.co.kr